L'homme d'un homme

Ian Hay

Writat

Cette édition parue en 2023

ISBN : 9789359254289

Publié par
Writat
email : info@writat.com

Contenu

CHAPITRE I

MANŒUVRES NAVALES

Un collège UNIVERSITAIRE varie son expression faciale à peu près aussi souvent que le Sphinx et aussi violemment qu'un puits de mélasse.

Cette remarque s'applique particulièrement entre les heures du petit-déjeuner et du déjeuner. Les cours, avec leurs cloîtres monastiques et leurs pelouses inviolables, baignent dans une inconscience ensoleillée du monde extérieur. Leur exclusivité majestueuse est accentuée plutôt que diminuée par l'aperçu occasionnel d'une silhouette volante portant une casquette et une robe, ou par le spectacle d'une femme d'âge moyen, à l'apparence discrète et châtiée, qui glisse respectueusement d'une arcade à l'autre, portant un balai. et un seau en fer-blanc, ou — hélas pour les agissements qu'une cellule cloîtrée peut cacher derrière ses rideaux de mousseline artistique ! — une chope contenant la bière du matin de quelque gentleman.

Dans un coin, près de la porte Buttery, vous apercevrez peut-être l'un des chats de l'université, qui semble combiner une toilette matinale minutieuse avec un cours de gymnastique pratique ; et à l'intérieur de l'arche massive de la porte se trouve un personnage majestueux coiffé d'un grand chapeau, que les Américains reconnaissants prennent généralement pour le Maître, mais qui occupe en réalité le poste bien plus onéreux et responsable de Chef Porter.

La plus grande variation par rapport à la normale est peut-être observée un samedi matin. Puis la scène est égayée par la vision d'une blanchisseuse occasionnelle, qui chancelle courageusement à l'une des extrémités d'un lourd panier, à quelle heure son seigneur et maître (qui a temporairement abandonné son coin de rue préféré et a revêtu l'habit du sabbat pour cette, sa contribution hebdomadaire à l'œuvre du monde) soutient l'autre d'un air boudeur.

Les étudiants de premier cycle sont également plus présents que les autres jours. La plupart du temps, soit ils restent à l'intérieur pour travailler ou dormir, soit ils sortent complètement du collège. La « flânerie » devant les tribunaux n'est pas encouragée par les autorités. Cela ne dérange pas les étudiants de premier cycle ; mais cela lui coûtera probablement une demi-couronne à chaque fois qu'il le fera, non pas parce qu'il flâne, mais parce qu'il fume.

L'Old Court du St. Benedict's College — il n'est guère nécessaire de dire que nous sommes à Cambridge et non à Oxford : sinon nous aurions dû dire « Quad » — nous présente en cette occasion un très bon échantillon de la foule du samedi matin. . L'œil observateur du doyen, regardant vers le bas (comme Jézabel) depuis une chambre haute, peut discerner :

1. Trois lavandières, avec leurs dépendances.

2. Un petit garçon livrant *The Granta* .

3. Un gentleman solitaire à lunettes, du type décrit par le Calendrier Universitaire dans une périphrase majestueuse comme "un natif d'Asie, non de parents européens" (mais plus laconiquement classé par le reste de la communauté comme "un nègre"), se précipitant vers casquette et toge pour s'assurer une bonne place aux pieds d'un Gamaliel sorti du collège.

4. Un cuisinier en veste et tablier blancs, portant sur sa tête un plateau contenant une mayonnaise au saumon, des côtelettes en gelée et un mets spécial de Cambridge connu sous le nom de "Grassy Corner Pudding" - un composé redoutable de crème fouettée et de pistaches.

5. Un garçon Buttery, marchant de près derrière lui, avec un panier contenant des bouteilles. De toute évidence, un jeune homme est sur le point de divertir des anges – sans le savoir en ce qui concerne son papa qui paie les factures.

6. Quatre jeunes hommes convergeant vers un groupe au centre du terrain. Parmi ceux-ci, deux sont habillés à la mode étudiante du moment : des vestes en tweed avec des boutons en cuir, des gilets de la variété Urim et Thummim, des pantalons de flanelle grise bien retroussés, des chaussettes en soie bruyantes et de lourdes chaussures de chasse Highland. Le troisième porte ce que les règlements de l'Ordre décrivent assez naïvement comme une « tenue athlétique ». Pheidippide lui-même aurait eu du mal à accomplir des prouesses dans un costume composé d'escarpins fendus, d'un pantalon en canard blanc et d'un blazer admirablement qualifié pour servir de modèle au Spectre Solaire.

Notons en passant que, selon les Règlements du Collège, la « tenue athlétique » n'est pas en soi un costume dans lequel il est possible d'accomplir des prouesses athlétiques, mais un costume dont la palette de couleurs entre en conflit avec le standard *sub-fusc* qui prévaut dans tous les domaines. tribunaux universitaires jusqu'à 13 HEURES ; de telle sorte, en fait, qu'elle tendrait à distraire l'œil et à saper la diligence de ceux qui traversent les tribunaux pour se rendre aux conférences. En conséquence, celui qui veut être athlétique matinal doit soit garder sa peinture de guerre quelque part en dehors de l'université, soit se draper comme un conspirateur de scène alors qu'il vole de ses chambres à la rivière ou à celle de Fenner .

Le quatrième monsieur du groupe était habillé, sinon magnifiquement, du moins de manière suffisamment respectable pour justifier l'hypothèse qu'il n'était pas membre de l'Université.

Tous les quatre fumaient.

Le doyen, jetant un coup d'œil en direction de la porte, et constatant avec une satisfaction sardonique que le vigilant Cerbère prenait note de la délinquance, retourna à son travail. Indépendamment de la perte éventuelle d'une demi-couronne chacun, les étudiants ont échangé de joyeuses salutations.

"Bonjour, Dishy -Washy!"

"Bonjour, Gussie !"

"Bonjour, Towzer !"

Il s'ensuivit une pause gênante, tandis que MM. Gussie et Towzer , nerveusement conscients de la présence d'un étranger à qui ils étaient sur le point d'être présentés, regardaient attentivement leurs bottes et attendaient que la présentation ait lieu.

Le monsieur précédemment appelé Dishy -Washy, un petit jeune aux traits ratatinés , — il s'appelait Dishart -Watson, — s'éclaircit la gorge.

"Présentez mon frère", dit-il d'une voix rauque. « M. Poltimore … M. Angus !

Les messieurs indiqués serraient la main du visiteur, et M. Angus, après un effort mental, demanda :

"Viens nous voir, tête ?"

Il eut un rire dépréciatif, pour montrer qu'il ne voulait pas vraiment dire cela.

"Je l'espère", dit poliment le frère de Dishy-Washy . "J'ai entendu dire que vous aviez une équipe plutôt sexy", a-t-il ajouté.

"Première côtelette", a déclaré M. Poltimore . "Tu viens d'arriver?"

"Oui, je suis venu de la ville ce matin."

"Oh ! tu vis là-bas ?"

"Euh… oui."

"Homme d'Oxford", interpola rapidement Dishy -Washy. "Envoyé", ajouta-t-il pour s'atténuer.

Les deux autres hochèrent la tête avec sympathie et la conversation se poursuivit plus vivement.

« *Allez* -vous attraper ces types ce soir, Dishy ? » demanda sérieusement M. Angus.

"Je ne sais pas", répondit Dishy -Washy, qui, en tant que barreur du bateau St. Benedict, jouissait d'une position d'autorité et d'estime en proportion inverse de ses pouces. "Duncombe est un assez bon petit aviron, mais on ne peut pas s'attendre à ce qu'un homme qui pèse neuf pierres dix caresse le bateau et le tire aussi. Bien sûr, si nous avions quelque chose que nous pourrions appeler un Six ! Quant au vieux Macareux..."

"Quatorze pierres de tripes !" interpola M. Angus, le gentleman en tenue athlétique. "Seigneur, aide le bateau!" ajouta-t-il amèrement.

On peut mentionner en passant que les exploits athlétiques de M. Angus étaient plutôt exagérés par son costume. Son blazer était celui d'un club universitaire de douze membres, dont l'admission était strictement limitée aux messieurs capables d'absorber un gallon de bière à la pression, et dont la première règle stipulait que tout membre qui commettait la *bêtise* d'obtenir un diplôme, si humble soit-il, , devrait payer au club une amende de cinq livres.

"Pourtant", dit Towzer avec espoir, "il y a toujours Marrable ."

Tout le monde, même le gentleman envoyé d'Oxford, se réjouit de cette réflexion.

"Par la gomme!" dit le barreur avec un enthousiasme soudain, c'est une merveille ! Vous auriez dû le voir dans le bateau hier. Il ramait avec une lame qui soulevait simplement toute la proue d'elle-même ; et en plus, il entraînait Stroke tout le temps... lui disant quand se balancer et quand accélérer, et le stimulant en général ; et par-dessus tout, il trouvait le temps de temps en temps de se retourner et de maudire le vieux Six. Je vous le dis, c'est une merveille. Avez-vous entendu à propos de lui hier soir ? »

"J'ai entendu des histoires", a déclaré Angus. "Il est allé démolir les Hiboux, n'est-ce pas ?"

"Démoli?" Les traits saturnins de Dishy s'étendirent en un sourire presque bienveillant. "Mon garçon, *as* -tu vu le front d'albâtre de Muggeridge ce matin ?"

M. Muggeridge était président du Wine Club « The Owls ».

"Non."

"Eh bien, la nuit dernière, je faisais le tour vers dix heures et demie pour voir que tout l'équipage était dans leur lit. Quand je suis arrivé à H, New Court, j'ai trouvé une sacrée querelle en cours dans les chambres de Muggeridge, juste sous celle de Duncombe. , Vous savez."

"Oui. Continuez", dirent tous très intéressés.

"Il y avait une réunion des Owls", a poursuivi Dishy , "et ils ont eu le culot de la tenir dans un escalier où se trouvaient en fait deux hommes de l'équipage - Duncombe et Eversley - essayant de s'endormir."

"Qu'est-ce que tu as fait?" demanda Poltimore .

"Je suis entré et je leur ai rappelé. Je pensais qu'ils avaient peut-être oublié."

"Qu'ont ils dit?"

"Ils m'ont dit d'aller à—"

"Bon dieu!" » a déclaré le public, véritablement horrifié par l'emploi d'un tel langage par un non-athlète à l'égard d'un homme athlétique.

Les Owls étaient une collection de jeunes nuls plutôt dissipés, tandis que Dishy portait une cravate Leander, qui, dans une école d'aviron, donne à un homme le droit à quelque chose comme le respect.

"J'ai vite découvert que c'était un travail de bricolage", a poursuivi le barreur. "Ils avaient une certaine rancune contre Duncombe et voulaient lui faire du mal. Je pouvais l'entendre marteler le sol de sa chambre au-dessus pour les faire sécher."

"Qu'est-ce que tu as fait alors?"

"Je leur ai expliqué exactement ce que je pensais d'eux", répond simplement le barreur.

"Qu'est-ce que tu as dit, exactement ?"

Dishy leur a dit. Ils claquèrent leurs lèvres avec appréciation, et la question suivante suivit.

"Et qu'ont- *ils* fait ?"

"Eh bien, ils étaient un peu loin—"

« Des balayages ivres ! remarqua le vertueux Gussie , qui appartenait à une institution rivale.

"Oui. Ils étaient un peu loin", répéta le barreur, avec l'air de quelqu'un qui s'efforçait d'expliquer une circonstance autrement inexplicable, "et ils...

eh bien, ils m'ont mis dehors, en fait. Ils étaient neuf," il » ajouta-t-il, à la manière de quelqu'un qui n'est pas bien sûr que son excuse soit acceptée.

"Et puis?"

"Puis je suis allé directement dans les appartements du vieux Hughie" - il y a eu une inspiration respectueuse de la part de la compagnie: la plupart des membres du Collège avaient l'habitude de désigner le gentleman en question comme Marrable - "et je l'ai mis en cloque. Il venait d'aller à lit."

"Qu'est ce qu'il a fait?" » fut la question, avec une vive anticipation du récital à venir.

"J'ai mis quelques affaires par-dessus son pyjama et je suis venu avec moi."

Le public soupira d'extase.

"Ce qui s'est passé?" dit Poltimore .

"Eh bien, les choses devenaient un peu animées au moment où nous sommes arrivés. Juste au moment où nous arrivions au pied de l'escalier, nous avons été accueillis par le chêne de Muggeridge, qu'un type espiègle avait enlevé de ses gonds et jeté par-dessus la rampe. Cependant, nous J'ai esquivé cela et j'ai couru jusqu'au premier étage.

"On aurait pu entendre une mouche voler quand nous sommes entrés dans la pièce. Un ou deux d'entre eux avaient l'air un peu verts, cependant, quand ils ont vu à quel point Hughie était passionné. Pourtant, Muggeridge était assez sobre et a essayé d'en parler. Il s'est levé et a dit : " Bonjour, Marrable ! C'est splendide ! Vous êtes juste à temps pour boire au succès de l'équipage demain. Nous sommes tous des sportifs ici. Allez, les gars, pas de coups de talon . " !'

"Il agitait son verre, mais tout le monde pouvait voir qu'il était dans un état de déprime putride.

" Hughie ferma la porte derrière lui et s'appuya contre elle et dit : -

"'Muggeridge, je ne vous connais pas très intimement, mais je sais ceci, que vous avez toujours été un ver et un limiteur. Vous n'y pouvez rien, et personnellement, cela ne me dérange pas particulièrement, même si vous donnez au Collège Cependant, je pense que le Collège peut supporter cela. Vous êtes tout à fait libre de vous rassasier et de vous amuser comme bon vous semble, à condition que vous et vos amis n'interfériez pas avec les autres. Mais quand il s'agit à déranger mon équipage, qui doit mener les batailles du Collège au nom de guerriers comme vous et ces messieurs ici, dont le sport de terrain préféré est probablement le billard – eh bien, c'est justement ce que j'appelle un peu *trop* épais !

l' air plutôt mal à l'aise. Les autres gars le regardaient , attendant visiblement une piste. Mais on pouvait voir qu'il ne savait pas trop quoi faire ensuite. Cependant, la prochaine fois, le vieux Hughie fit une pause. pour respirer, il dit :

"'Oh, sors !'

"C'était une chose pourrie à dire. Hughie lui a souri.

"'Très bien,' dit-il, 'mais je dois te coucher avant de partir.'

"Avant que quiconque puisse faire quoi que ce soit, il traversait la pièce et tenait Muggeridge par la nuque et un poignet, qu'il tournait derrière lui d'une manière ou d'une autre. Puis il le retourna et lui donna un coup de pied tout au long de la pièce. sa chambre. Il a utilisé la tête de Muggeridge comme une sorte de bélier pour ouvrir la porte. Oh, c'était le spectacle le plus magnifique!"

Il y eut un petit soupir de ravissement tout autour du groupe.

Muggeridge était un membre éminent de cette classe de la société que les étudiants et autres Philistins sains et francs désignent simplement et globalement comme « Tishbites » ou « Tishes ».

"Il l'a enfermé et a verrouillé la porte", a poursuivi le barreur, "et puis il s'est retourné contre les huit autres. C'étaient des vers assez moyens, vous les connaissez ?"

Il y eut un murmure d'assentiment, et M. Poltimore , avec une présence d'esprit plutôt tardive, expliqua précipitamment au gentleman d'Oxford que le groupe de héros en discussion n'était en aucun cas représentatif de la base du Collège.

"... Et ils restèrent assis autour de la table, l'air parfaitement paralysés. (En fait, la plupart d'entre eux l'étaient.) Hughie saisit le plus grand d'entre eux - Skeffington - et dit : -

"'Cette réunion est levée, messieurs. Juste pour vous montrer que je dis la vérité, je vais faire descendre le membre le plus âgé présent en bas !'"

"Est ce qu'il?" » a demandé tout le monde.

"Non. Il l'aurait tué s'il l'avait fait. Il a attrapé Skeff par le col et le siège de ses sacs et m'a dit : 'Regarde- les , Dishy !' Puis il a porté Skeff en bas et l'a frappé au milieu de la pelouse, à l'extérieur. »

"Bon oeuf!" murmura M. Angus.

"Est-ce que les autres n'ont pas essayé de s'enfuir ?" » demanda Towzer

"L'idée *a été* évoquée", répondit le barreur avec hauteur, "mais je leur ai dit de rester assis sinon ils se feraient cogner la tête."

« Est-ce qu'il les a tous transportés en bas ?

"Non ; cela aurait été un travail trop simple avec une telle série de giclées galeuses. Il est simplement revenu et a dit :—

"'Maintenant, misérables petites bécassines, je vous donne quinze secondes pour quitter ces lieux. Le dernier homme sorti sera personnellement assisté par moi en bas. Je suis désolé, je n'ai que des pantoufles.' Pourtant, il a donné à l' honorable Hopton-Hattersley une racine très saine malgré tout", a conclu Dishy avec un sourire séraphique. "Après cela, le portier est arrivé avec les compliments du doyen, et l'heure de la musique était passée, messieurs; mais Hughie lui a donné une tape dans le dos et lui a dit qu'il était arrivé trop tard pour la foire. Puis il est rentré chez lui se coucher aussi cool que possible. comme un concombre. Oh, il est… Bonjour, le voilà ! Je dois l'attraper. Au revoir, les hommes ! À bientôt au déjeuner, Reggie.

Et M. Dishart -Watson, gonflé d'importance, se précipita pour rejoindre une silhouette qui était sortie d'un escalier lointain dans le coin sud-ouest de la cour et se dirigeait à grands pas vers la porte.

Il n'y avait aucune flaccidité perceptible ni dans la tenue vestimentaire ni dans l'apparence du capitaine du bateau Saint-Benoît. C'était un jeune homme d'environ vingt et un ans, bien bâti et bien tenu ; peut-être un peu trop musclé pour être un homme rapide, mais, avec son dos large et ses reins nerveux, c'est un rameur idéalement bâti. C'était un garçon d'un visage assez grave, avec de fins yeux bleus qui avaient l'habitude de disparaître dans sa tête quand il riait, et une bouche dans laquelle, dans ces mêmes moments d' exaltation , ses amis affirmaient avec assurance qu'on pouvait poster une lettre. Il était né un leader d'hommes et, comme le lecteur avisé l'aura compris du récit de M. Dishart -Watson, il était encore fortement imprégné de ce que l'on pourrait appeler les principes de justice de l'école publique. Il refusait entièrement de tolérer les imbéciles avec joie ou même avec résignation, mais il avait un signe de tête aimable pour les étudiants de première année craintifs, un salut amical pour ces Dons qui considéraient les étudiants comme une partie intégrante du plan de la vie universitaire et non seulement comme un mal nécessaire, et un geste courtois. bonne journée aux faiseurs de lit agités et reconnaissants. Il n'oubliait jamais les visages ni les noms de ceux qui étaient au-dessus ou sous lui – les Dons et les domestiques du collège, bien sûr ; et plus encore, dans son propre milieu de vie (une société dans laquelle vous ne pouvez reconnaître l'existence d'aucun homme, même s'il vous passe quotidiennement le sel ou vous rassemble sous son bras dans la familiarité d'une mêlée de rugby, jusqu'à ce que vous ayez été officiellement lui a été présenté), il n'a jamais fait semblant de le faire.

les jambes courtes de M. Dishy-Washy s'efforcent de l'amener aux côtés de l'olympien qui marche devant, il serait peut-être bon d'expliquer pourquoi il était si absolument essentiel au bien-être du Collège Saint-Benoît que huit jeunes hommes jouissent d'une nuit de repos. sans entrave par les festivités aux étages inférieurs.

Pour ceux qui n'ont jamais étudié ce raffinement de torture connu sous le nom de course de « bumping », on peut mentionner qu'à Oxford et à Cambridge, les différents équipages du Collège , en raison de l'étroitesse de leurs rivières, ne courent pas de front mais en une longue file, chaque bateau étant séparé de son poursuivant et poursuivi par un espace égal. Tout équipage qui réussit à parcourir le parcours sans être rattrapé (ou « heurté ») par le bateau derrière lui est dit avoir « gardé sa place » et part dans la même position pour la course du lendemain. Mais s'il parvient à toucher le bateau qui le précède, il fait, dit-on, une « bosse », et pare-chocs et bosse s'enfoncent à toute vitesse sous la berge et laissent passer le reste du cortège. Le lendemain, bumper et bumped changent de place, et les vainqueurs de la veille s'efforcent de répéter leur performance aux dépens du bateau suivant qui les précède. L'équipage à « la tête de la rivière » n'a bien sûr rien à attraper et peut donc consacrer son attention à se tenir à l'écart du numéro deux, qui est généralement en étroite surveillance en raison de l'attention pressante du numéro trois. Et ainsi de suite.

Les courses ont lieu pendant quatre soirées successives de la semaine de mai, ainsi appelée pour la raison quelque peu inadéquate qu'elle a lieu en juin. C'était maintenant samedi, dernier jour des courses, et les hommes de Saint-Benoît savaient qu'un effort énorme serait à faire ce soir-là. Jusqu'à présent, ils avaient réussi deux bosses, relativement facilement. Partis de la quatrième place, ils étaient désormais deuxièmes sur le fleuve, et seul le bateau de la Toussaint se dressait entre eux et le port où ils se trouveraient. Ils avaient essayé la nuit dernière d'abattre leur ennemi, mais avaient échoué ; ils allaient réessayer ce soir, mais All Saints formait un équipage terriblement fort. Ils étaient Head depuis cinq ans, et il y avait quatre Bleus dans le bateau. L'opinion publique admettait que St. Benedict's était à peu près l'équipage le plus rapide du fleuve cette année-là, mais considérait qu'un groupe aguerri comme All Saints pouvait continuer à jaillir assez longtemps pour tenir le parcours.

"À moins, bien sûr", disaient les gens, "à moins que Marrable fasse quelque chose de très spécial."

C'était merveilleux ce que le monde en général semblait attendre de Marrable . Le caractère compte pour quelque chose, même chez les très jeunes ; et il n'y a pas de membre plus jeune de la société que l'étudiant de premier cycle. Le garçon de sixième est un Nestor comparé à lui.

Pendant ce temps, notre petit ami Dishy , le barreur, avait réussi à rattraper son capitaine, au moment même où ce grand homme montait dans un fiacre dans Trinity Street.

"Où vas-tu, Hughie ?" il haletait.

"Gare."

"Personnes?"

"Oui."

"Eh bien, je viens avec toi. Je vais couper avant que tu la rencontres."

Dishy était l'un des rares à avoir osé s'adresser à Marrable dans ce sens.

Les deux hommes s'installèrent dans le fiacre, et pendant que l'animal expérimenté entre les puits descendait Trinity Street, se frayant un chemin parmi les piétons nonchalamment, poussant les charrettes des gouvernantes campagnardes , prenant les chiens dans sa foulée et reculant avec appréhension devant les motos montées. par des jeunes sans chapeau et en pantoufles, ils discutaient des affaires de l'État.

"Il n'y a qu'une seule façon de le faire, Dishy ", a déclaré Marrable . "Je vais faire un accident vasculaire cérébral."

Dishy hocha la tête avec approbation.

"C'est la seule chose à faire", a-t-il déclaré. "Mais qui va ramer sept - Stroke ?"

"Oui."

"Le Bow-side va s'effondrer", a déclaré Dishy avec conviction.

"Peut-être. Mais dans l'état actuel des choses, c'est du côté de la volonté."

"C'est vrai", a admis le barreur. « Voyons voir maintenant : il y aura toi, Duncombe sept, Puffin six – ça vaut la peine d'essayer de toute façon. Nous sommes obligés de rester à l'écart des gens de James, alors autant tenter notre chance.

" Partez maintenant ", dit Marrable , " et faites le tour et dites aux hommes d'être au hangar à bateaux à quatre heures, et nous ferons une promenade de dix minutes dans le nouvel ordre. Ensuite, quand vous aurez fait cela, coupez descendez au hangar à bateaux et dites à Jerry de modifier ma civière et celle de Duncombe.

Ces commandes impliquaient une heure entière d'activité excessive sous un soleil brûlant de la part de M. Dishart -Watson ; mais Marrable n'était pas homme à se ménager lui-même ou ses subordonnés lorsque l'occasion l'exigeait.

Le barreur descendit jusqu'à la marche du fiacre et s'accrocha au pare-éclaboussures tandis qu'il recevait ses dernières instructions.

"Et dis-le à Jerry ", a ajouté Marrable , "pour descendre une nouvelle rame côté course, avec une bonne lame de six pouces. Celle de Duncombe a été rasée jusqu'à un cure-dent."

Dishy hocha joyeusement la tête et se laissa tomber dans la circulation.

"Le vieil homme est sérieux. Nous allons y aller maintenant", se murmura-t-il avec une simple confiance. "Très bien, monsieur, c'est entièrement de ma faute. Ne vous excusez pas !"

Et laissant un motocycliste à l'envers, qui l'avait percuté par derrière, encombrer la circulation et subir des lacérations de ses propres pédales qui tournaient toujours fidèlement, le barreur du bateau Saint-Benoît se dirigea d'un pas rapide vers son collège, là pour informer une troupe de sept personnes durement éprouvées qu'en raison d'un changement de distribution à la onzième heure, une répétition générale de leur représentation de la soirée avait été convoquée à quatre heures précises.

CHAPITRE II

PRÉSENTE L'HÉROÏNE DE CE RÉCIT

IL a été dit par ceux qui devraient savoir que, si le quart d'heure le plus pénible dans la vie d'un homme arrive quand il se met en colère jusqu'à faire sa demande en mariage, la période correspondante chez une femme est celle qui précède immédiatement son premier dîner. faire la fête dans sa propre maison.

Compte tenu du caractère désagréable de ces deux expériences châtiantes mais nécessaires, un simple homme peut être excusé de se demander pourquoi la seconde devrait être réservée comme prérogative exclusive du sexe opposé. Il n'y a pas de créature plus morbide sous le soleil que l'étudiant sur le point de donner un déjeuner d'État qui doit être honoré de la présence de sa bien-aimée.

Hughie Marrable s'assit dans son fiacre, le front plissé, et vérifia quelques hiéroglyphes au dos d'une enveloppe.

"Voyons," murmura-t-il pour lui-même, " *Crabe habillé* . Je ne peux pas vous tromper. J'ai dit au cuisinier de s'assurer de l'envoyer dans les pétoncles argentés avec l'écusson du Collège. Après tout, ce sont les garnitures qui plaisent vraiment. à une femme. Pas la nourriture , mais la façon dont vous la servez. Créatures du rhum ! » » ajouta-t-il entre parenthèses. " *Crevettes en gelée* . De toute façon, ça a toujours l'air sympa, même si ce n'est pas très copieux vu le prix. Je me souviens que l'année dernière, Kitty Devenish disait que ça avait l'air simplement... "

Hughie arrêta brusquement son monologue et, si quelqu'un d' autre avait été présent dans la cabine, il aurait probablement rougi un peu. Miss Kitty Devenish était ce que les marchands de cycles appellent « un modèle de l'année dernière », et en ce moment Hughie conduisait pour rencontrer quelqu'un d'autre. Il a continué:-

" *Côtelettes à la réforme* . C'est vraiment la meilleure chose que les cuisines produisent, mais pas aussi voyante qu'elles pourraient l'être. Pourtant, avec les assiettes Crown Derby du vieux Huish, il était décent de la part du vieil homme de les prêter; j'espère, bon Dieu, Mme. Gunn ne fera rien d'imprudent avec eux - ils devraient le faire. *Pudding du coin aux herbes* . Cela crée toujours de l'excitation, même s'il a un goût pourri. *Salade de fruits* ; *crème brûlé* . C'est assez sûr. *Macaroni gratinés* . Elle n'y touchera pas, mais ça plaira à Oncle Jimmy et Jack Ames. J'aimerais pouvoir en avoir moi-même ! Pas grave; seulement environ six heures de plus ! »

Hughie fit claquer ses lèvres. Il est difficile de s'asseoir parmi les marmites de chair et de ne pas y participer. Son plat à ce festin serait du bœuf froid et du pain grillé sec.

Il retourna l'enveloppe.

"Hmm... bois. Je ne suppose pas qu'elle boira quoi que ce soit, mais je ne peux pas prendre cela pour acquis. Il y a une bouteille de Berncastler Doctor et du Beaune. Je me demande s'il ne serait pas préférable de les ouvrir avant de demandez-lui ce qu'elle va boire, ou demandez-lui ce qu'elle va boire avant que je les ouvre. Je vais les faire ouvrir , je pense. Elle pourrait refuser si elle voyait que les bouchons n'étaient pas tirés. De toute façon, Mme Ames le fera. probablement en prendre. Mais, grand Scott ! Je dois d'abord demander à Mme Ames, n'est-ce pas ? C'est réglé de toute façon. Elle prendra probablement tout ce que Mme Ames prendra.

"Ensuite, il y a les décorations de table. J'aimerais pouvoir me rappeler si c'était *une* giroflée, a-t-elle dit. Je pense que ça a dû l'être, parce que je me souviens lui avoir fait une fois une blague putride sur le fait d'attirer des disparates. De toute façon, c'est trop Il est tard pour le changer maintenant, j'ai opté pour des giroflées et la pièce en pue tout simplement.

"Puis les sièges. Moi à la tête, avec Mme Ames d'une main et elle de l'autre. Oncle Jimmy au fond, avec Ames à sa gauche et Dicky Lunn entre Mme Ames et oncle Jimmy. Oui, Ames *doit* s'asseoir "Dieu sait, Dicky Lunn devrait être assez en sécurité, mais on ne sait jamais quel genre d'homme une fille n'aimera pas. Et après tout, Ames est marié", a ajouté le jeune entiché.

"Alors Mme Gunn. Je pense que je lui ai tout dit." Il cochait fébrilement ses remontrances sur ses doigts. "Laissez-moi voir,-

" *Un* : ne pas poser d'assiettes usagées par terre.

" *Deux* : ne pas participer à la conversation.

" *Trois* : ne pas laisser cette affaire bancale dans son bonnet tremper dans la nourriture.

" *Quatre* : ne pas souffler sur les choses ni les astiquer avec son tablier, sauf hors de vue.

" *Cinq* : ne tenter en aucun cas de distribuer la boisson.

" *Six* : partir directement après le déjeuner et ne pas entrer et sortir de la gouvernante en grignotant des restes.

"Le panier à thé devrait aller bien. Faites confiance aux cuisines pour ça ! Je dois penser à y mettre une boîte de chocolats, cependant. Et je ne pense pas avoir besoin de me soucier du dîner, car ils vont envoyer Richards pour Attends. De toute façon, à ce moment-là, je n'aurai plus le bateau sur la poitrine. Ce sera quelque chose, surtout *si* … »

Hughie tomba dans le silence, et pendant un instant une vision d'amour récompensé fit place dans son imagination au spectacle de l'équipage bénédictin allant à la tête de la rivière.

Ses réflexions furent interrompues par l'arrivée de son équipage à ce chef-d'œuvre à la fois d'architecture imposante et d'agencement pratique, la gare de Cambridge. Le quai était rempli de jeunes hommes, pour la plupart en « tenue athlétique », attendant le train de Londres. Les sourcils de tous étaient cousus avec soin, partageant selon toute probabilité la variété domestique et amoureuse qui obsédait le pauvre Hughie.

Le train, comme d'habitude, s'est précipité dans la gare avec une expression hautaine de "ne peut pas s'arrêter dans un trou", pour ensuite claquer sur certains points et s'arrêter jusqu'à un arrêt ignominieux et asthmatique à un point éloigné à côté du solitaire. et un quai interminable qui, associé à une billetterie et à un libraire, évite que la gare de Cambridge ne soit confondue avec un hangar de quai plutôt démodé.

Bientôt Hughie, courant rapidement, aperçut ses invités descendre d'une voiture.

Vint d'abord une dame au visage agréable, âgée de trente à quarante ans, suivie d'un mari corpulent et facile à vivre. Ensuite, un monsieur d'un certain âge avec une moustache blanche et un œil bleu colérique. Et enfin – joli, frais et inquiétant – apparut le *fons et origo* de toute l'expédition, pour le compte duquel le déroulement et les incidents du déjeuner de Hughie avaient été si astucieusement planifiés et si laborieusement répétés : Miss Mildred Freshwater.

Le groupe salua leur hôte de manière caractéristique. Son oncle, tout en lui serrant la main, laissa échapper quelques ferventes remarques d'anticipation au sujet du déjeuner ; M. Ames, qui était un ancien capitaine de bateau universitaire, associa son salut à une question anxieuse sur les chances de succès du club ce soir-là ; Les yeux de Mme Ames disaient clairement : « Eh bien, je l'ai *amenée* , mon garçon ; maintenant, connectez-vous ! et Miss Freshwater, quand vint son tour, serra la main avec un plaisir et une *camaraderie non affectés* qui auraient mieux convenu à Hughie s'il avait été perceptible sur son visage ce que Yum-Yum résuma un jour comme « une trace de méfiance ou de timidité ». "

Pourtant, Hughie était tellement ravi de la vision qui s'offrait à lui qu'il ne remarqua pas une petite silhouette rétrécie qui avait timidement émergé du train et se tenait en retrait, comme si elle doutait de son accueil, derrière les jupes de Mme Ames. Bientôt, il se détacha et se tint devant Hughie sous la forme d'une petite fille aux cheveux brun cuivré et aux grands yeux gris-bleu.

« Joey ! » cria Hughie.

"Elle viendrait !" expliqua son oncle, du ton résigné d'un homme fort qui connaît ses limites.

La dame indiquée s'avança à côté de Hughie et, lui prenant la main, se frotta contre lui avec une attitude complaisante, de la manière inarticulée mais éloquente particulière aux animaux muets et aux jeunes enfants.

CHAPITRE III

JIMMY MARRABLE

LE DÉJEUNER dans son ensemble fut un succès, même si le comportement de Mme Gunn dépassa tout ce que Hughie avait craint.

Elle a commencé par laisser les dames se coiffer dans la chambre de Hughie pendant environ dix minutes, pendant qu'elle leur récitait une description détaillée et révoltante de sa plainte la plus récente. Plus tard, elle a lancé une campagne impromptue et inconvenante - commençant par une escarmouche de chuchotements dans l'embrasure de la porte, s'enflant bruyamment jusqu'à ce qui ressemblait à un duo entre un cacatoès et un limier sur le palier extérieur, et s'éteignant dans un feu irrégulier d'insinuations personnelles, qui tombaient par-dessus les rampes une à une, comme la douce rosée du ciel, sur la tête de l'ennemi en retraite en dessous, avec un cuisinier sur une marque de pouce sur une assiette à pudding.

Mais heureusement pour Hughie, la société a tacitement accepté de la considérer comme une forme de soulagement comique ; et quand elle gardait la vinaigrette dans le but exprès, frustrée au tout dernier moment, de la verser sur les bonbons ; oui, même lorsqu'elle s'est soudainement arrachée une épingle à cheveux de la tête pour piquer une guêpe dans le pudding du coin herbeux, les dames ont convenu qu'elle était « un vieil animal de compagnie ». Lorsque Mme Ames alla jusqu'à la suivre dans la gyproom après le déjeuner et à la remercier de la peine qu'elle avait eu à les servir, Mme Gunn, partagée entre une extrême gratification et le désir de ne pas perdre de temps, déploya aussitôt ses batteries. ; et les oreilles frémissantes de Hughie, alors qu'il lui tendait le café, entendirent le fragment sinistre et mystérieux : « Eh bien, maman, je l'ai mis directement au lit et j'ai posé une flanelle chaude sur son... », juste au moment où la porte du gyp- La pièce s'ouvrit avec un fracas miséricordieux.

Il était maintenant plus de deux heures et Hughie, répondant à un désir généralement exprimé, présenta à ses invités un programme détaillé pour l'après-midi. Il proposa tout d'abord de leur faire visiter le Collège. Après cela, le groupe se rendrait à Ditton Paddock en charge de M. Richard Lunn — qui, on s'en souvient, avait été choisi par Hughie comme cavalier en raison de ses qualifications exceptionnelles pour le poste — en compagnie d'un important panier de thé. dont il espérait que le contenu les maintiendrait fortifiés physiquement et spirituellement jusqu'au début des courses avec la Deuxième Division, vers cinq heures trente.

"Comment vas-tu nous amener à Ditton, Hughie ?" demanda son oncle.

"Eh bien, il y a une mouche qui peut contenir cinq d'entre vous, et j'ai pensé" (Hughie s'éclaircit la gorge) "Je pourrais descendre l'autre dans un canoë."

Il y eut une brève pause, pendant laquelle la compagnie, se regardant avec diverses expressions de solennité, résolvait des problèmes mentaux en permutations et combinaisons. À ce moment-là, Ames, sans tact, demanda :

"Lequel vas-tu emmener en canoë ?"

"Oh, n'importe qui", dit Hughie, d'une voix qui disait aussi clairement que possible : "C'est un vieux con !"

Cependant, réalisant qu'il ne sert à rien de continuer les escarmouches une fois votre couverture détruite, il dirigea un regard d'invitation vers Miss Freshwater, qui était assise à côté de lui sur le siège.

Elle se tourna vers lui avant qu'il puisse parler.

"Hughie," dit-elle doucement, "prends cette enfant. Regarde-la !"

Hughie avala docilement quelque chose et se tourna vers la photo aux yeux écarquillés et mélancolique sur le canapé.

"Veux-tu venir, Joey ?" s'enquit-il.

La dame adressée signifia, par un frisson d'extase, que la réponse à l'invitation était affirmative.

"En attendant", a déclaré M. Marrable , "je vais fumer un cigare avant de sortir de cette pièce. Et si vous voulez bien épargner Hughie pendant dix minutes, je le garderai ici et j'aurai une brève conversation avec lui. Je dois y retourner ce soir.

L'accommodant M. Lunn suggéra que cet intervalle soit comblé par une expédition personnelle dans ses appartements du rez-de-chaussée, où il aurait grand plaisir d'exposer à l'entreprise une collection « plutôt décente » de heurtoirs de porte et de poignées de cloche, l'acquisition dont les articles de *vertu* (étant un jeune au poignet fort et au pied léger) étaient un de ses passe-temps particuliers.

Hughie resta seul avec son oncle, le seul parent qu'il avait au monde, et l'homme qui était pour lui à la fois père et mère depuis près de dix-huit ans.

Hughie était né en Inde. Ses souvenirs de ses parents étaient extrêmement vagues, mais s'il fermait les deux yeux et appuyait fortement dessus avec ses mains , il pouvait évoquer diverses images d'une belle dame, dont les bras étaient ornés de jouets scintillants qui tintaient musicalement lorsqu'elle sculptait le dessin. du poulet pour le dîner de la crèche de Hughie. Il se souvenait particulièrement de ces bras, car leur propriétaire avait l'agréable habitude de venir l'embrasser pour lui souhaiter une bonne nuit après que son ayah l'ait mis au lit. Dans ces occasions, ils étaient toujours nus ; et Hughie se souvenait très clairement à quel point ils étaient alors beaucoup plus à l'aise que le lendemain matin à Tiffin, lorsqu'ils étaient enfermés dans des manches qui grattaient parfois.

De son père, il se souvenait moins, sauf qu'il était un très grand personnage qui portait de magnifiques vêtements écarlates. Et aussi des choses sur ses talons qui cliquaient. Lui aussi avait une grosse voix, cet homme, et il avait l'habitude de s'amuser en entraînant Hughie à se tenir droit avec raideur chaque fois qu'il criait : « 'Shun !'

Hughie se souvient également d'un voyage sur un grand navire, où les passagers faisaient une grande place à lui, et un personnage fascinant en maillot bleu (qui malheureusement égratignait) lui présentait de nombreuses boules de ficelle, qui sentaient très bon le goudron mais tombaient toujours dans l'Indien. Océan ou tout autre endroit inaccessible.

Puis il se souvint de son arrivée avec ses parents dans un grand bungalow situé dans une enceinte pleine d'herbes et de parterres de fleurs, où une personne qu'il apprit plus tard à appeler Oncle Jimmy le salua gravement et lui demanda d'accepter son hospitalité pour un temps. Après cela, très vite, il se souvint avoir dit au revoir à ses parents, ou plutôt, ses parents lui disant au revoir. Le grand homme lui serra la main longuement et solennellement, ce qui lui fit très mal mais impressionna profondément Hughie, et les bras de la belle dame – avec des manches épaisses aussi ! – s'accrochèrent au cou de Hughie jusqu'à ce qu'il pense qu'il allait s'étouffer. Mais il se tenait tout le temps raide en disant « évitez », parce que ses parents semblaient complètement mécontents de quelque chose et qu'il désirait leur plaire. Depuis, il n'avait jamais eu les bras d'une femme autour de son cou.

Après le départ de ses parents, il s'installa avec bonheur dans la grande propriété, qu'il apprit bientôt à appeler « le gardiennage ». Le nom du bungalow qu'il a recueilli auprès de la plupart des personnes avec lesquelles il est entré en contact était "Le 'Tout", même si certains l'appelaient "Manoirs", et Oncle Jimmy, qui, lui aussi, possédait apparemment plus d'un nom. , était invariablement appelé par les amis de Hughie dans le village « Ole Peppery ».

Très peu de temps après le départ de ses parents, Hughie a surpris une conversation entre son oncle et Mme Capper, la dame qui dirigeait la maison, ce qui l'a beaucoup intrigué.

"Comprends, Capper, je ne l'aurai pas", dit son oncle.

"Pensez à ce que les gens diront, monsieur", a exhorté Mme Capper avec respect mais avec insistance.

"Je m'en fiche" - Capper toussa discrètement ici - "ce que disent les gens. Le garçon ne va pas être paré de crêpes et de panaches de corbillard pour plaire à vous ou à toute autre vieille femme."

"Les panaches de corbillard ne seraient pas essentiels, monsieur", a déclaré littéralement Capper. "Mais je pense que l'enfant devrait porter un petit costume noir."

" L'enfant courra partout avec ses haillons habituels ", répondit le vieux Peppery d'une voix de tonnerre ; "et si je vous surprends, vous ou quelqu'un d' autre, à le bourrer d'histoires sur les vers de chancre ou le feu de l'enfer, ou toute autre garniture de ce genre, je vous le dis sans détour, il y aura le père et la mère d'une dispute."

"Oui, monsieur," dit docilement Capper. « Et je désire, monsieur, » ajouta-t-elle du même ton égal, « de donner un avertissement.

Sur ce, oncle Jimmy était descendu en trombe jusqu'au couloir, et Hughie se demandait quel aurait pu être l'avertissement que Mme Capper souhaitait prononcer. Cela devait être lourd, car elle continua à le prononcer à intervalles réguliers au cours des dix années suivantes, bien longtemps après que l'intelligence grandissante de Hughie en eut découvert la signification. Mais ses paroles ont reçu autant d'attention de la part de son employeur que celles de Cassandra de la sienne.

Cependant, le résultat immédiat de la conversation enregistrée ci-dessus fut que Mme Capper ne fit aucune tentative pour parer Hughie de crêpes ou de panaches de corbillard ; et plus tard, quand il fut assez grand pour comprendre le sens de la mort, son oncle lui raconta comment ses parents étaient allés ensemble vers leur Dieu – « le sort le plus heureux, vieil homme, qui puisse tomber sur mari et femme » – une nuit d'orage. dans le golfe de Gascogne, en compagnie de toutes les autres âmes à bord du navire de transport de troupes Helianthus, et que désormais Hughie doit être prêt à considérer le vieux tampon en panne devant lui comme son père et sa mère.

Hughie avait gravement accepté cet arrangement et , pendant plus de dix-sept ans, lui et son oncle s'étaient traités comme un père et un fils.

Jimmy Marrable était un peu excentrique, comme le sont la plupart des vieux célibataires, et, comme bon nombre d'hommes excentriques, il se piquait plutôt de ses particularités. Au contraire, il les cultivait plutôt. L'une de ses caractéristiques les plus surprenantes était son habitude de penser à voix haute. Il sortait à l'improviste d'un bureau brun, pour commenter avec une soudaineté stupéfiante et une franchise absolue l'apparence et les manières de ceux qui l'entouraient. On rapportait de manière crédible qu'il avait un jour invité à dîner une dame plutôt intense et volubile et, après l'avoir regardée pendant quelque temps avec une fixité d'attention qui avait trompé la bonne âme en lui faisant croire qu'il était accroché à ses lèvres, il avait remarqué : » se dit-il, avec une netteté épouvantable, pendant une accalmie dans la conversation : « Service de Guinée – inadapté au sommet – fixations de gutta-percha – je me demande qu'ils ne tombent pas dans sa soupe ! et continua son repas sans aucune conscience apparente d'avoir dit quelque chose d'inhabituel.

Il était également excentrique sur d'autres sujets. Un jour, Hughie, revenant de l'école pour ses vacances, découvrit qu'en son absence, la famille s'était agrandie.

Le visage même de Mme Capper dans le couloir lui disait que quelque chose n'allait pas. Son propriétaire a informé Hughie que même si l'on devait être prêt à prendre la vie telle qu'on l'a trouvée, et que vivre et laisser vivre était sa devise depuis l'enfance, son équilibre, depuis que la chose s'était produite, était à la merci de la première plume agressive qui lui arrivait. arrivait, et ce que disaient les gens du quartier , elle n'osait pas y penser.

Elle a continué à courir. Hughie attendit patiemment et découvrit bientôt les faits.

y a quelques semaines, le maître était revenu d'un long séjour à Londres, emmenant avec lui deux enfants. Il avait annoncé que les deux hommes seraient désormais considérés comme des pensionnaires permanents de l'établissement. Au-delà du fait qu'un gamin était blond et un garçon et l'autre brun et une fille, et que Mme Capper avait donné un avertissement à vue, Hughie ne pouvait rien obtenir et attendit tranquillement que son oncle revienne de la fusillade.

Jimmy Marrable , à son arrivée, ne s'est pas montré communicatif. Il déclara simplement que les petits diables étaient les enfants d'un vieil ami à lui, nommé Gaymer, qui était mort subitement et les avait laissés pour être élevés par lui comme tuteur.

"Et Hughie, mon fils", a-t-il conclu, "si vous ne voulez pas qu'on vous coupe la tête, vous vous abstiendrez dans ce cas de vous livrer à votre propension à demander pourquoi et à aller au fond des choses. Je ne suis pas très content. Je me demande si je ne les ai pas trouvés entre mes mains, mais les voici et c'est tout. La fille a cinq ans, dix ans de moins que vous, et le garçon huit ans. Elle s'appelle Joan, et son nom idiot est Lancelot Wellesley. Je me demande s'ils Je ne l'ai pas baptisé Galahad Napoléon ! Montez les voir.

Tout cela s'était produit il y a sept ans. Pendant ce temps, Lancelot Wellesley Gaymer avait suffisamment grandi pour fréquenter une école publique et, par conséquent, Miss Joan Gaymer s'était retrouvée en compagnie du vieux monsieur curieux qu'elle avait bientôt appris à appeler

Unker . Zimmy . De leurs relations, il suffira pour le moment de mentionner qu'il serait difficile de trouver un couple plus curieusement varié et plus dévoué.

Jimmy Marrable s'est allongé sur le siège près de la fenêtre et a fumé son cigare. Son neveu, lorgnant avec envie la fumée bleue, était vautré dans un fauteuil.

"Hughie," dit soudain l'homme plus âgé, "quel âge as-tu ? Vingt et un ans, n'est-ce pas ?"

"Oui."

"Et tu descends pour de bon la semaine prochaine ?"

"Oui." Hughie soupira.

"Avoir un diplome?"

"Je te le dirai mardi."

"Dis-moi maintenant."

"Eh bien, oui, je devrais y réfléchir."

"Quoi dedans ?"

"La mécanique pue – l'ingénierie. Deuxième classe, si j'ai de la chance."

"Euh. Tu as des vices ?"

"Pas spécialement."

"Boire?"

"Non."

"Vous n'êtes pas abstinent ?" » dit Jimmy Marrable avec une certaine inquiétude.

"Non."

"C'est bien. Avez-vous déjà été ivre ?"

"Oui."

"Malheureusement, je veux dire. Je ne parle pas de l'exaltation du souper."

"Juste une fois."

"Quand?"

"Mon premier mandat."

"Pourquoi?"

"Pour voir comment c'était."

"Cela se déroule parfaitement bien", a commenté Jimmy Marrable . "Quelles ont été vos impressions de l'expérience ?"

"Je n'en ai pas", dit franchement Hughie. "Je ne me suis réveillé que le lendemain matin au lit avec mes bottes."

"Qui t'a mis là ?"

"Sept autres diables."

"Et vous n'avez pas répété l'expérience ?"

"Non. Ce n'est pas nécessaire. Je connais ma capacité à prendre un verre maintenant."

"Alors vous savez quelque chose qui vaut vraiment la peine d'être connu", remarqua Jimmy Marrable avec sincérité. "Maintenant, qu'est-ce que tu vas faire de toi-même ? Pourquoi ne pas aller voir un peu le monde ? Tu en as toujours eu envie. Et fais-le à fond pendant que tu y es. Prends cinq ans pour ça, dix si tu veux. Tu *Vous* aimerez, vous savez. C'est dans le sang. C'est pourquoi je pense que vous êtes sage de ne pas vouloir entrer dans le Service. Vous pouvez toujours vous faufiler quelque part s'il y a *une* guerre, et la vie de caserne en temps de paix rongerait votre très Cela a failli tuer ton père à vingt-cinq ans. C'est pourquoi il a échangé et s'est rendu à la Frontière, et a terminé ses jours à la tête d'un régiment de Goorkha . La vie de première main ; c'est ce sur quoi nous, les Marrables, prospérons ! Je "Je n'ai jamais mis les pieds dans ce pays moi-même entre vingt et trente-trois ans. Je reviendrais avec vous s'il n'y avait pas Anno Domini - et les pinces. Mais vous trouverez bon nombre de vieux amis à moi disséminés un peu partout. Ce ne sont pas tous des gens à qui je pourrais vous donner des lettres d'introduction - certains d'entre eux ne parlent pas anglais et d'autres ne savent ni lire ni écrire - mais ils vous montreront les ficelles du métier mieux que n'importe quel coursier. Suivez mon conseil et partez. L'Angleterre n'est pas un endroit pour un jeune homme riche et sans profession particulière, jusqu'à ce qu'il ait plus de trente ans et soit prêt à se marier. Veux-tu y aller, Hughie ? »

L'expression de Hughie montrait qu'il réfléchissait à cette question avec beaucoup de réticence. Son oncle continua :

"L'argent, ça va, je suppose ? Vous en avez huit cents par an maintenant que vous êtes majeur. Vous avez des dettes, hein ? Je vais vous aider."

"Aucun à proprement parler. Merci quand même."

"Eh bien, pourquoi ne pas y aller ?"

« J'aimerais y aller plus que tout, » dit lentement Hughie, « mais… »

"Bien?"

"Je ne sais pas, c'est-à-dire"

" *Oui* ", a déclaré Jimmy Marrable avec la franchise caractéristique. "Vous luttez entre un instinct qui vous dit de faire ce qui est sensé et un désir irrésistible de faire une bêtise."

Hughie est devenu très rouge.

Son oncle continua :

"Tu veux épouser cette fille."

Hughie s'est enflammé.

"Oui," dit-il, plutôt avec défi.

Le cigare brillait tranquillement.

"Tu penses que la vie n'a pas de plus grand bonheur à t'offrir ?"

"J'en suis sûr", a déclaré Hughie, avec l'air de dire une simple vérité.

"Et tu as vingt et un ans ?"

"Oui, oui", avec moins de feu.

Jimmy Marrable fuma pensivement pendant quelques minutes.

« Je suis un vieux célibataire, dit-il enfin, et les vieux célibataires sont censés ne rien savoir des histoires d'amour. La vérité, bien entendu, est qu'ils en savent bien plus que quiconque .

Hughie était habitué à ces *remarques incidentes* .

"Pourquoi?" » demanda-t-il consciencieusement.

"Eh bien, pour la même raison qu'un bretteur brisé en sait beaucoup plus sur le métier de soldat qu'un simple soldat de ligne dûment enrôlé. Il a eu une expérience plus variée. Plus un homme reste longtemps célibataire, plus il en apprend sur les femmes; et le Plus il en apprend sur les femmes, plus il sera en mesure de se frayer un chemin dans le monde. Par conséquent, s'il se marie jeune , il réduit au minimum ses chances de réussite dans la vie. Le plus triste dans tout cela, c'est que, à condition qu'il obtienne le fille qu'il veut, il s'en fiche. C'est d'ailleurs la raison pour laquelle presque tous les hommes les plus célèbres de l'histoire ont été mariés malheureusement ou pas mariés du tout. Le bonheur n'a pas d'histoire. Les hommes mariés et heureux ne sont jamais ambitieux. ... Ils ne travaillent pas et ne haletent pas après... "

"Ils n'en ont pas besoin", a déclaré Hughie. "Un homme ne continue pas à courir après un tramway après l'avoir attrapé."

" Cela soulève une question, Hughie. Cela suppose que tout le bonheur disponible dans le monde est contenu dans un tramway particulier. De plus, les tramways dont vous parlez sont destinés aux hommes de plus de trente ans. Les jeunes devraient marcher. "

Hughie se rendit compte que la conversation devenait trop subtile pour lui et revint à de simples coups et coups.

"Alors tu penses qu'aucun homme ne devrait se marier avant trente ans ?" il a dit.

"Rien de tout cela ! Cela dépend de l'homme. S'il est un homme stable, décent, moyen, qui considère un grand livre comme une Bible et un tabouret de bureau comme un tremplin vers le sommet de l'univers, et ne possède aucune aptitude particulière pour les aléas de la vie, plus tôt il se mariera et s'installera comme un vieux pousseur de landau satisfait, mieux ce sera pour lui et pour la nation. Vous imaginez-vous dans cette lignée, Hughie ?

"Non-oo", dit Hughie à contrecœur. "Mais je pourrais apprendre", ajouta-t-il avec espoir. "Je suis un gars plutôt adaptable."

Jimmy Marrable jeta son bout de cigare par la fenêtre et se redressa.

« Écoute, Hughie, » dit-il, « et je vais te dire qui tu es *vraiment*. Tu es le fils d'une mère qui est sortie par la fenêtre de sa chambre (et s'est laissée tomber par un tuyau d'évacuation d'eau que je n'aurais pas voulu faire). faisait confiance à un singe) afin de s'enfuir avec l' homme qu'elle aimait. Votre père était le commandant d'un régiment indigène aussi coriace que j'ai jamais connu. Votre grand-père était un explorateur. J'ai moi-même été un peu un Rolling Stone " Environ un de vos parents sur trois meurt dans son lit. Vous êtes issu d'une souche qui préfère aller voir les choses par elle-même plutôt que de les lire dans les journaux, et qui a acquis une connaissance considérable de l'art de manier les hommes en Ce sont des atouts plutôt rares. Si vous emmenez une femme avec vous à l'âge de vingt et un ans, ce sera un désastre. Soit vous resterez chez vous et vous mangerez votre cœur, soit vous partirez à l'étranger et partirez. qu'elle mange le sien. Est-ce que je parle de bon sens ?

Hughie soupira comme une fournaise.

"Oui, confusion!" il a dit.

« Alors, promets-tu de ne pas te marier précipitamment ?

"Peut-être qu'elle m'attendra", songea Hughie.

"Quel âge a-t-elle?"

"Vingt et un ans, comme moi."

sèchement Jimmy Marrable . "Cela signifie qu'elle est en pratique de dix ans votre aînée. Cependant, peut-être qu'elle le fera. Les cochons pourraient voler. Mais me promettrez-vous de réfléchir très attentivement à la question avant de décider de ne pas partir à l'étranger ?"

"Oui", a déclaré Hughie.

"Cela étant le cas," continua vivement son oncle, "je veux te dire une ou deux choses. Si tu pars, je ne te reverrai peut-être jamais."

"Je dis," dit Hughie alarmé, "il n'y a rien de mal avec votre santé, n'est-ce pas, vieil homme ?"

" À tes souhaits, non ! Mais une fois qu'un Marrable s'est enfui dans la nature, Mathusalem lui-même ne pouvait pas espérer vivre assez longtemps pour le revoir. Alors je vais vous parler pendant que je vous ai. Je profite de cette opportunité pour vous parler. étant près de la ville pour voir mon notaire et faire mon testament. Je suis assez en forme, mais j'ai cinquante ans cette année, et à cet âge, un homme devrait disposer de ses biens. Autant vous dire que je vous ai quitté. rien. Ennuyé ?

"Pas le moindre."

"Et je n'ai rien laissé à Maître Lance."

Hughie parut un peu surpris.

"Je veux le remettre sur ses propres jambes avant ma disparition", a expliqué Jimmy Marrable . " Tout de suite, en fait. C'est en partie pour cela que je monte en ville. J'investis pour lui une somme qui devrait lui rapporter environ deux cents dollars par an pour le reste de sa vie. Il a presque seize ans maintenant, et il Il devra gérer lui-même ses revenus – payer ses propres factures de scolarité et tout. Exactement comme je vous l'ai demandé. Rien de tel que d'habituer un garçon à gérer de l'argent quand il est jeune. Je ne lui en donnerai pas davantage, car cela l'empêcherait de travailler. Deux cents ne le feront pas. Une limace vivrait peut -être assez contente de cela, mais Lancelot Wellesley Gaymer est un jeune balayeur prétentieux, et il... Je travaillerai pour avoir les moyens de faire sensation. Les deux cents le feront tenir jusqu'à ce qu'il retrouve ses marques.

Jimmy Marrable fit une pause et regarda son neveu avec irritation.

"Eh bien," demanda-t-il longuement, "n'avez-vous aucune contribution à apporter à cette conversation ?"

"Je ne peux pas dire que j'ai eu beaucoup de chance jusqu'à présent", a répondu Hughie, irrespectueux.

"Tu ne veux pas savoir ce que je vais faire avec le reste de mon argent ? C'est une question qui préoccupe beaucoup de gens. Tu ne veux pas te joindre à l'inquisition ?"

"Je ne peux pas dire que oui. Cela ne me regarde pas."

Son oncle l'observa avec curiosité.

"Tu ressembles diablement à ton père, Hughie", dit-il. "Eh bien, je vais laisser Joey s'en occuper."

"Bon plan", a déclaré Hughie.

"Tu penses?"

"Plutôt!"

"Il y en a beaucoup", continua son oncle d'un ton pensif. "Certaines d'entre elles sont également liées de manière assez étrange. Mes exécuteurs testamentaires auront un peu de travail."

Il observa à nouveau Hughie, impassible.

"Tu ne veux pas savoir qui sont mes exécuteurs testamentaires ?" » s'enquit-il avec colère.

"Non", dit Hughie, qui était plongé dans d'autres pensées en ce moment. "Ce ne sont pas mes affaires", répéta-t-il.

"Hughie", dit Jimmy Marrable , "tu es encore une fois le pauvre Arthur. Il était parfois un type maudit et irritant", a-t-il ajouté de manière explosive.

Un babillage de voix joyeuses dans l'escalier annonça le retour de M. Lunn et du groupe, qui avaient l'air en sécurité. Ils affluèrent, fascinés par les coups de porte de ce monsieur (dont les critiques, d'ailleurs, avaient l'habitude de comparer, pas du tout défavorablement , les visages de celui-ci à celui de leur propriétaire), et se déclarèrent tout à fait prêts maintenant à être correctement impressionnés. par les caractéristiques du Collège que Hughie serait heureux de leur exposer.

Une visite dans un Collège en ressemble beaucoup à une autre ; et nous n'avons donc pas besoin de suivre nos amis dans les escaliers en colimaçon, ou dans et hors des chapelles et des bibliothèques, pendant qu'ils contemplent les lieux de repos des morts illustres ou restent bouche bée devant les demeures éphémères des vivants sans distinction.

L'expédition était surtout remarquable (aux yeux observateurs de Mme Ames) par les efforts déployés par son conducteur pour se perdre en compagnie convenable - une entreprise qui était invariablement contrecarrée par la conduite résolue de cette petite mais déterminée adoratrice de héros, Miss Joan. Gaymer. À une occasion , cependant, Hughie et Miss Freshwater sont restées ensemble pendant un moment. Le groupe avait fini d'examiner la perspective depuis le toit de la chapelle du Collège et descendait péniblement à tâtons un escalier en colimaçon. Seules Hughie, Miss Freshwater et l'omniprésente Miss Gaymer sont restées au sommet.

« Vas-y ensuite, Joey », dit Hughie ; "puis Miss Freshwater, puis moi."

La dame à laquelle elle s'adressait plongea docilement dans le gouffre sombre à ses pieds. Elle remarqua avec une franche jalousie que les deux autres ne la suivirent pas immédiatement, et les attendit donc dans le beffroi, à mi-chemin.

Bientôt, elle entendit leurs pas descendre ; et la voix de Miss Freshwater dit :

"Je voulais t'en parler en premier, Hughie, parce que toi et moi avons toujours été de très bons amis. Personne d'autre ne le sait encore."

Il y eut un silence, interrompu uniquement par les pas de Hughie, visiblement en train de négocier un virage difficile. Puis la voix de Miss Freshwater continua, avec un peu de nostalgie :

"Tu ne vas pas me féliciter ?"

Et la voix de Hughie, étrangement sépulcrale dans l'obscurité résonante, répondit :

" Plutôt ! Je... j'espère que vous serez très heureux. Faites attention à cette étape. "

Miss Gaymer se demandait de quoi il s'agissait.

Hughie trouva l'occasion, avant la fin de la journée, d'avoir une autre brève conversation avec son oncle, au cours de laquelle il exprima son opinion sur les avantages de voyages immédiats et prolongés à l'étranger, ce qui renvoya cet opposant aux mariages précoces en ville dans un état de satisfaction tout à fait satisfaisant. état d'esprit.

« Il devrait y avoir une statue », dit Jimmy Marrable à son cigare, alors qu'il se penchait pensivement en arrière dans son wagon, « érigée dans la capitale de chaque colonie britannique, représentant une figure féminine dans une attitude distante, et portant l'inscription : *Érigée par une colonie reconnaissante envers son principal agent d'émigration, la jeune fille au foyer qui a épousé quelqu'un d'autre* .

Puis il soupira intérieurement – plutôt tristement, aurait dit une femme.

CHAPITRE IV

UNE DOUBLÉE

*" L'indulgence de l'audience est demandée au nom de Miss Joan
Gaymer, qui, en raison de l'indisposition soudaine de Miss Mildred
Freshwater, a pris le rôle de cette dame dans un délai très court. "*

Quelques heures plus tard , Hughie, rugissant très doucement pour un si grand lion, était en train de ramer un canot canadien jusqu'à Ditton Corner.

Le canot contenait une passagère qui, avec une indifférence féminine à l'égard des lois inflexibles de la science, s'efforçait de faciliter sa progression en pagayant dans la mauvaise direction. Sa petite personne, soutenue par des coussins pratiques, était coincée dans la proue du navire, et sa robe blanche et ses jambes noires et atténuées étaient protégées des résultats de ses propres efforts de navigation par un blazer de rechange de Hughie. Son chapeau gisait sur le plancher du canot, à moitié plein de cerises, et ses longs cheveux ondulaient et brillaient sous le soleil de l'après-midi. Miss Joan Gaymer serait une beauté un jour , mais pour le moment, on lui cachait avec tact toute connaissance de ce fait. A vrai dire, cette perspective ne l'aurait que peu intéressée. Comme la plupart des petites filles de onze ans, elle ne désirait rien tant pour le moment que de ressembler le plus possible à un petit garçon. Elle aurait préféré capturer un nid d'oiseau plutôt que vingt cœurs, et les apparitions qu'elle comptait comme des scories à condition qu'elle puisse se défendre dans une compétition de roue de Catherine .

Ils formaient plutôt un couple silencieux. Joan était remplie de ce contentement qui dépasse les mots. Elle portait une robe neuve ; elle s'était échappée sous une escorte presque exclusivement masculine – si l'on excepte le despotisme bienveillant de Mme Ames – de chez elle, nourrice et gouvernante, pour assister à une série de réceptions purement adultes ; et pour couronner le tout, elle était seule dans le canot, un blazer bleu clair étalé sur ses genoux, avec quelqu'un qui représentait, pour sa petite expérience, la tête et le sommet de tout ce qu'un homme devrait – voire pourrait – être.

"Je suppose", remarqua-t-elle dans un soudain élan d'exultation, alors que le canot glissait devant deux jeunes gens magnifiquement vêtus qui étaient assis au bord de l'eau, "que ces deux-là soient plutôt désolés de ne pas être dans ce canot avec nous. "

Les dames dont il s'agissait se levèrent et marchèrent à l'intérieur des terres avec une certaine délibération. Hughie ne répondit pas. Son front était froncé et ses manières quelque peu absentes.

"Hughie", annonça Miss Gaymer avec reproche, "vous me regardez très en colère."

petite voix curieusement bourrue et rauque , et souffrait en outre de l'incapacité de prononcer ces insaisissables consonnes *r* et *l* . Donc elle n'a pas dit "très en colère", mais " très c'oss ", dans une basse profonde.

Hughie se réveilla.

"Désolé, Joey !" il a dit; "Je pensais."

" Sec'ets ? " » s'enquit Miss Gaymer, toute envoûtée par la féminité à la fois.

"Non."

"Oh," - plutôt déçu. "Alors, à propos de ton ancien bateau ?"

"Oui", a répondu Hughie en mentant. « Comprenez-vous bien comment nous courons ?

"Je le *pense* ", dit l'enfant. "Votre bateau est deuxième, et il veut heurter le bateau devant, c'est ça ?"

"Oui."

"Eh bien, fais-le juste quand tu nous croises, d'accord ?"

"Je vais essayer", dit Hughie, commençant à s'éclairer. "Mais cela pourrait prendre plus de temps. Je devrais penser au pont ferroviaire."

"Et après la course, *tu* me ramèneras à la maison ?" demanda la dame avec inquiétude.

"C'est impossible, j'en ai peur. La course se termine à des kilomètres de Ditton, où vous serez ; et je ne devrais pas pouvoir revenir à temps. Vous feriez mieux de rentrer chez vous avec les autres."

"Quand te reverrai-je alors ?" » demanda Miss Gaymer, qui n'était pas en âge d'être réticente quant à l'évolution de ses affections vierges.

— Vers sept heures. Vous venez tous dîner chez moi.

"Oh !" s'exclama son compagnon dans un frémissement d'excitation. "Combien de temps puis-je rester assis ?"

"Demandez à Mme Ames", répondit le diplomate Hughie.

"Jusqu'à *dix heures* ?" hasarda Joey, avec l'air de quelqu'un qui lance une vente aux enchères aux Pays-Bas.

"Ne *me demandez pas* , vieille dame."

« Et si, suggéra astucieusement Miss Gaymer, vous disiez que vous vouliez que je m'assoie et vous tienne compagnie ?

Hughie rit. "J'avais peur que ça ne marche pas. Je dois sortir vers neuf heures pour un Bump Supper."

"Qu'est ce que c'est?"

"Un souper du Collège, en l'honneur des hommes qui ont ramé."

"J'aime les dîners", dit timidement Miss Gaymer.

Hughie sourit. "Je ne pense pas que tu aimerais celui-ci, Joey," dit-il.

"Pourquoi ? Ils n'ont pas de pièces de monnaie ni de dés à coudre dans le t'ifle ?" dit Miss Gaymer, dans l'esprit de laquelle le mot souper évoquait simplement une vision d'enfants collants, portant des casquettes en papier faites de biscuits, se distendant sous la surveillance d'un adulte.

"Je ne pense pas qu'ils *aient* une quelconque bagatelle."

"Parfaitement p'epost'ous !" commenta Miss Gaymer avec chaleur. (Je pense qu'il a déjà été mentionné qu'elle passait une bonne partie de son temps en compagnie de Jimmy Marrable .) "Ices ?"

"Laisse-moi voir. Oui, parfois."

"Ah!" » chantonna Joey avec un petit soupir joyeux. " Je *ne peux pas* venir ? "

"Je n'ai pas peur, madame. Les Bump Suppers sont réservés aux messieurs."

"J'aimerais ça", dit franchement Madame.

"Et ils sont plutôt bruyants. Vous pourriez avoir peur."

"Pas si j'étais assis à côté de toi", fut la tendre réponse.

L'anxiété de Joey pour sa compagnie a renouvelé la dépression d'humeur de Hughie. L'admiration et la confiance sont des hommages très désirables à recevoir ; mais quand ils viennent de tous les côtés, sauf du bon, l'attrait de ce côté n'en est que plus intense. Pauvre nature humaine ! Hughie soupira de nouveau d'une manière qui fit vibrer tout le canot. Miss Gaymer détourna brusquement la conversation.

« De quoi cette personne te parlait-elle, Hughie ? elle a demandé.

"OMS?"

"Cette personne qui nous a accompagné dans le t'ain . Mademoiselle..." La bouche de Joey se tordit en un enchevêtrement désespéré.

"Eau fraiche?" dit Hughie en rougissant.

"Oui. Quand vous nous faisiez visiter le Co'ege après le déjeuner, vous et elle êtes restés au sommet de la Chapelle pendant que nous descendions tous. Quand je vous attendais, je l'ai entendue dire : "Vous 'Je suis le premier à en entendre parler, Hughie.' Pour entendre quoi ? »

Hughie avait l'air véritablement perturbé.

"Je ne sais pas encore si elle veut que ça se sache, Joey", dit-il.

Miss Gaymer prit une expression devant laquelle elle savait que la plupart des messieurs de sa connaissance, depuis l'oncle Jimmy jusqu'au cocher de la maison, étaient impuissants.

me le diras , n'est-ce pas ?" dit-elle.

Hughie, faisant de la nécessité une vertu, accepta.

"Eh bien, promets-toi de ne le dire à personne " , dit-il.

"Très bien", approuva Miss Gaymer, agréablement intriguée.

"Elle va se marier", dit Hughie d'une voix qu'il s'efforçait de rendre aussi neutre que possible. Ce n'était pas un effort très réussi. À vingt et un ans, ces choses font autant mal, sinon aussi durablement, que plus tard dans la vie.

"Je suis très Je suis ravi de l'entendre", remarqua Miss Gaymer avec calme.

Hughie regarda le petit visage rouge devant lui avec une certaine curiosité.

"Pourquoi, Joey ?" Il a demandé.

"Pas grave!" » répondit Miss Gaymer d'un ton primaire.

Après cela, la conversation s'alanguissait, car ils approchaient de l'hippodrome et des bateaux de toutes tailles et de tous gréements se pressaient autour d'eux. Il y avait le grand concert familial, avec un père de famille académique et myope à la barre et sa nombreuse progéniture aux rames, balayant les profondeurs des embarcations environnantes comme le balai de Van Tromp . Il y avait l'argosy typique de la semaine de mai, composée de la mère et des sœurs d'un rameur, laissées aux soins de deux ou trois joueurs de cricket amoureux mais peu nautiques, à quelle heure leur parent accomplissait des prodiges de valeur dans la deuxième division. Il y avait aussi un bateau à moteur artisanal particulièrement bruyant, connu le long de la rivière, de Grantchester à Ely, sous le nom de « The Stinkpot », de la taille d'un cercueil, actuellement occupé (dans le sens le plus complet du terme). par son concepteur, constructeur et propriétaire ; qui, solidement entassé dans son embarcation, les pieds dans un tas de petit charbon, le bout de la chaudière au fond du ventre, et les machines fonctionnant à une chaleur fébrile entre ses jambes, cumulait les fonctions de chauffeur, d'ingénieur, timonier, et enfin (avec un succès retentissant) directeur des opérations d'éperonnage.

À travers ces divers obstacles, Hughie, malgré l'aide de son passager, dirigea son canot avec une précision infaillible et finit par se retrouver debout à côté des pieux à Ditton. Il n'éprouva aucune difficulté à prendre des dispositions pour le voyage de retour du canot, car un gentleman de sa connaissance demanda le privilège de le ramener chez lui, invoquant comme raison la pression interne de son propre bateau. Hughie accorda l'aubaine avec empressement, se demandant simplement dans son cœur à laquelle des trois demoiselles languissantes plantées autour de l'urne à thé de son ami il devait remercier pour la délivrance.

Ils trouvèrent la mouche dans une bonne position près de l'eau, tandis que le reste du groupe buvait du thé et se demandait docilement quand les héros qui parsemaient le paysage dans diverses attitudes de nervosité se débarrasseraient de leurs magnifiques atours et se mettraient au travail. Hughie déposa Joan à côté d'une montagne de petits pains et d'une fontaine de thé et, après avoir exprimé l'espoir que tout le monde se portait bien, annonça que la Deuxième Division pourrait probablement descendre à tout moment.

Cette déclaration impliquait une série de questions concernant les détails techniques de l'aviron, auxquelles ce modèle d'utilité, M. Lunn, s'était avoué incapable de répondre, et qui avaient donc été reportées jusqu'à l'arrivée de Hughie.

L'imitation plutôt timide de Sir Oracle par Hughie et son explication complexe de la différence exacte entre le bucketing et le tubbing (écoutée avec un intérêt respectueux par les tea parties environnantes) furent soudainement interrompues par une voix petite mais insistante, qui le suppliait de fermer le robinet. éteignez-vous et soyez jolie pendant un moment.

Il y eut un éclat de rire, et Hughie se retourna pour découvrir que l'un de ces serviteurs privilégiés et bien trop invétérés de l'athlète moderne, un photographe, entretenait (avec l'aide d'un mégaphone) une réputation d'humour offensant, à son époque. frais, sur le chemin de halage en face.

Après cela, la Deuxième Division pagayait jusqu'au départ, arborant des couleurs qui auraient relégué des concurrents tels que le roi Salomon et les lys des champs à cette catégorie euphémiste mais humiliante indiquée par la formule « Hautement recommandé ». Bientôt ils revinrent, déshabillés de façon alarmante et croissante, et ramant quarante minutes par minute. Une équipe a réalisé une « galerie » directement à Ditton Corner, pour la joie de la galaxie de la beauté et de la mode rassemblée là-bas. L'équipage heurté a tiré le meilleur parti d'une situation peu glorieuse en se précipitant dans les pieux et en doublant le nez du bateau, qui s'est soudainement déformé et a pris une attitude de guérite au-dessus de la tête du monsieur apoplectique qui ramait à l'avant. Le bon navire lui-même a coulé incontinent, toutes les mains coulant avec lui comme une octette de Casabiancas . Alors les applaudissements pour les vainqueurs se transformèrent en cris de compassion pour les vaincus. Cependant, alors que toutes les personnes concernées se dégageaient sans difficulté de l'épave et pagayaient avec contentement jusqu'à la berge, la panique s'apaisa et le reste du cortège passa à toute vitesse sans autre incident.

Comme dernier bateau, éloigné, sans amis, mélancolique, lent, accompagné d'un gentleman de couleur qui sonnait la cloche du dîner et d'un don à lunettes qui trottait à côté en scandant : « Bien ramé, étudiants non collégiaux ! grinça lamentablement, Hughie se leva et se secoua.

"À notre tour maintenant", dit-il. "Au revoir, tout le monde !"

"Bonne chance, Hughie !" dit Mme Ames. "Votre santé!"

Elle agita sa tasse puis but une gorgée de thé.

Il y eut un chœur de bons vœux de la part de la fête, et un ou deux enthousiastes voisins poussèrent le cri de « Benedict ! » qui s'enfla jusqu'à un rugissement lorsque Hughie, rougissant, se fraya un chemin hors du paddock et se dirigea vers un ferry à une centaine de mètres en aval du Long Reach. Le sentiment populaire, qui aime une cheville sur laquelle accrocher ses prédilections, était élevé en faveur de Hughie et de sa tentative pratiquement à lui seul d'humilier la fierté des hommes de All Saints , avec leurs quatre Bleus et leurs cinq années de direction.

Pourtant, même si le cœur de beaucoup d'hommes – surtout de jeunes hommes – aurait gonflé assez excusablement devant un tel hommage, Hughie ne se souciait que très peu de ces choses. La notoriété du journal sportif et de la carte postale ne l'attirait pas du tout. Il était obstinément déterminé à emmener son bateau jusqu'à la tête du fleuve, non pas pour la gloire que cet exploit lui apporterait, mais pour la raison très simple et suffisante qu'il avait décidé, malgré quatre Bleus, de l'y laisser plus tôt. il descendit. La fierté d'un homme de Cambridge à l'égard de son université est une chose bien réelle. Un homme d'Oxford vous dira qu'il est un homme d'Oxford. Un homme de Cambridge dira : « J'étais dans tel ou tel collège, à Cambridge. » Il n'est pas nécessaire de décider ici quel sentiment est le plus noble, mais le fait demeure.

Cependant, il y avait une difficulté dans la pommade. Parmi les expressions de bonne volonté émanant du propre parti de Hughie, une voix était restée silencieuse. Cette omission était tout à fait involontaire, car la tête de Miss Mildred Freshwater avait été enfouie dans un panier à la recherche de cuillères au moment du départ de Hughie. Mais pour le pauvre Hughie, qui, malgré toutes ses forces, n'était pas plus raisonnable en ce qui concerne ses affections que d'autres frères plus faibles, cette circonstance privait l'ovation du seul trait atténuant qu'elle aurait pu autrement posséder pour lui.

Alors qu'il longeait la berge jusqu'à l'endroit où l'attendait le ferry, il entendit un crépitement de pas derrière lui. Une petite main chaude et un peu sale fut enfoncée dans la sienne, et Miss Gaymer remarqua :

"Je viens jusqu'à ce bateau avec toi, Hughie. Puis-je?"

"Très bien, Joey," répondit-il.

Il ne leur restait plus que quelques mètres à parcourir. Miss Gaymer leva les yeux vers le visage troublé de son idole.

"Qu'est-ce qu'il y a, Hughie !" elle a demandé.

"Joey, j'ai la bosse."

Miss Gaymer lui serra affectueusement le bras.

"C'est pas grave, je t'épouserai quand je serai grande", annonça-t-elle un peu à bout de souffle.

Hughie se sentait un peu impressionné, comme un homme doit toujours le faire lorsqu'il se rend compte qu'une femme, aussi vieille ou jeune soit-elle, l'aime. Il sourit à la silhouette mince à côté de lui.

"Tu es un bon gars, Joey," dit-il. "Un des meilleurs!"

Miss Gaymer revint contente à son thé, pleinement et absolument récompensée de l'effort qu'impliquait le sacrifice de cette, sa réserve vierge.

CHAPITRE V

LA JOIE DU BATAILLE

HUGHIE descendit du bac et s'engagea sur le chemin de halage, encombré de jeunes hommes se précipitant vers les lieux où les bateaux étaient amarrés et de jeunes femmes qui auraient été bien mieux employées sur la rive opposée.

Le pointilleux Hughie cherchait une haie amicale ou une autre protection derrière laquelle il pourrait ôter convenablement le pantalon de flanelle blanche qui, pendant l'après-midi, avait voilé l'extrême brièveté de son short d'aviron, lorsqu'on lui avait tapoté sur l'épaule. Il se tourna et se trouva face à un homme corpulent, rasé de près, dont les yeux brillaient joyeusement derrière des lunettes rondes. Il ressemblait à ce qu'il était, un curé de campagne du meilleur type, costaud, plein d'humour et astucieux, avec des traces indubitables du maître d'école autour de lui.

« Je vous demande pardon, monsieur, » dit-il avec une révérence un peu démodée, « mais êtes-vous M. Marrable ?

Hughie a admis le fait.

"Eh bien, je veux juste te dire que j'espère que tu vas à Head ce soir. Tu dois ramer toi-même, j'ai entendu dire."

"Oui."

"Tout à fait vrai, tout à fait vrai ! C'est une chose désespérée de changer d'équipage entre les courses, mais c'est notre seule chance. Vous n'auriez jamais pu les attraper avec l'homme que vous aviez hier soir. Il est courageux, mais il ne peut pas choisir un équipage. " Levez-vous et emmenez-les avec lui. Êtes-vous sorti dans le nouvel ordre ? "

"Oui. Nous avons fait un petit tour il y a quelques heures."

"Satisfaisant?"

"Oui, très juste."

"C'est excellent. Maintenant, nous allons assister à une course !"

L'orateur s'est retourné et a marché à côté de Hughie en direction du pont ferroviaire. Hughie se demandait qui il pouvait être.

"Je suppose que vous êtes un ancien membre du Collège, monsieur", dit-il.

"Oui. Mais je n'ai pas pu venir depuis quinze ans."

"Dans l'équipage, peut-être ?" continua Hughie en observant la poitrine puissante de son compagnon – elle avait un peu glissé en quinze ans – et les épaules.

"Oui," - plutôt timidement.

"Je le pensais. Vers quelle année ?"

L'étranger lui a dit.

Hughie s'est montré intéressé.

« Vous deviez faire partie de l'équipage de D'Arcy, dit - il , le grand D'Arcy. Mon père le connaissait bien. *Et* vous ?

"Euh… oui."

"Ma parole!" Les yeux de Hughie s'enflammèrent à la mention de ce nom qui, prononcé n'importe où au bord de l'eau entre Putney Bridge et Henley, éveille encore les jeunes rameurs à des rêves respectueux d'émulation lointaine et les entraîneurs d'âge moyen à des flots de réminiscences peu fiables. "Il devait être une merveille à son époque. Le connaissiez-vous bien ? Quel genre de type était-il ?"

"Eh bien, vous voyez, je *suis* D'Arcy", répondit l'étranger en s'excusant.

Après cela, il a donné à Hughie des conseils sur la course à venir.

"Je regarde l' équipe des All Saints depuis trois nuits maintenant", a-t-il déclaré. "Ils forment un beau groupe et sont magnifiquement ensemble ; mais j'estime qu'ils ne peuvent pas durer."

"Ils sont un peu trop sûrs d'eux", a déclaré Hughie. "Trop de Bleus dans le bateau."

"Combien?"

"Quatre. Sept, Six, Cinq et Arc."

"Bien ! Ils ont probablement l' illusion qu'un bateau avec quatre Bleus à bord est quatre fois meilleur qu'un bateau avec un Bleu à bord. Par conséquent, ils ne se sont pas entraînés très dur, surtout ces deux gros hommes au milieu de le bateau. Qu'en est-il de leur AVC ?

"Assez joli, mais c'est un pourri quand il s'agit de pincer."

"Bien encore ! Eh bien, ces gars-là n'ont pas été allongés une seule fois pendant les courses, car vous ne leur avez donné aucune sorte de course hier soir. Vous vous êtes effondré au départ et ne vous êtes jamais tout à fait remis. Cependant, cela donnera à All Saints de faux confiance, c'est exactement ce que nous voulons. Maintenant, que proposez-vous de faire ce soir ? Sauter sur leurs queues dès le départ ?

"Pas bon", a déclaré Hughie. "Ce sont des oiseaux trop vieux pour ce jeu. En outre, mon équipage veut travailler très soigneusement jusqu'à un coup rapide. Je ne peux pas faire confiance à Six au-dessus de trente-quatre ans. Il continuera à ramer toute la journée; mais si je accélère jusqu'à trente-six ou sept , il s'énerve, et quarante l'envoie proprement au bout d'une minute environ. Non, nous devons simplement les épuiser.

"Tout à fait vrai", a déclaré D'Arcy. "Si vous êtes à une longueur du pont ferroviaire, vous devriez le faire."

" La difficulté, " dit Hughie avec regret, " c'est que l'équipage n'est bon que pour une seule poussée. C'est une bonne poussée, je dois l'admettre, mais si elle échoue , nous avons fini. Ils ne pourront plus jamais ralentir jusqu'à une course régulière... surtout Six. Il faut donc simplement que cela soit fait au bon moment. La difficulté est de savoir quand.

"Avez-vous un barreur fiable ?"

"Première classe."

"Il ne peut pas te le dire ?"

"Il y a trop de disputes", a déclaré Hughie. "Tout le Collège sera sur le chemin de halage ce soir."

Le révérend Montague d'Arcy plongea la main dans la poche de queue de sa redingote de clérical et en sortit un revolver de service à gros modèle.

"Regarde ici," dit-il. "Vous pourrez entendre cette arme mortelle le Jour du Jugement lui-même. Accepterez-vous de prendre votre temps avec moi ?"

"Plutôt ! Merci, monsieur." La sincérité de la gratitude de Hughie ne faisait aucun doute.

"Eh bien," continua vivement l'ecclésiastique, "j'attendrai près du pont ferroviaire, du côté de Barnwell, à l'écart du chemin de halage. Si vous avez déjà fait votre bosse avant cela, vous ne voudrez pas de moi. Bien et bien. Mais je ne le fais pas. Je ne pense pas que vous y *serez* parvenu, et je ne vous conseille pas d'essayer. Pendant la première moitié du parcours, ces hommes de All Saints vous égaleront coup pour coup, et si vous bousculez votre homme lourd à Six, il perdra probablement. " Sa tête. Lorsque vous passez sous le pont de chemin de fer, accélérez légèrement, mais pas plus de deux coups par minute. J'ai six coups de feu dans ce revolver. Lorsque vous en entendrez deux, cela signifiera que vous êtes à portée de saut et que vous devez soyez prêt pour le jet. Lorsque vous entendez les quatre autres en succession rapide, vous devez simplement vous balancer et y mettre la toute dernière once de votre sang, de vos os, de votre corps et de votre âme. Et si vous les attrapez , " a conclu le révérend gentleman. , "Bon sang ! Je vais danser la Cachuca sur la berge !"

À ce moment -là, ils avaient atteint l'endroit où leur coquille de course – soixante-deux pieds de bois de cèdre fragile – les attendait. Le reste de l'équipage, déjà rassemblé, se tenait debout dans des attitudes de profond abattement ou d'hilarité forcée qui semblent être les seules alternatives de comportement ouvertes aux hommes qui souffrent de ce qu'on appelle expressément « l'aiguille ». Certains sifflaient, d'autres bâillaient, et tous se demandaient pourquoi les hommes se mettaient à ramer comme passe-temps.

Hughie rassembla ses Argonautes et, à sa demande, le révérend Montague D'Arcy leur exposa le plan de campagne. Ensuite, l'équipage s'embarqua et le robuste ecclésiastique aida le batelier grisonnant du Collège - la seule personne présente dont les nerfs ne semblaient pas affectés par la tension ambiante - à pousser leur embarcation hors de la berge et à les lancer dans une course d'une demi-minute en guise de préliminaire. à leur longue pagaie sur le parcours jusqu'au point de départ de la course.

Conformément à une coutume pittoresque mais particulière, ils portaient dans leurs chapeaux de paille des bouquets de soucis et de bleuets – les couleurs du Collège – pour indiquer qu'ils avaient eu des bosses au cours des nuits précédentes ; et ainsi parés, ils pagayèrent majestueusement sur le Long Reach, se sentant extrêmement valeureux et ayant l'air légèrement ridicules, pour contester une comparaison (dans laquelle ils étaient désespérément surclassés dès le début) avec le couvre-chef de la foire rassemblée à Ditton Paddock.

La méthode pour lancer une course brutale est le raffinement de la cruauté.

A mesure que chaque bateau atteint son poste de départ, les équipages débarquent et se tiennent tristement debout, écoutant les dernières exhortations des entraîneurs ou regardant nerveusement l'équipage derrière eux. Bientôt, une pièce d'artillerie d'un bruit désagréable, située à mi-chemin de la longue file de bateaux, part avec un rugissement. C'est ce qu'on appelle « premier coup de feu », et cela signifie principalement qu'il y en aura un autre dans trois minutes. L'équipage se dépouille tristement de quelques articles supplémentaires de sa garde-robe déjà maigre, qu'il empile sur les épaules du domestique en sueur dont le devoir est de les transporter au poste d'arrivée, et rampe un à un à sa place dans le bateau. Enfin, le barreur s'enroule sur son siège et prend les deux lignes de gouvernail dans sa main gauche, laissant la droite libre pour saisir l'extrémité du dernier maillon du bateau avec la *terra firma*, sa chaîne de départ. Puis le deuxième canon part, et l'équipage frémit et sait que dans soixante secondes précises il faudra démarrer.

Le rituel observé pendant la dernière minute est extrêmement compliqué et varie directement avec le système nerveux de l'entraîneur, qui danse sur la berge, un chronomètre à la main, pour chronométrer les soins du batelier du Collège, qui se tient à côté. avec une longue gaffe prête à pousser le navire au milieu du courant.

"Quinze secondes se sont écoulées", précise le coach. "Pousse-la dehors, Ben."

Ben s'exécute, avec une délibération exaspérante mais sage. Si le bateau est poussé trop rapidement, la chaîne de départ se tendra et tirera la poupe du bateau vers l'intérieur vers la berge, juste au moment où son nez devrait être pointé droit vers l'amont. Mais cette vérité élémentaire ne vient pas à l'esprit de l' octette frénétique dans le bateau. Le canon partira, et les proues trouveront leurs pales d'aviron toujours posées sur le chemin de halage. Ils le *savent*.

"Trente secondes écoulées", précise le sélectionneur. "Pagayez doucement, Bow et Two."

Son objectif est de tirer pleinement parti de la longueur de la chaîne, mais Bow et Two le savent mieux. Ils sont convaincus qu'il souhaite simplement qu'ils soient désavantagés lorsque le coup de feu tirera. Cependant, ils avancent comme on le leur demande, avec une furtivité paralysée qui fait penser aux chaises musicales.

"Il reste quinze secondes", précise le sélectionneur. "Es-tu hétéro, Cox ? Encore dix secondes—"

Ah ! Comme d'habitude, la chaîne s'est tendue et la poupe du bateau est à nouveau tirée vers l'intérieur.

« Pagayez, Deux ! » crie le barreur.

Deux donne quelques fouilles frénétiques ; le Derviche au guet, accompagné d'un chœur irrégulier et inexact tout au long de la berge, scande « Cinq, quatre, trois, deux... » ; il y a un rugissement terrible du canon ; le barreur laisse tomber la chaîne ; le batelier retire la pointe de sa gaffe (qui, entre nous, a fait la part du lion pour maintenir la tête du navire droite) du gréeur de Five ; et ils sont partis.

L'équipage bénédictin s'ébranla sans ostentation. Leur entraîneur était en fait en train de ramer sur le bateau All Saints, et il serait difficile de choisir un témoignage plus élogieux de l'excellent esprit sportif de l'aviron anglais. Aussi les opérations de départ furent-elles sagement laissées au batelier du

Collège, qui avait rempli la fonction pendant quelque chose comme un demi-siècle. La fuite du temps a été enregistrée par Hughie lui-même, à partir de la montre accrochée à son brancard à côté de son pied droit. L'expérimenté M. Dishart -Watson a gardé ces relations trop souvent fatalement intimes, les lignes de gouvernail et la chaîne de départ, avec tact à l'écart, et le bateau du St. Benedict a démarré avec un départ qui l'a amené à une longueur de All Saints. pendant la première demi-minute.

Ensuite, leurs adversaires se sont retirés. Comme D'Arcy l'avait dit, c'était un équipage chevronné, et rien de moins qu'une pure supériorité ne pourrait l'épuiser. Les deux bateaux ont contourné Grassy Corner et sont entrés dans le Plough Reach à peu près à leur distance l'un de l'autre. Tous les Saints ramaient le coup le plus rapide.

Hughie, qui s'en tenait à trente-deux ans, sentait avec satisfaction que les hommes derrière lui allaient bien ensemble. Le numéro Sept, petit mais courageux, donnait à l'avant un bel exemple de swing régulier et de finition intelligente. Six—M. Puffin – ramait avec une grande lame. À le regarder maintenant, on se demanderait pourquoi il n'a pas été inclus dans l'équipe universitaire. Si vous le voyiez essayer de ramer quarante minutes par minute, vous seriez étonné qu'il puisse faire partie d'un équipage.

Cinq n'avait pas l'air heureux. Il était trop en retrait et tirait à l'arrivée. Le bateau lui paraissait plus lourd que d'habitude, car il commençait tout juste à comprendre la différence entre seconder les efforts de Hughie Marrable et ceux de M. Duncombe. Pourtant, il s'en chargeait activement. Quatre, une personne minutieuse, s'encourageait d'une manière qui lui était entièrement personnelle. Après chaque coup, alors qu'il se redressait et se balançait en avant, il poussait une petite remarque *à voix basse* , telle que : « Oh, bien *ramé* , Quatre ! – Tenez-vous-y, Quatre ! – Utilisez vos *jambes* , vieil homme ! – C'est mieux ! — C'est une *beauté* ! — Oh, bien *ramé* , Quatre ! Et ainsi de suite. Personne ne savait où il obtenait la respiration nécessaire pour ces exercices ; mais certaines personnes possèdent ces petites particularités et ne rament pas plus mal pour elles. Bow en était un autre exemple. C'était un individu joyeux mais excentrique, et il avait l'habitude de se chanter une petite chanson du moment - ou peut-être un hymne - tout au long d'une course, en commençant par le premier coup et en se terminant exactement, si possible, par le dernier. Il était connu qu'en caressant un bateau, il accélérait à une vitesse parfaitement incroyable simplement parce qu'il craignait que la chanson ne se termine avant d'avoir terminé le parcours, une éventualité qu'il considérait comme extrêmement malchanceuse. Par contre, il deviendrait assez déprimé s'il devait s'arrêter au milieu d'un couplet, et il était tout à fait capable de ramer *rallentando* s'il voulait synchroniser ses deux conclusions.

Mais peu de gens ont le temps ou l'envie de faire ces diversions en oscillant sur un toboggan de seize pouces, et le reste de l'équipage se balançait et se branchait dans un silence sinistre.

Les deux bateaux se sont lancés dans le medley rugissant de Ditton Corner. Ils passèrent devant la rangée de piles et de bateaux attachés au milieu d'un ouragan de cris et de mouchoirs agités. Hughie, exerçant à tort son privilège de Stroke, laissa ses yeux glisser vers la droite pendant un moment. Il eut un bref aperçu du visage cramoisi et excité de Miss Gaymer, alors qu'un homme la soutenait en l'air dans la foule. Puis le bateau fit une légère embardée et Joey fut de nouveau englouti. Hughie se sentit coupablement responsable de cette embardée et, rappelant son regard dans le bon canal – directement par-dessus l'épaule droite du barreur – il pivota à nouveau longuement et régulièrement.

"Sommes-nous déjà hétéro?" il haleta Dishy .

"Oui, juste."

"Dites- leur de tendre la main un peu."

M. Watson obéit, sur un ton qui dépassait le tumulte de la berge et pénétrait même dans l'âme harmonieuse de Bow, qui était aux prises avec une cadence difficile en ce moment.

"Six bons!" dit Hughie, la prochaine fois, son visage se tourna vers celui du barreur.

"Maintenant, vous les hommes, six bons !" répéta Dishy . " *Un ! Deux ! Cinq, tu es en retard ! Trois ! Quatre ! Cinq !* Inclinez-vous, attrapez-le ! *Six !* Oh, bien ramé ! "

Il y eut un rugissement ravi de la banque. L'équipage bénédictin était de nouveau réuni après l'instabilité autour de Ditton.

"Jusqu'à quel point?" » fit signe les lèvres de Hughie.

"Longueur et demi", répondit Cox. "Moins", a-t-il ajouté en regardant devant lui.

Ils étaient désormais à mi-chemin du Long Reach. Dans une minute ou deux, ils seraient au pont ferroviaire, au-delà duquel les bateaux en difficulté sont généralement censés être en sécurité.

"Dites- leur … allez… vite", gargouilla Hughie, "si possible."

Cox hocha la tête, plutôt dubitatif, et Hughie grinça des dents. Si seulement ce maudit bruit sur la berge pouvait cesser, ne serait-ce que cinq secondes, Dishy aurait une chance de faire entendre l'équipage. Dans l'état actuel des choses, la foule toujours croissante, attirant de nouveaux adhérents comme une boule de neige, rendait cet exploit presque impossible.

Mais le barreur était un homme d'expérience et de ressources. Juste au moment où le bateau passait sous le pont ferroviaire lui-même, il y eut un silence momentané, car l'équipage était coupé de ses partisans par quelques bottes de bois. Dishy a saisi l'occasion.

"Soyez prêt à accélérer", a-t-il crié. "Maintenant ! Oh, bravo !"

L'équipage l'avait entendu, et qui plus est, lui avait obéi. Stroke dans le bateau All Saints réalisa soudain que l'ennemi venant en sens inverse était passé à trente-cinq ou six heures, et que l'intervalle entre les deux bateaux s'était réduit à quelque chose en dessous d'une longueur. Il jaillit à son tour, et ses hommes jaillirent avec lui, mais leur longueur de course devint proportionnellement plus courte, et la marche du bateau n'augmenta pas. Saint-Benoît conservait son avantage.

"Une demi-longueur", a déclaré Dishy , en réponse à un interrogatoire angoissant du sourcil droit de Hughie.

Soudain, au-dessus du tumulte, retentirent deux coups de revolver retentissants. Un gros ecclésiastique, criant comme un Choctaw, se précipitait le long de la rive droite de la rivière, pratiquement libre de spectateurs, son arme fumante à la main. La voix de Dishy s'éleva jusqu'à un cri.

« Attention, soyez prêt ! *Seulement* six pieds !

Et maintenant, le musicien qui ramait à l'arc sentait le bateau se soulever de manière instable sous lui. Une vague roula sur la toile derrière lui et il sentit une éclaboussure d'eau sur son dos.

"Nous laver!" » était son commentaire. "Gloire, gloire ! Un autre verset le fera. Maintenant, tous ensemble,—

" *Et si les brises épicées soufflent doucement, sur Ceylan ...* "

Claquer! claquer! claquer! claquer!

Le grand revolver de service retentit. Le nez du bateau bénédictin, à demi immergé dans une crue bouillante, sauta brusquement à moins de trois pieds du gouvernail du All Saint .

" *Maintenant* , vous les hommes !" Le visage ratatiné et saturnien de M. Dishart -Watson se rétrécit soudainement et de manière alarmante jusqu'à un simple bord entourant sa bouche. "Juste *dix* de plus ! *Un—deux—* "

Comme saint François d'Assise, « de tout son corps il a fait une langue ». Il comptait les coups dans des tons qui surpassaient tous les rugissements d'encouragement et d'appréhension provenant de la foule maintenant désespérément mélangée de Bénédictins et de Toussaint qui faisait rage à côté. Hughie Marrable accélérait et accélérait, et son équipage répondait vigoureusement. La nage s'accélérait de plus en plus, et le nez du bateau bénédictin se frayait un chemin de plus en plus obstiné à travers les vagues troubles émises par le gouvernail tremblant devant. Jamais ils n'avaient voyagé ainsi. Six ramait comme un possédé. Quatre avait cessé de s'encourager et se branchait automatiquement, la poitrine ouverte et les yeux fermés. Bow chantait peut-être ou non : il ramait certainement. Il y avait un monde de roulis et d'éclaboussures, car le barreur de All Saints manipulait son gouvernail avec beaucoup d'habileté , et de temps en temps le nez agressif du bateau bénédictin était renvoyé en titubant par une vague agitée. Mais rien n'arrêtait les Bénédictins.

Soudain, Dishy poussa un dernier mugissement cataclysmique.

"Vous vous chevauchez !"

Ils étaient presque au Charon's Grind. Le corps élancé du barreur se raidit dans son petit siège, et Hughie le vit se pencher fortement et se hisser sur la ligne de gouvernail de droite.

"Trois derniers coups ! Maintenant, vous les diables ! *Branchez ! branchez ! pl* —Aa—a— ee —ooh— ee —facile à tous ! Oh, bien ramé, bien ramé, bien ramé !"

Il y eut une embardée et une bosse.

" C'est fait ! — ' *S'incline devant le bois et la pierre* '", haleta Bow.

Les huit hommes lâchèrent leurs rames, tombèrent sur leurs brancards et écoutèrent, la tête et le cœur brisés, le vacarme qui faisait rage sur la berge.

C'était un beau moment de confusion.

Dans le bateau lui-même, Cox essayait en vain de serrer la main de Stroke, qui gisait replié sur son aviron, la tête tout en bas du bateau, inconscient de tout sauf du fait béni qu'il n'avait plus besoin de ramer. La conscience qu'il avait emmené son équipage à la tête de la rivière n'était pas encore venue. À l'autre bout du fil, Bow, la tête coincée entre ses genoux, coassait à moitié hystérique pour lui-même : « Deux mesures trop tôt, Hughie ! Oh, ma tante, nous sommes partis Head ! Deux mesures trop tôt !

Sur le chemin de halage, tout le monde criait et se serrait la main avec *une bonhomie indiscriminée* — c'était une de ces occasions où même les rangs de la Toscane ne pouvaient s'empêcher de applaudir — et tout le monde, à une exception près, semblait sonner une cloche ou souffler. Une trompette. L'exception était fournie par un trio de jeunes gentilshommes, dont deux tenaient suspendu entre eux un énorme gong chinois, tandis qu'un troisième

le frappait sans cesse avec un maillet et criait à haute voix le nom de Marrable
. Il faut noter ici, en son honneur , que le frappeur portait sur le front une
énorme ecchymose très colorée , évoquant un contact soudain avec, disons,
la porte d'une chambre.

Sur la rive opposée de la rivière, un gros clerc des ordres sacrés, d'âge
moyen et apparemment dément, dansait la Cachuca .

LIVRE DEUX
FORTITER EN RE

CHAPITRE VI

CHEVALIER ERRANT *À LA MODE*

Sɪ tous les bons Américains se rendent à Paris après leur mort, on peut prédire avec certitude que tous les mauvais seront réservés à Coney Island.

On peut déduire tant de choses de la régularité et du zèle avec lesquels les Toughs, les Hoboes, les Bowery Boys et autres oiseaux sauvages craintifs du prolétariat new-yorkais, accompagnés des femelles correspondantes de l'espèce, se rendent chaque sabbat en tramway ou en bateau à vapeur pour ce repaire de paix antique (qui, d'ailleurs, n'est pas selon toute apparence une île et n'abrite aucune île).

Prenez Margate, Douglas et Blackpool et empilez-les en un tas désordonné ; ajoutez une douzaine de Fun-Cities d'Olympie et une demi-douzaine d'Expositions universelles du Hall agricole ; ajoutez certaines des caractéristiques les moins réputées d'Earl's Court et de Neuilly Fair ; inclure un hippodrome de type inférieur ; enveloppez le tout en bois et peuplez-le de messieurs jaunâtres en jersey rayé et de dames répondant exclusivement à des noms tels que Hattie, Sadie et Mamie, élevés apparemment avec un régime exclusif d'arachides et de chaudrée de palourdes ; garder toute la multitude dûment contrôlée et disciplinée par une force de police qui, si les apparences sont bonnes, a été entièrement recrutée dans les classes criminelles ; et vous pourrez vaguement réaliser ce que Coney Island peut faire lorsqu'elle s'y essaie un beau dimanche d'été.

C'est ce que pensait Hughie Marrable . Cela faisait maintenant neuf ans qu'il errait à travers le monde ; mais même sa connaissance antérieure des Danseurs du Diable de Ceylan, des réjouissances impies de Port-Saïd ou des raffinements d'une chasse aux sorcières en Afrique centrale (avec un accompagnement complet de tam-tam) ne l'avait pas vraiment préparé à cela. Pourtant, cela faisait partie intégrante de la Vie, et la Vie était ce qu'il avait quitté l'Angleterre pour voir.

Il était arrivé à New York en provenance de San Francisco il y a deux jours. Mais qu'on n'imagine pas qu'il ait été transporté là par n'importe quel Grand-Trunk-Ocean-to-Ocean-Limited, ou autre raffinement d'une modernité caduque. Son voyage transcontinental n'avait duré que trois ans. Depuis le jour où il avait traversé le Golden Gate à bord d'un cargo en provenance de Yokohama, il avait progressé vers l'est par étapes faciles, acquérant l'expérience (comme Jimmy Marrable l'avait dirigé) de la manière dont vit l'autre moitié du monde. . À propos, il avait préparé des cocktails derrière un bar du Nevada ; appris à tirer avec un revolver sans le sortir de sa poche ; accompagné un train de marchandises au-dessus des Rocheuses en qualité d'assistant serre-frein, ses fonctions se limitant principalement à se tenir prêt avec une goupille d'attelage, pour décourager l'entreprise de ces messieurs de la route qui proposaient de voyager sans billets ; et une fois, dans un État du Sud, il avait eu le privilège d'assister à ce spectacle ennoblissant auquel la nation la plus brillante du monde offre parfois aux représentants d'une civilisation plus ancienne : le lynchage d'un nègre.

Dans quelques jours, Hughie s'embarquerait pour l'Angleterre, à bord du puissant Apulia. Il n'était pas fréquent qu'il voyage dans un luxe aussi ostentatoire : l'homme primitif en lui penchait pour quelque chose d'humide et de précaire à bord d'un voilier ou d'un charbonnier ; mais il savait par hasard que l'Apulia avait l'intention d'aller sur l'océan pour enregistrer ce voyage ; et comme le troisième ingénieur était un de ses amis, Hughie avait décidé que quatre jours et demi de nuit au milieu des turbines bourdonnantes et des esprits qui les contrôlaient ne coûteraient pas cher au prix d'un état coûteux et rembourré. chambre plusieurs ponts au-dessus, dans laquelle il déposait ses bagages et dormait occasionnellement.

Pour autant, il avait jeté un regard de regret le matin même sur un petit bateau à vapeur cabossé qui chargeait une cargaison le long d'un quai à Hoboken - qui devait naviguer vers l'Europe, lui avait dit un débardeur, dans environ deux jours. .

Demain, il devait être emmené faire du yachting dans le port de New York par une vieille connaissance de P. and O., qu'il avait fidèlement « recherchée », conformément à une promesse vieille de deux ans, à son bureau municipal ce matin-là. Le soir, à l'invitation d'un acteur américain qu'il avait autrefois servi à Calcutta, il devait dîner au Lambs' Club, l'équivalent new-yorkais du Garrick and Green Room, avec un soupçon d'Excentric. ajouté, et le lendemain, il devait effectuer une visite éclair à Atlantic City.

Pendant ce temps, il passait quelques heures libres à Coney Island. Il avait regardé les insulaires se baigner, assisté à un spectacle d'images animées très - pour ne pas dire épileptiques -, avait passé une demi-heure dans un *café-chantant ouvert* , où une bande de filles fatiguées en jupes courtes caracolaient avec abandon mécanique au fond de la petite scène, criant le refrain d'une chansonnette qu'une dame poussive (qui ressemblait à la mère de toutes les choristes) chantait devant ; et avait décliné une invitation pressante du gardien d'un musée anatomique à entrer et à « avoir pour un dollar pour un sou ».

Finalement, il dériva dans un petit théâtre, où un mélodrame aux saveurs typiquement britanniques (assaisonné au palais de Coney Island par quelques interpolations distinctement locales) se déroulait devant un public serré et à la respiration difficile.

A en juger par l'état de l'atmosphère, le divertissement durait depuis un certain temps. Alors que Hughie prenait place, le rideau se levait sur une scène militaire au clair de lune. Des personnages enveloppés dans des manteaux étaient assis autour d'un feu de camp à la droite du public, le seul personnage clairement reconnaissable étant l'héroïne, qui, vêtue comme une infirmière d'hôpital et étoilée de croix rouges, cousait à distance sur une érection qui ressemblait à un sarcophage, mais il était marqué en chiffres clairs « Ambulence ». Une sentinelle, que Hughie, d'après sa démarche, prenait (à juste titre) pour le Comic Man, faisait les cent pas à l'arrière.

Bientôt, la garde fut changée, avec de nombreux salutations d'un modèle inconnu dans aucun ministère de la Guerre, et le Comic Man, libéré de ses fonctions, fut appelé à chanter « cette chère vieille chanson que tu chantais chez moi ». La lumière froide de la lune ayant été temporairement remplacée par la lumière du jour afin de donner toute sa dimension à l'expression du visage du chanteur, il obéit ; mais Hughie ne comprenait pas pourquoi quelqu'un qui l'avait déjà entendu chanter la chanson lui aurait demandé de la chanter à nouveau. Ensuite, un garçon batteur (une femme) fut appelé par la compagnie et, après une grande démonstration de réticence, pleinement justifiée par sa performance ultérieure, il laissa échapper une chansonnette patriotique dans laquelle les seules rimes distinctes étaient " Black Watch ". et "Scotch".

Ces réjouissances ont amené le Héros à monter sur scène. Il était vêtu d'un costume clérical et d'un casque de cavalerie ; et, s'asseyant à côté de l'héroïne sur le sarcophage, il se mit, inconscient de la présence de toute la garde, qui était blottie autour du feu à cinq pieds à peine de distance, pour lui faire une demande en mariage ; citant l'Écriture dans un but précis, et extorquant une modeste affirmation affirmative à la dame juste avant le Comic Man, qui se plaignait visiblement que le succès de la pièce soit mis en péril par des choses comme celle-ci, a bouleversé la marmite et a ainsi donné un nouveau tournant dans les débats.

Pendant tout ce temps, Hughie était conscient d'un sentiment de curiosité croissant quant à l'identité du seul membre de la joyeuse fête autour du feu qui, jusqu'à présent, n'avait apporté aucune contribution au divertissement. Il le soupçonnait sombrement d'être le méchant, même si ce que le méchant devait faire sans qu'on le reconnaisse à une telle période de la pièce – il s'agissait du troisième acte – était difficile à comprendre. Mais le mystère fut maintenant éclairci par une *vivandière française* — il était alors évident que la scène se passait en Crimée — qui fit appel à la mystérieuse, aux accents de Stratford- atte -Bowe, pour un chant et une danse. . Aucune réponse n'étant venue, toute la compagnie (précipitamment, mais à juste titre, en l'occurrence) s'est levée et a dénoncé l'étranger comme un Russe et un espion. Ils n'étaient responsables de sa présence qu'à eux-mêmes , car apparemment il s'était approché et s'était joint à la fête dans une certaine promiscuité ; et personne n'avait pensé, jusqu'ici, à lui demander qui il était ni même à lui parler.

Le public s'est maintenant assis dans l'expectative. Mais au lieu de faire prisonnier l'espion et de lui tirer dessus à vue, les gardes se sont précipités hors de RUE, peut-être pour sortir leurs gros fusils ou trouver un policier. Ces tactiques déplorables n'eurent pas la récompense qu'elles méritaient, car le méchant, au lieu de se débarrasser de L. aussi vite qu'il le pouvait, s'attarda sur la scène pour dire au public qu'il était revenu pour tenter encore une fois le héros. (Dieu sait combien il en avait eu !) Le héros est apparu obligeamment à ce moment-là, et une partie (dont le nombre semblait augmenter à mesure que la pièce avançait) du public a crié au méchant d'intervenir et de le faire *maintenant* . Mais des bruits de mauvais augure annonçaient le retour de la joyeuse fête, et le méchant, constatant qu'il ne pouvait pas exécuter son dessein parfaitement justifiable sans un danger considérable pour sa propre personne, et qu'il se trouvait en fait lui-même dans une situation particulièrement étroite, a soudainement fait appel. (avec un « courage » considérable, semblait-il à Hughie) au héros, en tant que clerc, pour le sauver. Le Héros (qui était évidemment aussi idiot qu'ennuyeux) s'exécuta immédiatement. "Vous devez prendre sur vous mon identité", remarqua-t-il. En un clin d'œil, ils avaient échangé leurs manteaux , et le méchant était maintenant complètement déguisé en héros, selon toutes les lois du mélodrame. Il s'élança sur L., au moment même où une véritable avalanche de gens, qui piétinaient fidèlement et de plus en plus dans les coulisses, se déversait sur la scène R. et s'efforçait presque d'enfoncer leurs fusils dans la poitrine du héros. Mais juste au moment où une femme nerveuse dans le public, craignant la décharge soudaine des armes à feu, agrippait convulsivement le coude gauche de Hughie, l'héroïne s'est précipitée de nulle part et s'est placée devant le héros - apparemment elle était la seule personne sur scène à reconnaître lui - a prononcé ces mots passionnants mais mystérieux : "Vous ne savez pas loin erpon les Red Kerawss !"

Rideau, au milieu des tonnerres d'applaudissements.

Après un intervalle louablement court, le rideau se leva sur l'acte suivant. Le héros fut alors découvert endormi (dans ce qui aurait dû paraître à tout membre réfléchi de l'auditoire des circonstances hautement compromettantes pour un ecclésiastique) dans la maison d'une grosse dame vêtue d'une jupe très courte et de bottes à fourrure ; qui, du fait que son monologue d'ouverture commençait par les mots : « Har, vell ! le public fut, à juste titre, considéré comme russe. Cette dame, on le comprit bientôt, était consumée par une passion secrète pour le Héros. En fait , elle le proclamait sur un ton si strident qu'il était surprenant que son objet ne se réveille pas.

Cette scène se résuma bientôt en une série d'efforts déterminés de la part du méchant pour mettre fin à l'existence du héros – entreprise dans laquelle il bénéficiait alors du soutien sans réserve de la plus grande partie du public. Sa première tentative a été déjouée par le Comic Man, qui est entré en chantant "Gardez le bébé au chaud, Mère!" juste au moment où il avait rampé à distance de frappe du héros inéveillable . Marmonnant des injures, le malheureux annonça son intention de se retirer « dans les bois », en attendant une autre occasion. Mais il n'a pas eu de chance. Juste au moment où le Comic Man effectuait une sortie humoristique par la fenêtre, la grosse dame - d'ailleurs la plupart des autres personnages l'appelaient « Tinker » : peut-être qu'elle s'appelait Katinka - entra par la porte, remplie de pressentiments. de ce qu'elle appelait « l'amour ». Sa ligne de conduite ultérieure n'aurait certainement pu être tolérée que sous prétexte de folie émotionnelle. Sans ménagement, elle sortit le Héros du lit – heureusement il y était allé avec ses bottes – et l'envoya dans une véritable chasse à l'oie sauvage jusqu'aux « tranchées ». Puis elle s'est couchée elle-même, et lorsque le méchant est revenu en rampant des « bois », brandissant son couteau sous les projecteurs, le public a eu droit à une sorte d'interprétation actuelle du « Petit Chaperon Rouge », le une partie du loup soutenue par Katinka , et celui du Chaperon Rouge par le méchant désormais désespérément démoralisé , qui fut une fois de plus chassé jusqu'à sa cachette arboricole avec le canon d'un revolver dans le bas du dos.

acte suivant et final, le méchant a fait un effort suprême. Il commença par tuer le batteur , — sans doute pour garder la main dedans, — mais en fouillant dans les poches de sa victime à la recherche de certaines « dépêches » que ce jeune héros avait entrepris de porter à travers les lignes russes, — où aller, le ciel ? sait ! — le malheureux a découvert un médaillon, qui lui a immédiatement révélé la nouvelle surprenante, mais non moins pénible, qu'il avait tué son propre fils. Son angoisse était pitoyable à voir, et lorsque le Héros arriva et commença à l'expliquer par de nouveaux extraits des Écritures, l'audience devant un homme décida que si le Méchant réussissait cette fois, aucun jury ne le condamnerait, mais qu'il le ferait. être lié au maximum. Il s'est certainement mis à l'affaire avec plus de courage que d'habitude. En attendant que le Héros soit bien lancé dans "Deuxièmement", les feux de la rampe dans les yeux, il sortit une fois de plus le couteau scintillant. Soudain, l'omniprésent Katinka s'est précipité et, de la manière la plus antisportive, a tiré sur le méchant dans le bas du dos, à une distance d'environ dix-huit pouces. Il est tombé mort sur le corps de son fils (ce qui a dû faire très mal à ce petit prodige). Tous les autres personnages sortirent des coulisses et formèrent un grand tableau final, le héros, flagrant jusqu'au bout et enlacé dans une attitude de vitrail avec l'infirmière de l'hôpital, prononçant une sorte de bénédiction alors que le rideau tombait.

"Cela ne vous rappelle-t-il pas le drame tel qu'on le servait aux étudiants de premier cycle dans la vieille grange de Cambridge ?" remarqua une voix.

Hughie se tourna vers l'orateur. Il trouva à côté de lui un homme d'une trentaine d'années, avec une moustache blonde, qui cachait à moitié une bouche faible mais aimable et un menton fuyant. Il portait les épais vêtements bleus de marin des marins, mais il paraissait trop mince pour un AB et trop propre pour un pompier.

« Matelot de pont », se dit Hughie. "Monsieur une fois... non, toujours !"

"Bonjour!" il a répondu. "Vous semblez me connaître. Pardonnez-moi si je devrais vous connaître, mais je ne peux pas vous soigner pour le moment. C'est étrange aussi, car je n'oublie pas souvent un visage."

"J'étais à Cambridge à votre époque", a déclaré l'homme.

"Pas celui de Benedict ?"

"Non, Trinity. J'ai finalement été envoyé là-bas. Mais je te connaissais bien de vue. Je te voyais souvent dans le bateau, etc. Tu es Marrable , n'est-ce pas ?"

"Oui. Étiez-vous un rameur ?"

"Non. J'ai chassé avec le Drag et j'ai roulé à Cottenham , à cette époque." Il jeta un regard philosophique à sa tenue actuelle.

"Viens prendre quelque chose", dit Hughie.

L'homme l'intéressait. Il pouvait, bien sûr, être un simple requin du large en devenir, ou bien il pouvait être ce qu'il avait l'air – un gaspilleur de bon cœur et bien né – un échec incorrigible mais satisfait. Quoi qu'il en soit, cinq minutes autour d'un verre amical régleraient probablement la question.

"Je me demande s'il est possible d'obtenir une boisson britannique décente dans ce trou rempli de palourdes", a poursuivi Hughie.

"Ce qui se rapproche le plus d'un produit de l'Empire britannique que vous trouverez ici", a déclaré l'homme, "est le whisky canadien; et personnellement , je préférerais boire de l'acide nitrique. Nous ferions mieux de nous en tenir à la bière blonde. Venez: je connais le Cordes."

Bientôt, ils se retrouvèrent dans un bar à bière allemand, où un stertoreux Teuton subvenait à leurs besoins.

"Au fait," dit l'homme, "j'ai l'avantage sur toi. Je m'appelle Allerton. Désolé, j'ai oublié!"

"Merci", dit Hughie, plutôt boiteux. « Est-ce que vous… vivez ici en ce moment ?

"Non", dit simplement Allerton. "Je suis matelot sur un bateau à vapeur." Il parlait facilement et librement, comme un gentleman à un autre. Il avait compris d'un seul coup d'œil qu'il n'allait pas être la victime d'une curiosité offensante ou d'une charité déplacée. "Elle est à Hoboken, elle doit sortir mardi pour Bordeaux."

"Bateau français ?"

"Non. La propriété américaine, sous pavillon britannique, appartient également à un coquin assez compétent. Ce voyage, nous transportons une cargaison de vin californien en quelque sorte. Nous l'avons prise la semaine dernière sur une barque à voile qui l'avait amenée autour du Horn. Elle Je voulais repartir immédiatement, alors nous l'avons confié à bas prix.

"Et vous allez à Bordeaux ? Pourquoi votre astucieux propriétaire veut-il emmener du charbon à Newcastle ?"

" Parce que tout ce qui sort *de* Newcastle est étiqueté charbon, qu'il s'agisse de charbon ou non. En d'autres termes, ce poison sera transporté par nous jusqu'à Bordeaux, mis en bouteille et scellé, et expédié en Angleterre sous le nom de Bourgogne millésimé raffiné. John Bull le boira. et je ne me sens pas plus mal. On me dit que c'est un métier payant.

"J'aurais aimé y aller dans votre bateau", dit Hughie avec un peu de regret. "Je suis réservé par les Pouilles."

"Eh bien, faites attention à l'Orénoque lors de votre deuxième journée de sortie."

"L'Orénoque ? Je me souviens de l'avoir vue à Hoboken aujourd'hui et d'avoir souhaité pouvoir faire le voyage avec elle."

"Je doute que vous seriez du même avis après avoir essayé de conclure avec M. James Gates, notre premier "graisseur", a répondu Allerton. "Pourtant, je ne sais pas", a-t-il poursuivi, regardant pensivement la forme musclée de Hughie. "Je ne crois pas qu'il puisse vous inculquer la peur de la mort comme il le fait à la plupart d'entre nous. Vous avez un peu travaillé au cours de votre vie, j'ose dire, mais avec plus de succès que moi. Peut-être que vous l'étiez" Je ne suis pas né avec des trous dans *toutes* tes poches."

"Je dis," dit Hughie plutôt timidement, — il est difficile de conférer une faveur à un homme qui est déprimé sans l'offenser, — "veux-tu dîner avec moi ? Ou souper, car il se fait tard ?"

"Je serai charmé", dit le matelot. "Dois-je vous montrer un endroit ? Je connais un établissement assez confortable à proximité par ici."

Hughie a dit "D'accord!" et bientôt ils se trouvèrent dans le lieu de divertissement choisi par Allerton. La majeure partie de la pièce était occupée par de petites tables, autour desquelles divers couples mangeaient et buvaient. À une extrémité se trouvait une plate-forme sur laquelle se déroulait une sorte de divertissement intermittent.

Au pied de la plate-forme se trouvait un piano. Au piano était assise une jeune fille qui accompagnait les interprètes et comblait les lacunes du programme par des sélections d'œuvres les moins sobres des maîtres américains de la musique. Non loin de la scène, un jeune homme en mauvaise santé présidait un bar. L'atmosphère était quelque chose entre celle d'un concert fumant et celle de la station Baker Street à l'époque de l'ancien métro.

La nonchalance paresseuse d'Allerton dura jusqu'à ce que le premier plat lui soit présenté par un blackamoor souriant, puis, avec un aparté à moitié désolé à son hôte au sujet de son dernier repas, il tomba sur le tarif d'une manière qui le rappela très clairement. à l'intelligence de Hughie, la différence entre un amateur occasionnel comme lui, avec assez d'argent en poche pour lui permettre de se tromper quand il en a assez du jeu, et l'article authentique. Il n'avait pas faim, ayant en fait dîné quelques heures auparavant ; mais il fit de son mieux en picorant avec tact pour cacher le fait à son invité. Pourtant, même après avoir commandé du vin et dûment inspecté le bouchon, il avait eu beaucoup de temps pour regarder autour de lui.

Bientôt, son attention commença à se concentrer sur la jeune fille au piano. Elle était assise tout près de lui, et Hughie, toujours respectueusement reconnaissant lorsqu'il s'agissait d'un joli visage , — ses errances, bien qu'elles aient fait de lui plus que jamais un maître des hommes, n'avaient pas fait grand-chose pour éradiquer son attitude innée de calme, de détermination et de détermination. et parfois un respect tout à fait immérité envers les femmes, — eut le temps de remarquer la fraîcheur peu américaine de son teint , la régularité de son profil et la joliesse de ses cheveux. Il remarqua également que le pied qui reposait sur la pédale du piano était petit et bien fait. Elle était habillée discrètement, d'une jupe en serge bleu foncé et d'un chemisier en soie blanche – ou « chemise à taille », pour employer la mystérieuse appellation locale – à manches courtes. Elle avait des bras ronds et de bonnes mains.

Hughie se demandait ce qu'elle faisait dans un endroit comme celui-ci et, comme un jeune homme, se sentait vaguement mécontent pour elle ; mais elle éprouva un sentiment de soulagement véritablement britannique (mêlé d'une légère déception) en constatant qu'elle portait une alliance. Il est devenu sentimental. Qui était son mari ? se demanda-t-il. Il espérait que ce n'était pas le propriétaire de l' établissement, un individu graisseux d'apparence sémitique, qui trouvait parfois le loisir, entre l'annonce des «

tours » et l'attention des clients sur les ressources exceptionnelles du bar, de traverser l'établissement. la pièce et tape affectueusement sur l'épaule de la jeune fille tout en lui donnant quelques indications quant à la musique, ni encore le jeune homme scorbutique derrière le bar.

Ses méditations furent interrompues par Allerton.

" Marrable , les yeux devant ! Et remplis ton verre. Accroche-le, bois juste ! "

Hughie se tourna et regarda son invité. La plus grande partie d'un magnum de champagne au vitriol avait disparu dans la gorge de ce monsieur. Son œil s'était éclairé et pétillait maintenant facétieusement tandis qu'il observait d'abord Hughie, puis la jeune fille au piano.

" *Une petite pièce de tout droit* , hein, quoi ? " remarqua-t-il.

Hughie, commençant à comprendre pourquoi son compagnon nettoyait désormais les terrasses au lieu de régner sur les acres ancestrales, hocha brièvement la tête.

Allerton remarqua la distance momentanée de son hôte et se pencha par-dessus la table d'un air de contrition.

"J'ai peur," dit-il en s'excusant, "d'être rassasié de façon infernale. Vous voyez comment ça se passe avec moi, n'est-ce pas ? Je suis ce genre de type. Je l'ai toujours été, d'une pince. Thash — C'est pour ça que je suis là. C'est dommage. Et le pire c'est, ajouta-t-il dans un soudain élan de franchise , que je vais être beaucoup plus rassasié. Il y a longtemps que je n'ai pas goûté à ça. ". Il toucha son verre. "Il n'est pas servi sur l'Orénoque. Est-ce que ça vous dérange ?"

Hughie, avec un étrange sentiment de compassion, sourit d'un air rassurant et commanda une autre bouteille. Si Allerton était sur le point de se saouler, il devrait, pour une fois, se saouler comme un gentleman.

Puis son attention se tourna vers le piano.

Il y avait eu une évolution. La jeune fille jouait machinalement une des compositions de ce délicat tisserand d'harmonies subtiles, M. John Philip Sousa ; mais elle ne lisait pas sa musique. Ses paupières étaient résolument baissées, comme si elle voulait éviter de voir quelque chose. La raison se résumait à un gentleman penché sur le devant du piano, regardant amoureusement le musicien et s'efforçant , avec un succès surprenant, de se faire entendre au-dessus de l'un des efforts les plus caractéristiques du compositeur.

Hughie le regarda de haut en bas. C'était un homme grand, puissamment bâti, avec des yeux de petit cochon rapprochés et une mâchoire inférieure lourde et vicieuse. Était *-il* son mari ? se demanda Hughie, profondément intéressé. Non : il essayait trop visiblement de se rendre agréable.

" Marrable , mon fils, " interpola soudain Allerton, convivial mais observateur, " tu es coupé ! Inutile d'enchérir contre ce client. Savez-vous qui il est ? "

"Non. Qui?"

"Cela", répondit le matelot avec un air de fierté presque exclusive, "c'est Oui-Oui Kinahan ."

"Oh ! Et qui peut-il être ?"

" Bon sang ! (Désolé ! On retrouve d'une manière ou d'une autre ces expressions pourries des Yankees.) Je veux dire, je suis surpris que vous n'ayez pas entendu parler de lui. C'est plutôt un grand homme ici . En fait, pour être explicite - explicite " - M. Allerton arrivait rapidement à ce stade d'ivresse qui ne peut pas laisser le bien tranquille, mais qui doit tenter la Providence en y traînant des mots inutilement durs : « il est mon employeur ».

"Rien d'autre."

"Une sorte de patron politique. *Entre autres choses* , c'est bien ! Je suis content de m'en souvenir. *Entre autres choses* , *ça* rime avec Australie, n'est-ce pas ? Nous ferons un Limerick là-dessus un jour , laissez-moi voir, où en étais-je ? " Oh, oui , oui, je veux dire, *entre autres choses* , il possède l'Orénoque et une douzaine d'autres vieux cercueils moisis ; et il s'en sort très bien aussi ! Il les achète à bas prix, et... mais excusez-moi pour plus de détails pour le moment, mon vieux. A vrai dire, je suis tellement foutu que j'ai peur de dire quelque chose que je regretterai ensuite dans mes moments plus calmes. Un cigare ? Je te remercie. Tu es un homme blanc, Marrable . Menton menton !"

Après cet élan de discrétion, M. Allerton revint au culte commun de Bacchus et de Vesta, la difficulté qu'il éprouvait à garder le bout allumé du cigare hors de sa bouche augmentant à mesure que la soirée avançait, mais laissant sa gaieté intacte. Son état n'était pas tant dû à la profondeur de ses potions qu'au manque de profondeur de son adaptation à celles-ci ; et Hughie, à la tête forte, tout en examinant le menton faible et le front fuyant de l'autre côté de la table, réfléchissait non sans envie à l'étrange inégalité de cette loi de la nature qui décrète que ce qui est une dent pour un homme sera une dent pour un homme. un écorché pour un autre et un anesthésique pour un troisième.

Il fut rappelé de ses réflexions par le souvenir de la jeune fille au piano, et se tourna pour voir ce qui se passait maintenant.

M. Oui-Oui Kinahan revenait d'une expédition au bar, portant une bouteille de champagne et un long verre. Il plaça ces accessoires de convivialité sur le dessus du piano, et partit pour un second voyage, revenant peu après avec un verre de vin plein d'eau-de-vie. La jeune fille, même si elle observait probablement plus de ses mouvements que ses cils bas et tombants ne semblaient le permettre, ne fit aucun signe, mais continua à jouer l'air du ragtime avec une précision mécanique qui faisait marcher le gobelet sur le dessus du piano. une mesure vive et autonome autour de son compagnon plus solide et plus lourd.

M. Kinahan s'est ensuite servi un verre de champagne, en ajoutant généreusement du cognac au liquide moussant. Puis, avec un geste complaisant envers la jeune fille qui rétrécissait, il se mit à avaler le mélange avec toutes les apparences de plaisir.

"La cheville du roi !" commenta Hughie pour lui-même. "Je me demande jusqu'à quel point il peut supporter *cela* ? Je le soutiendrais contre mon ami Allerton, cependant, si cela arrivait... Bonjour ! Le chien ! Cela doit cesser !"

Il se leva à moitié. M. Kinahan , ayant satisfait ses besoins actuels, avait rempli le verre de champagne, ajouté le reste du cognac, et offrait maintenant la potion, dans le même récipient qu'il venait d' honorer de ses propres lèvres augustes, au fille au piano.

La fille devint cramoisie et secoua la tête, mais continua à jouer.

Oui-Oui Kinahan n'avait pas l'habitude d'accorder des faveurs en vain. Il fit le tour du piano et, prenant fermement la jeune fille par les épaules avec son bras gauche, il porta à ses lèvres le verre grésillant. Elle poussa un cri étranglé, cessa de jouer et lutta frénétiquement pour saisir le verre avec ses mains.

À présent, Hughie Marrable avait un sain préjugé en faveur du fait de s'occuper de ses propres affaires. Il avait déjà été témoin de scènes de cette nature, et il savait que, compte tenu du lieu et de la compagnie, la jeune fille au piano n'était probablement pas étrangère à accepter un rafraîchissement de la part de messieurs, même lorsque celui-ci était à moitié ivre, les mains sales. et le rafraîchissement (après avoir accordé une généreuse remise pour les déversements) suffisamment puissant pour priver n'importe quelle femme ordinaire, en dix minutes, de toute sorte de contrôle sur ses propres actions ou comportement . De plus, Hughie avait une scène d'horreur véritablement britannique. *Mais -*

Il fut surpris de se sentir bondir de sa chaise et se diriger vers le piano. Sa surprise, cependant, n'était rien à côté de celle éprouvée un instant plus tard par M. Oui-Oui Kinahan , qui, après avoir réussi à maintenir les bras de la jeune fille qui résistait désespérément à ses côtés, s'efforçait maintenant d'ouvrir ses lèvres avec le bord du gobelet. Mais il y a des glissades même après que la coupe a atteint le rebord. Alors que le succès semblait sur le point de couronner les efforts hospitaliers de M. Kinahan , une main large et musclée passa par-dessus son épaule droite et lui arracha le verre, qu'elle jeta sous le piano. Simultanément, une force invisible à l'arrière le secoua jusqu'à ce que ses dents claquent, puis, abaissant sa tête au niveau du clavier, commença à jouer un air vif mais saccadé avec la pointe du nez rubiconde et charnu de M. Kinahan .

Ces opérations étaient plus ou moins cachées à la vue du public par le corps du piano, qui était un « droit » de type cottage. Mais l'arrêt soudain du "Washington Post" au profit de ce qui ressemblait à "The Cat's Polka" joué par un bébé avec ses pieds, a poussé le propriétaire de l'établissement à traverser la pièce en toute hâte. Il arriva juste à temps pour assister à la conclusion d'une gamme chromatique fleurie d'environ quatre octaves, exécutée sous la direction de la main lourde de Hughie Marrable par l'organe nasal quelque peu abrasé de M. Kinahan .

La partie instrumentale du divertissement se terminait désormais au profit d'un intermède vocal. Hughie relâcha son emprise sur le col de M. Oui-Oui Kinahan et recula d'un pas en attendant une ruée. Il était convaincu que, s'il disposait d'un terrain libre et sans interférence, il pourrait offrir à son adversaire costaud une leçon de bonnes manières qu'il n'oublierait jamais.

Mais M. Kinahan , étant un homme de haute altitude politique, n'avait pas l'habitude de faire son propre sale boulot. Il injuria son adversaire, il est vrai, dans des termes qu'un expert ne pouvait que reconnaître magistraux, mais il était évident pour Hughie, imperturbable, qu'il le faisait principalement pour garder son courage et « sauver sa face ». Il y avait un regard rusé et calculateur dans ses yeux porcins qui ne correspondait pas tout à fait à l' *abandon effréné* de ses paroles, et Hughie commença à se rendre compte qu'il existait des plans de représailles plus profonds que de simples assauts et coups et blessures.

Une ou deux fois, M. Kinahan , s'arrêtant pour reprendre son souffle, se tourna et regarda par-dessus son épaule vers la foule curieuse qui se rassemblait derrière lui. À ce moment-là, Hughie remarqua quelques « durs » d'apparence intransigeante et crapuleuse s'avançant tranquillement depuis un coin près de la porte, où ils avaient dîné . Ils gardaient les yeux fixés sur Kinahan , comme pour un ordre. Évidemment, ce grand homme ne se promenait jamais à l'étranger sans ses chacals.

Les choses commençaient à paraître sérieuses. Le propriétaire hébraïque, à moitié fou d'effroi devant la publicité gratuite que le fracas faisait à son établissement, publicité qui recevait une réponse réjouissante de la part d'un afflux de curieux, suppliait frénétiquement les gens de s'en aller. La jeune fille, la source (comme toujours !) de tous les ennuis, était toujours assise sur le tabouret à musique, tremblante comme un oiseau qui flotte, avec Hughie, légèrement gêné, se tenant au-dessus d'elle. À mi-distance, M. Allerton, glorieusement inconscient du bruit éphémère et sans importance qui l'entourait, était assis avec contentement devant deux bouteilles vides, s'efforçant avec des doigts erratiques d'orner le revers de sa vareuse bleue avec une fourchette plaquée argent (la propriété de l'établissement), sur laquelle il avait empalé une banane penchée aux proportions pantomime.

Soudain, Hughie s'entendit s'adresser sur un ton désinvolte à quelqu'un qui se tenait juste derrière lui.

"Dis, Johnny Bull, tu ferais mieux de sortir d'ici, tout de suite. Sautez ! Ces deux durs de Oui-Oui ne vous toucheront pas tant qu'ils n'auront pas reçu le message, mais quand ils le feront, vous serez désolé. Sortez par ici. , à côté de la scène. Cela mène à la porte arrière.

Après avoir suivi ce conseil sans aucun doute judicieux, le jeune homme à l'air malsain derrière le bar ramassa la bouteille de champagne et le verre brisé et se prélassait vers sa base d'opérations.

Hughie, réalisant la sagesse de ses paroles et notant hâtivement qu'il ne fallait jamais juger même un barman au visage marbré par son apparence, abandonna à contrecœur son projet à moitié projeté consistant à jeter Oui-Oui Kinahan dans les bras de ses deux sinistres partisans. puis se cognant la tête collectivement, il se tourna vers la petite porte derrière lui. Soudain, il aperçut la pianiste. Il s'arrêta et l'examina pensivement.

"Tu ferais mieux de venir avec moi", dit-il.

Sans un mot, la jeune fille se leva et le précéda jusqu'à la porte. Hughie le lui ouvrit, et ils passèrent tous deux et se précipitèrent dans un passage étroit qui donnait directement sur l'allée à l'arrière de l'établissement.

Une fois dehors, Hughie prit le bras de la jeune fille et courut sans s'arrêter jusqu'à ce qu'ils atteignent le front de mer bien éclairé. Il avait l'idée qu'une rue gaie et bondée s'avérerait plus salubre que des chemins déserts et mal éclairés.

Une fois sortis de leur environnement, les deux hommes ralentirent le pas et Hughie examina sa charge avec une perplexité comique.

"Maintenant, que dois-je faire de *toi* ?" s'enquit-il.

"Ramène-moi à la maison", dit la jeune fille en sanglotant.

Son courage et son courage, qui lui avaient permis de traverser les pires moments du conflit, les yeux secs, avaient maintenant pris leur congé habituel, et elle se laissait très bien aller à quelques larmes réactionnaires et réconfortantes.

"Où habites-tu?" » demanda Hughie.

"Brooklyn."

"C'est une affaire de tramway. Venez."

Il lui prit de nouveau le bras, plutôt timidement cette fois – sa vieille conscience masculine revenait – et se précipita vers ce que les habitants de Coney Island appellent un « deepo ». Ici, ils se sont installés dans le coin d'une voiture assez vide et ont commencé leur course de vingt milles, *via* Sheepshead Bay et d'autres endroits délicieux, jusqu'au pont de Brooklyn.

Dès que la voiture a démarré, Hughie s'est tourné vers son compagnon.

"Regarde ici," dit-il sans détour. "Je connais une dame quand j'en rencontre une. Que faisais-tu là-bas ? Tu es anglaise aussi."

"Oui. Je ne peux pas vous en vouloir de vous poser la question. Je vais vous le dire. Je viens de Londres. Mon père était un petit maître d'école à Sydenham. Il—il a été malheureux et est mort il y a trois ans, et je suis resté seul dans " Le monde, avec à peine deux six pence à frotter. Alors que les choses ne semblaient pas très prometteuses pour moi, j'ai rencontré et épousé (elle rougit fièrement) l'un des meilleurs hommes qui aient jamais marché - Dennis Maclear. Il est ingénieur électricien. " Nous sommes venus ici ensemble pour faire fortune et nous sommes installés à New York. Nous commencions à nous débrouiller assez bien après une longue lutte, lorsqu'un jour Dennis s'est écrasé le bras et la jambe gauche dans une sorte d'arrangement de roue dentée, et depuis trois mois, il ne peut même pas se lever du lit sans aide. Pas de chance, n'est-ce pas ? Il va mieux lentement, et un jour, dit le médecin, il pourra de nouveau se déplacer. Mais... eh bien, les économies ne durent pas éternellement , vous savez ; alors je... "

"Je vois", a déclaré Hughie; "entre-temps, l'entretien de l'établissement vous a été confié ?"

"Oui. Jouer du piano est à peu près le seul accomplissement que je possède. Une de mes amies m'a dit qu'elle renonçait à son logement chez le vieux Bercotti et m'a demandé si je l'aimerais. Elle ne le recommanderait pas à la plupart des filles, elle " J'ai dit, mais peut-être que ça m'arrangerait bien d'être marié. Je l'ai accepté ; mais comme vous l'avez vu, mon mariage n'était pas une protection suffisante après tout. "

Elle frémit, car elle était très jeune et très secouée ; mais bientôt elle sourit courageusement.

"Qu'est-ce que vous obtenez?" » demanda Hughie.

"Dollar la nuit."

"Ce n'est pas beaucoup."

"C'est mieux que la famine", a déclaré la petite Mme Maclear, pratique.

"Et qu'est-ce que tu vas faire ensuite ?"

"Je ne retournerai plus chez le vieux Bercotti , c'est plat."

"Peux-tu trouver une autre place ?"

"Eh bien, s'il y a quelqu'un dans ce pays simple et confiant qui veuille prendre comme accompagnatrice ou enseignante une jeune femme d'apparence miteuse et distinguée, qui ne peut citer une seule âme comme référence et qui n'a aucun caractère. à montrer de la part de son ancien employeur, ça devrait être facile !" dit la jeune fille.

Hughie la regarda d'un air pensif.

"Vous le prenez bien. J'admire votre courage", a-t-il déclaré.

"Une femme mariée avec un mari à entretenir n'a pas le temps de s'inquiéter de l'arrachage", répondit Mme Maclear ; "Elle *doit juste* faire des choses. De plus, tout le courage du monde ne peut pas sauver une femme quand Oui-Oui Kinahan est là. Si cela n'avait pas été pour vous, au fait, cela vous dérangerait-il de me dire votre nom ? Vous connais le mien.

Hughie lui a dit. Bientôt, ils quittèrent le tramway – *anglicè* , tramway électrique – et se dirigèrent vers une rue de Brooklyn. La jeune fille entra devant une porte et s'arrêta au pied d'un escalier.

« Ne voudriez-vous pas venir voir mon mari, M. Marrable ? dit-elle. "Il y a dix étages et nous ne courons pas vers un ascenseur ; mais je sais que Dennis aimerait vous remercier lui-même."

Hughie avait eu l'intention de refuser – il détestait être remercié autant que la plupart des gens terre-à-terre – mais un éclair de perspicacité inhabituelle lui révéla que le véritable objet de l'invitation n'était pas de le montrer au mari. , mais pour permettre à cette fière petite dame de lui montrer son mari, il se rassura et se laissa porter en l'air jusqu'à l'aire de Maclear. Ici, un fils gigantesque et impulsif de Kerry, décharné et aux yeux creux après avoir longtemps passé au lit, se tordit la main d'une manière qui le rendit heureux de ne pas être un terminal réfractaire, à quelle heure Mme Maclear, dans une sorte de soulèvement. version actuelle de la chanson de

Miriam, décrivait le triomphe glorieux de Hughie sur Oui-Oui Kinahan , en mettant un accent particulier sur la période d'extase pendant laquelle M. Kinahan , à la demande de Hughie, avait joué le rôle d'un pianola humain.

Il les quitta enfin, se demandant dans son cœur, alors qu'il rentrait chez lui sous les étoiles jusqu'à son hôtel de la Quarante-Deuxième Rue Ouest, de quoi le courageux couple allait vivre pendant les deux ou trois prochains mois. L'homme était encore pratiquement infirme, il devait être gravement mutilé, et c'est un dur travail de lutter pour gagner du temps dans un pays dont la devise, en ce qui concerne les machines humaines comme les autres, est : "Ne réparez jamais ! Mettez au rebut et remplacez". !"

Hughie avait résolu le problème à sa satisfaction au moment où il traversait le pont de Brooklyn.

Pendant le reste du chemin, il pensa à autre chose. Un célibataire, aussi peu grégaire soit-il, est dans l'âme un animal sentimental, et pendant sa promenade, Hughie contemplait mentalement l'image qu'il avait laissée derrière lui en lui disant bonsoir, l'image d'un « petit royaume douillet à dix mètres de là ». paire d'escaliers", habité par une petite communauté de deux personnes, autonome et autosuffisante, intrépide face à un besoin criant et à une absence totale d'amitié, - et, malgré sa propre santé et sa richesse, il éprouva un soudain sentiment d'envie pour Dennis Maclear, infirme et impécunieux.

"Je suppose", pensa-t-il, "peu importe à *quel point* vous passez un mauvais moment dans ce monde tant que vous le vivez en bonne compagnie." Puis il a ajouté, apparemment comme une sorte de corollaire : « Bon sang, quand je rentrerai la semaine prochaine, j'y *resterai* !

Mais, aussi soigneusement (ou négligemment) que nous manipulions la barre au cours du voyage de la vie, ce sont les petits courants occasionnels et les vents latéraux inattendus qui déterminent réellement notre cap. Tandis que Hughie se couchait ce soir-là, il pensa, avec un peu de regret, que l'incident de cette soirée était clos pour toujours. Il s'était définitivement coupé des Maclear , en tout cas, pour la très simple raison qu'il venait de leur poster une centaine de billets d'un dollar, à titre de prêt temporaire jusqu'à l'arrivée de leur « navire », en omettant soigneusement de mentionner que le sien devait partir dans vingt-quatre heures et ne donnait aucune adresse pour le remboursement.

Mais l'incident n'en avait pas moins pour lui définitivement modifié sa trajectoire, ou en tout cas était destiné à le renvoyer par un itinéraire alternatif.

CHAPITRE VII

LA ROUTE ALTERNATIVE

SES admirateurs les plus ardents — et ils n'ont jamais été très nombreux — auraient difficilement pu décrire l'Orénoque comme un navire rapide ou moderne. Elle pouvait atteindre une moyenne de huit nœuds par temps ordinaire (sauf lorsque le chef mécanicien n'était pas sobre ; et on lui avait alors connu jusqu'à onze nœuds), et elle avait affronté avec un crédit tolérable sept années pénibles de conditions météorologiques dans l'Atlantique Nord, l'hiver. et l'été aussi. Mais elle n'était pas une aviatrice.

Elle n'avait pas toujours labouré l'océan à la demande de M. Oui-Oui Kinahan , son actuel propriétaire. En fait, elle datait du début des années soixante. Il avait été construit sur la Clyde, à une époque où les gens n'étaient pas aussi pressés qu'aujourd'hui, pour assurer un service transmanche stable et fiable entre l'Écosse et l'Irlande ; et la jeune femme à crinoline qui avait célébré en rougissant la cérémonie de baptême alors que le tout nouveau bateau à vapeur empruntait les chemins l'avait baptisée Gareloch .

Après quinze ans d'honnêtes bagarres entre le Kish et le Cloch , le petit Gareloch avait été jugé trop lent et vendu au propriétaire d'une ligne de caboteurs à vapeur qui naviguait entre Cardiff et Londres. À ce titre, avec un entonnoir de couleur différente et un intérieur légèrement délabré, elle avait servi pendant neuf ans sous le nom d'Annie S. Holmes. Après cela, un monsieur officieux du Board of Trade remarqua par hasard l'état de ses chaudières et refusa sans hésitation de renouveler son certificat jusqu'à ce que diverses choses soient faites que son propriétaire actuel n'avait pas l'habitude de faire. En conséquence, il était resté rouillé à Southampton Water pendant six mois, jusqu'à ce qu'un Écossais astucieux, qui dirigeait une sorte de maison du Dr Barnardo pour les bateaux à vapeur abandonnés par leurs propriétaires d'origine, intervienne et l'achète, au prix d'environ une livre. par tonne ; et après l'avoir équipé de quelques chaudières pratiques qu'il avait achetées lors d'une vente, et vérifié sa consommation de combustible en réduisant la surface de sa grille, il l'a remis en route d'une manière humble mais rémunératrice comme bateau à cochons entre Limerick et Glasgow. Au cours de cette période de sa carrière , elle était connue sous le nom de Blush Rose et son odeur était probablement aussi douce.

Le maritime Dr Barnardo le vendit trois ans plus tard (avec profit) à un gentleman qui avait besoin d'un navire pour des opérations louches et mystérieuses au milieu de certaines îles du Pacifique Sud. La nature de l'occupation de la pauvre Blush Rose peut être déduite du fait qu'en l'espace de trois mois, elle a rendu ces régions déjà tropicales trop chaudes pour la retenir ; et, avec son nom peint, un trou de fusil réparé dans son comptoir et quelques coquilles d'huîtres perlières qui dépassaient çà et là dans les recoins obscurs de sa cale , elle fut renversée pour une chanson à Buenos Ayres pour un espagnol. Américain qui la réclamait pour l'exécution de contrats plutôt privés, qu'il avait conclus avec un État d'Amérique centrale, pour un lot d'armes légères et de munitions livré immédiatement – conditions, contre remboursement et sans poser de questions. Son capitaine à cette occasion était un Écossais des basses terres au caractère peu recommandable mais à la piété inhérente, qui s'efforçait de conférer une sainteté plutôt fallacieuse à une entreprise infâme en baptisant son navire sans nom l'abbaye de Jedburgh. Mais hélas! l'abbaye de Jedburgh fut confisquée un an plus tard par le gouvernement des États-Unis et, après avoir déversé une cargaison des plus peu canoniques, elle fut démolie aux enchères hollandaises, sans le bénéfice du clergé, au plus offrant. La concurrence pour sa possession n'était pas vive et il devint finalement la propriété de M. Oui-Oui Kinahan , qui commençait à cette époque à accumuler une fortune considérable en achetant de vieux bateaux à vapeur en route vers la ferraille et en les faisant fonctionner comme des vagabonds. cargos jusqu'à ce qu'ils coulent. L'abbaye de Jedburgh, dotée d'une nouvelle hélice - elle manquait de pale depuis des années - sa carcasse rouillée était devenue quelque chose qui ressemblait à la navigabilité et ses moteurs étaient un peu plus solidement fixés à leurs plaques d'assise - avait rétabli son statut social en s'inscrivant une fois de plus sur la liste de Lloyd - le Livre rouge de la marine marchande - et, déguisé en Orénoque, sur la ligne de navires à vapeur de transport de marchandises « River », avait bien servi M. Oui-Oui Kinahan pendant sept ans. Ce matin gris, avec Sandy Hook bien au-dessous de l'horizon ouest, elle grimpait avec lassitude mais persévérance sur les rouleaux de l'Atlantique, comme un vieux cheval de taxi désillusionné et las du monde qui, après avoir commencé sa vie entre les brancards d'un coupé de gentleman, est maintenant conclure une existence déprimante en traînant un "growler" funèbre de haut en bas des ondulations d'une banlieue londonienne.

Son trait rédempteur était une certaine pureté des contours et une certaine symétrie des formes. Elle possédait un pont affleurant, ininterrompu par aucune taille disgracieuse au milieu du navire ; et même ses mâts intacts, ses flancs cicatrisés et son entonnoir écaillé et blanchi au sel ne pourraient pas lui ôter complètement sa fierté de race, le droit de se vanter, comme bien des abandonnés humains du même sexe et un très histoire similaire, qu'elle avait « été une dame autrefois ».

Cela faisait maintenant plus de vingt-quatre heures qu'elle était en mer, et son équipage, qui avait dû être embarqué dans ce qu'un témoin oculaire sympathique à une occasion similaire a décrit un jour comme « un état d'ivresse bestiale mais enviable », était je recommence à m'asseoir et à prendre note. Leurs efforts dans cette direction devaient beaucoup à l'aimable assistance de MM. Gates et Dingle, les premier et second lieutenants, qui, avec des douches froides et des bottes implacables, n'épargnaient aucun effort pour éveiller au sens du devoir ceux de leur troupeau qui n'avaient pas encore retrouvé ou retrouvé le pied marin.

L'équipage était composé de deux Anglais et d'un Californien, ainsi que d'une poignée de Scandinaves, de Portugais et d'Allemands, divisés par la loi maritime (qui, comme son grand frère, *non curat de minimis*) en "Dagoes" et "Hollandais" respectivement, les représentants des races romanes étant regroupés sous les premières appellations et des Anglo-Saxons sous les secondes. À une exception près, aucun d'entre eux n'avait navigué sur le navire auparavant et ne le ferait probablement plus jamais. Ils avaient été fournis au capitaine Kingdom par un tenancier de pension Tenderloin et avaient signé un contrat pour le voyage aller-retour à Bordeaux, le salaire pour les deux voyages devant être payé à la fin du second. S'ils étaient suffisamment malmenés, ils déserteraient très probablement à Bordeaux, préférant renoncer à leur salaire plutôt que de recevoir une seconde dose du confort de l'Orénoque. C'est l'une des façons par lesquelles Captain Kingdom a économisé l'argent de son employeur et par lequel M. Noddy Kinahan a fait de la ligne « River » une entreprise rentable. Il y en a eu d'autres encore, qui seront exposés en temps voulu.

Captain Kingdom venait d'apparaître sur la passerelle. C'était un individu furtif et sinistre, ressemblant plutôt à un assistant de prêteur sur gages qu'à quelqu'un qui occupait ses affaires dans les grandes eaux. Mais il était un serviteur utile à Oui-Oui Kinahan .

"Vous avez toutes les mains pour travailler, M. Gates ?" il a appelé le second.

"Aye Aye monsieur!" » répondit M. Gates en frappant le talon de sa botte sur le pont pour soulager ses orteils endoloris.

Le capitaine jeta un coup d'œil sur l'équipage, qui se serrait les uns contre les autres devant la passerelle. Il s'éclaircit la gorge.

"Maintenant, espèce de racaille", commença-t-il cordialement, "occupe-toi de moi pendant que je te dis ce que tu as à faire à bord de ce navire."

La racaille, stagnante et insensible, écoutait fixement sa harangue, dont la substance ne différait pas sensiblement, *mutatis mutandis* , de l'un des discours inauguraux de M. Squeers à ses élèves le premier matin du trimestre à Dotheboys . Salle . La péroraison du capitaine Kingdom a particulièrement insisté sur le fait qu'il avait demandé à MM. Gates et Dingle, comme une faveur particulière , d'adopter la politique du gros bâton et de la grosse botte dans le cas des membres de l'équipage qui s'abstenaient de paraître élégants. dans l'exécution de leurs ordres.

L'équipage a reçu ses remarques avec des sourires penauds ou des regards maussades ; et l'orateur conclut :

" Choisissez les montres, M. Gates, puis nous irons dîner. Est-ce que tout le monde est sur le pont ? "

"Oui, oui, monsieur", répondit M. Gates en parcourant sa liste.

"J'ai vu *quelqu'un* en bas il y a quelques minutes", dit une voix traînante provenant d'un personnage assis sur une borne.

C'était M. Allerton qui, avec la satisfaction (ou l'indifférence) caractéristique de son sort, avait accompli l'exploit sans précédent de s'embarquer pour un deuxième voyage sur l'Orénoque. Il portait son air habituel de tolérance humoristique à l'égard des soucis de ce monde et parlait avec la manière posée et sereine qui caractérise l'Anglais de haute caste partout dans le monde. Son sort à bord de l'Orinoco avait été plus léger que celui de la plupart, car ses compagnons, le trouvant apparemment insensible aux mauvais traitements et philosophiquement génial en toutes circonstances, avaient accepté de le considérer comme une espèce de " mec " fortement délabré et légèrement dément . " et l'avait baptisé à moitié affectueusement " Percy ", terme qui résume l'Anglais typique pour le New-Yorkais presque aussi clairement que " Rosbif " et " Godam " remplissent cette fonction pour le Parisien.

Le capitaine est descendu de la passerelle, a traversé le pont et a fait tomber M. Allerton de la borne sans passion.

"Lève-toi, porc, quand tu me parles !" il cria. "Où as-tu vu quelqu'un ?"

M. Allerton se leva lentement et péniblement des dalots. Il y a des moments où le *rôle* d'un Démocrite est difficile à tenir.

"Je suis désolé que vous ayez fait cela, capitaine", remarqua-t-il, "parce que je sais que vous ne le pensiez pas personnellement. Vous avez dû faire une sorte de démonstration, bien sûr, pour remettre la peur de la mort entre ces nouvelles mains. mais je regrette que vous m'ayez désigné comme le *corpus vil* , — vous ne savez pas ce que cela signifie, j'ose dire : tant pis ! — parce que vous m'avez tellement secoué l'esprit, en plus de me briser presque l'os de la hanche, que je devrai faire une pause et réfléchir une minute avant de me rappeler où j'ai *vu* ce gentleman.

Si le capitaine avait été M. Gates, il aurait probablement jeté Allerton sur le pont une seconde fois. Dans l'état actuel des choses, il remua les pieds inconfortablement et lança un regard furieux. L'homme brisé devant lui, en fin de compte, était son supérieur ; et le capitaine, qui était d'une argile suffisamment raffinée pour être sensible aux distinctions sociales, avait avec colère la conscience de ce sentiment d'inquiétude penaude qui obsède le caduque, si exalté soit-il, en présence d'un gentleman, si dégradé soit-il.

Allerton continua :

"Je m'en souviens maintenant, capitaine. L'homme était allongé dans l'allée qui menait au compagnon. Je vais aller voir comment il va. Gardez vos places, messieurs."

Il plongea par l'écoutille avant, juste à temps pour échapper aux démangeaisons de l'inimpressionnable M. Gates, et se dirigea entre les ponts vers la poupe. Bientôt, il arriva dans la ruelle en question. L'homme était toujours là, mais avait légèrement changé de position depuis la dernière fois qu'Allerton l'avait vu. Il était maintenant allongé en travers du couloir, la tête baissée sur la poitrine. Ses pieds étaient nus et il portait un pull bleu et un pantalon qui avait autrefois appartenu à un pyjama orange et rouge . Son apparence n'était pas impressionnante.

Allerton le remuait doucement avec son pied.

« Réveille-toi, mon vieux, dit-il, ou ce sera l'enfer... Eh bien, je suis damné !

Car l'homme avait levé, somnolent, sa lourde tête et affiché les traits de Hughie Marrable .

Ils se regardèrent pendant une bonne minute. Alors Allerton dit faiblement :

— Vous avez donc préféré l'Orénoque aux Pouilles ?

Hughie n'a pas répondu. Il passait sa langue sur ses lèvres gercées et noircies et suçait timidement son palais.

"Je connais ce goût", remarqua-t-il. "Cela me rappelle une nuit que j'ai passée une fois à Canton. Je l'ai : de l'opium !"

Puis il se toucha tendrement l'arrière de la tête et hocha la tête avec l'air intéressé de quelqu'un qui acquiert une nouvelle expérience.

"J'ai déjà été rempli d'opium", a-t-il déclaré, "mais c'est la première fois qu'on me met dans des sacs de sable. Je suppose que j'ai d'abord été mis dans des sacs de sable et ensuite j'ai été mis dans des sacs de sable. Oui, c'est tout."

Il avait l'air presque content. C'était un homme qui aimait aller au fond des choses. Puis il continua :

"Pourriez-vous m'apporter un verre d'eau ? J'ai une langue comme un bâton de colle."

Allerton partit comme demandé, pour revenir bientôt avec un pannikin. Hughie se tenait debout dans la ruelle, se balançant de manière incertaine et regardant sa tenue vestimentaire.

"Je dis," dit-il après avoir avalé l'eau, "pourriez-vous me dire - vous voyez, je suis un peu confus en ce moment - où diable je suis et si je suis monté à bord dans cette affaire. kit ou mes propres vêtements ? »

« Le Steamship Orinoco », répondit précisément Allerton, « part de New York, pour Bordeaux ».

" Laissez-moi réfléchir, " dit Hughie, — " Orénoque ? Ah ! maintenant je commence à voir le jour. Comment s'appelle le propriétaire, notre ami de Coney Island ? "

Allerton lui a dit. "Mais il est plus que votre ami maintenant", a-t-il ajouté ; "c'est votre employeur."

Hughie siffla longuement et bas.

"Je vois," dit-il. "Shanghaied, hein ? Eh bien, je dois dire qu'il m'en devait une : je lui ai assez aboyé le nez cette nuit-là. Mais maintenant qu'il m'a frappé à la tête et embarqué à bord de cette vieille arche, je pense qu'il m'a trop payé. ... Je lui dois encore une fois ; et, avec un peu de chance, il l'aura.

"Tu te souviens d'avoir été frappé ?" dit Allerton.

"Je ne peux pas dire avec précision. Laissez-moi voir. Je me souviens avoir emprunté la 42e rue en direction de Manhattan. J'avais dîné au Lambs et je me suis arrêté une minute sur le trottoir sous une voie ferrée en L... piste pour allumer ma pipe, quand… oui, cela a dû arriver à ce moment-là.

"Je suppose que vous avez été suivi toute la journée", a déclaré Allerton. "Mais j'oublie mes devoirs. Vous êtes recherché sur le pont."

"Qui veut de moi ? Oui-Oui Kinahan ?"

"Pas grand-chose ! Il ne voyage pas sur ses propres navires. C'est le capitaine. Je comprends que vous devez être présenté à la compagnie comme un petit passager clandestin, et une grande surprise et une grande douleur se manifesteront officiellement lors de votre apparition à bord."

"Très bien. Venez me présenter."

La méthode utilisée par Captain Kingdom pour gérer les passagers clandestins – naturelle et artificielle – était simple et invariable. Lors de sa présentation, il les exploita d'abord avec toutes les ressources d'un vocabulaire presque espérantique , puis les remit à M. Gates pour qu'il les remette en forme.

Lors de l'apparition de Hughie Marrable sur le pont, le capitaine a procédé avec enthousiasme à la première partie de son programme. Les mots durs ne brisent pas les os, et Hughie, qui respirait de grandes bouffées d'air marin et se sentait de moins en moins étourdi et plus serein à chaque minute, n'accordait pas d'importance particulière au spectacle oratoire auquel il avait droit. En fait, il était presque coupable du manque de courtoisie de laisser son attention vagabonder. Il couronne son offense en interrompant la péroration du capitaine.

"Écoutez, capitaine," dit-il brusquement, interrompant un point, "vous pouvez laisser tomber ça. Je m'appelle Marrable . Je ne suis pas un passager clandestin, et j'ai été déposé à bord de ce navire sur ordre de..."

« Votre nom, » dit le capitaine Kingdom avec délectation, « est tout ce que je choisis de vous appeler ; et pendant que vous vous êtes rangé à bord – »

« Écoutez ici, » dit Hughie, « je veux vous parler – dans votre propre cabine pour choisir. Très bien, » continua-t-il d'une voix montante, alors que le capitaine éclatait à nouveau, « je le ferai ici à la place. Et surtout, combien vous paie M. Oui-Oui Kinahan pour ce travail ? »

Le capitaine se tourna vers le second.

« Chaussez-le, M. Gates ! » rugit-il.

M. Gates, dont la curiosité — ainsi que celle du reste de l'équipage — avait été éveillée, comme Hughie le voulait dire, par la référence de ce dernier à la part de M. Oui-Oui Kinahan dans la situation actuelle, avança vers sa tâche avec moins d'enthousiasme. avec un empressement plus que d'habitude, et il s'arrêta assez facilement lorsque Hughie continua : —

"Si vous acceptez, capitaine, de me faire atterrir n'importe où dans un rayon de cent milles de New York, je vous donnerai le double de ce que Kinahan vous paie pour ce travail."

"Tu *ressembles* à un homme qui a de l'argent, je dois dire !" répondit le Royaume. "Maintenant, M. Gates !"

"Il n'y aura donc pas d'accord ?" » dit Hughie calmement. "Très bien. La question suivante est, si je viens avec vous, comment vais-je être traité ? Cabine ou direction—"

"Je vais vous montrer", rugit le skipper furieux. « Assommez-le, M. Gates ! »

M. Gates est arrivé précipitamment. Mais Hughie, qui pendant tout ce temps avait pris ses repères, bondit légèrement en arrière pieds nus et arracha une barre de cabestan sur le support derrière lui.

"Gardez vos distances pendant un moment, M. Gates," ordonna-t-il, "si vous ne voulez pas vous casser la tête. Je n'ai pas encore fini d'interroger votre capitaine. Heureux de *vous rendre* service plus tard, pour toute période qui vous intéressera. spécifier."

"' Autre Percy !" commenta M. Dingle avec découragement, en crachant par-dessus bord. C'était un homme simple, M. Dingle, et il aimait les frappes directes et les mots d'une seule syllabe.

M. Gates fit une pause et Hughie, appuyé contre les pavois et jouant avec la barre du cabestan, continua de s'adresser au marin fulminant sur la passerelle.

"Maintenant, capitaine, je vais être bref avec vous — bref et pragmatique. Vous avez été payé par Kinahan pour m'envoyer à Shanghai et m'emmener faire un long voyage en mer. Très bien. Je ne donne pas de coups de pied. Je voulais quand même aller en Europe, et j'aime plutôt les longs voyages en mer, surtout devant le mât. En fait, je préfère naviguer devant le mât à bord de ce navire plutôt que dans la câpe. (Ne bougez pas, M. Gates !) Comme je suis ici, je n'ai pas d'objection particulière à faire travailler mon passage, me réservant toujours le droit de mettre le feu à votre employeur lorsque j'arriverai à terre. Je travaillerai comme AB ou matelot si vous préférez. , même si personnellement je préférerais faire quelque chose dans la salle des machines. Je suis assez bien qualifié dans ce domaine. Mais je dois être traité décemment et il ne doit plus y avoir de commerce de sacs de sable ou de variétés à bas prix. Est-ce un accord ? "

Le Capitaine Kingdom observa pensivement le passager clandestin musclé devant lui. Il comprit que tant que Hughie n'abandonnerait pas la barre à cabestan, M. Gates aurait peu de chances de faire respecter la discipline. Il doit temporiser .

"Je peux vous donner un travail dans la salle des machines", dit-il sur un ton qu'il imaginait plus conciliant. "Le second ingénieur est déprimé ce matin. Vous pouvez prendre sa montre. Lâchez votre cabestan et allez voir M. Angus, le chef."

"Cela devrait me convenir", répondit Hughie. "Mais pour garantir ma bonne foi et pour éviter de décevoir l'assemblée, je suis tout à fait disposé à me lever et à avoir un tour avec M. Gates ici présent, ou avec ce monsieur près de l'entonnoir, ou avec n'importe qui d'autre. "Je peux nommer. Mais je *préférerais* M. Gates", a-t-il ajouté presque affectueusement. "Je ne suis pas en pleine forme à l'heure actuelle, car ma tête est cassée derrière, mais je ferai de mon mieux. Êtes-vous partant, M. Gates ?"

"Allez, M. Gates, apprenez -le !" » commanda le capitaine très satisfait.

"Lâchez cette barre", a crié le génial M. Gates, "et je vous tuerai !"

"Une demi-minute, s'il vous plaît", dit Hughie, aussi imperturbable que s'il enfilait les gants pour un entraînement de dix minutes dans un gymnase. "Je ne vais pas combattre un homme en bottes de mer pieds nus. Un gentleman peut-il m'obliger à... Merci, monsieur ! Vous êtes un homme blanc."

Une paire de chaussures de tennis en toile grasse, à semelles lisses, jonchait le pont à côté de lui. Leur donateur, « l'homme blanc », un individu noir comme du charbon vêtu principalement de déchets de coton, souriait affablement depuis l'écoutille de la salle des machines.

"Ils s'en sortiront bien", observa-t-il de façon inattendue, et il disparut en dessous.

En un instant, Hughie avait enfilé les chaussures. Puis, jetant la barre, il se jeta droit sur la tête de M. Gates.

Au cours de la brève mais exaltante exposition qui a suivi, M. Gates s'est rendu compte qu'un second sur la défensive est un être très différent d'un second sur la défensive. Il était tellement habitué à cambrioler des rats de docks inrésistants et des étrangers perplexes, en prenant son temps et en utilisant ses bottes si nécessaire, qu'un combat sous haute pression avec un homme qui semblait être partout sauf au bout de son poing - pour son honneur , il n'avait jamais songé à employer son pied, était pour lui une nouveauté totale. Il se battait d'un air maussade mais pesant, gaspillant son énorme force dans des coups meurtriers qui n'atteignaient jamais leur cible , et endurant impassiblement une tempête de claques, de coups et de coups de poing qui auraient réduit en bouillie un homme moins résistant. Mais il est un coup auquel aucun membre de la famille humaine ne peut résister, aussi gourmand qu'il soit en punition. Hughie a fait une feinte soudaine avec sa gauche vers le corps de son adversaire, juste en dessous du cœur. Gates baissa sa garde, projetant momentanément la tête en avant. Instantanément, un formidable upper-cut venant de la droite de Hughie l'atteignit carrément sous le menton. M. Gates a décrit une parabole gracieuse et a atterri lourdement sur le dos sur le pont, se cognant la tête contre un anneau en tombant. L'ensemble du combat avait duré moins de quatre minutes.

Hughie était sur le point d'aider son adversaire tombé à se relever, lorsqu'il entendit un cri d'avertissement provenant d'une demi-douzaine de voix. Il se retourna et trouva le capitaine qui se dirigeait vers lui, bouche bée, avec la barre à cabestan. Il sauta légèrement de côté – une bénédiction supplémentaire pour ces chaussures de liste ! – et son adversaire chargea devant lui, faisant tomber la barre avec un coup de fléau sur le tambour d'un guindeau à vapeur. L'instant d'après, Hughie, saisissant les haubans du mât de misaine, sauta sur les pavois et se hissa au niveau du pont, qui était inoccupé, sauf par l'homme à la barre, qui avait été un spectateur enthousiaste de la scène en contrebas.

Après avoir grimpé sur le pont et ainsi sécurisé les hauteurs en cas de nouvelle attaque, Hughie se pencha par-dessus les rails et parlementa. Il tenait à la main une paire de lourdes jumelles qu'il avait sorties d'une boîte fixée à l'arrière du pare-brise.

"Le premier homme qui tentera de me suivre jusqu'ici", annonça-t-il après avoir repris son souffle, "se verra cette paire de lunettes dans les yeux. Capitaine, je ne pense pas que vous réussissiez beaucoup en tant qu'employeur. de travail . Vous n'avez pas le don de concilier vos hommes. Ne pouvons-nous pas nous entendre ? Les miens sont très simples. Je veux des vêtements, les miens, pour choisir. Si vous ne les avez pas, quelque chose de calme et de discret fera l'affaire. Mais je refuse de me promener en pantalon de pyjama orange et rouge au milieu de l'Atlantique pour faire plaisir à vous ou à quelqu'un d'autre. D'une part, ils ne sont pas chauds, et d'autre part, ils ne sont pas habituels. Si vous voulez obligez-moi dans cette affaire, je suis tout à fait disposé à vivre en paix avec vous. Je ne vois pas que vous puissiez vraiment me réprimer sauf en me tuant, et c'est une chose dont je ne pense pas que vous ayez ni l'autorité ni l'autorité. le courage de le faire. Pourquoi ne pas me donner un logement dans la salle des machines et crier au revoir ?

Le Capitaine Kingdom leva les yeux vers le mutin tapageur sur le pont, puis vers M. Gates couché sur le pont, et grinça des dents. Puis il leva de nouveau les yeux vers le pont.

"Très bien," grogna-t-il. "Descendre!"

CHAPITRE VIII

UNE PERFORMANCE BÉNÉFIQUE

HUGHIE, ayant été quelque peu soulagé de l'humiliation vestimentaire, entra immédiatement dans ses fonctions de salle des machines.

La société dans laquelle il se trouvait se composait de M. Angus, le chef ; les ingénieurs, comme les jardiniers, les rédacteurs et les ministres du Cabinet, sont pratiquement tous des Écossais ; Goble, le second par intérim (*vice-* M. Walsh, malade) et une bande hétéroclite de balayeurs de l'humanité sous-dimensionnés, à moitié mutins et totalement vils sous la forme de pompiers. M. Walsh souffrait d'une forme intermittente de paludisme contractée il y a des années lors d'un voyage en amont dans les régions pestilentielles autour de Saigon. M. Angus, un Dundonien à la tête blanche et au gros nez, qui aurait pu charmer un tas de ferraille pour le mettre en activité, reçut Hughie avec une politesse native et lui fit le compliment de le faire travailler avec une ardeur inhabituelle. Il expliqua (en toute vérité) que la seule raison pour laquelle il ne conduisait pas une Cunarder à ce moment-là était une habitude qu'il avait, vue par certains propriétaires avec une regrettable étroitesse de vue, de « prendre un drap pendant un certain temps ». L'adverbe final Hughie a été correctement estimé comme signifiant « chaque fois que je peux boire quelque chose ».

"Je ne vois pas pourquoi ils devraient être dits en particulier aboot it, " a réfléchi M. Angus en racontant la circonstance, " car je traîne son jist aussi bien ivre que sobre. Cependant, me voici, et c'est la fin . Aiblins , c'est du bazar aussi . Je pourrais faire tourner les moteurs de n'importe qui Cunarder à flot, mais je sais très bien qu'il n'y a pas une demi -douzaine d'hommes dans leur flotte qui pourraient frapper à huit nœuds le vieil Orinoco. Il y a une divinité royale là-dessus, je m'en fous . Le gouffre d'un homme, où est-il le plus je le veux ."

John Alexander Goble, le second par intérim, s'est révélé être un homme plus profond et plus surprenant que son supérieur. C'était lui qui avait jeté les chaussures de liste à Hughie avant la bataille avec M. Gates, ce qui montrait qu'il était dans l'âme un sportif ; il avait profité de la première occasion pour en demander le retour, ce qui prouvait qu'il était Écossais ; mais il avait trouvé à Hughie une meilleure paire de chaussures à leur place, ainsi que des vêtements plus convenables que le pull bleu et le pantalon de pyjama orange et rouge , ce qui montrait qu'il était un bon Samaritain : et un homme qui est un sportif. et un Écossais et un bon Samaritain tout en un seul est un ajout à la société de n'importe quelle salle des machines.

Son visage avait une expression de tristesse châtiée ; et s'il avait été lavé et débarqué dans sa Calédonie natale, il aurait probablement reçu une invitation unanime à venir regarder l'assiette à la porte du couvent Wee Free le plus proche. Son discours était lent et onctueux : on pouvait l'imaginer dans des circonstances plus heureuses dirigeant le culte familial et s'arrêtant pour élucider de manière approuvée un passage particulièrement évident dans la « portion » de la soirée, ainsi : « De l'expression « un homme de grande valeur » ", nous pouvons comprendre que le sujet de cette référence était une personne d'une stature considérable et d'un courage physique incontestable."

Il était habituellement et douloureusement sobre, pour des raisons que Hughie avait apprises de lui à une époque où ils avaient plus de loisir pour étudier les caractères de chacun. Il ignorait les premiers principes de la mécanique, mais on pouvait lui faire confiance pour maintenir l'arbre d'hélice de l'Orinoco en rotation constante à soixante-douze minutes par minute ; et il avait une manière douce et convaincante avec les pompiers réfractaires qui induisait une douceur douce et une harmonie générale sous les escaliers, à l'heure où M. Angus se remettait d'une de ces soudaines et regrettables crises d'indisposition qui coïncidaient habituellement avec l'oubli du steward d'enfermer. la bouteille de whisky de cabine.

Hughie était amarré au poste de commandement et était considéré par les Dagoes, les Hollandais, *et hoc genre omne*, avec une admiration mêlée pour la manière dont il avait installé M. Gates et une surprise mystifiée qu'un homme capable d'un tel exploit soit content de vivre de ses propres rations et de dormir dans la couchette qui lui est attribuée, sans vouloir faire des recherches sur la succulence et le confort respectifs de ses voisins ».

Dans l'ensemble, Hughie trouva sa vie assez supportable, alors que l'Orinoco se frayait un chemin à travers les bancs de Terre-Neuve en grognant et en se frayant un chemin ; et il n'éprouva aucune douleur lorsque l'Apulia, jaillissant de la fumée de ses quatre cheminées et transportant ses bagages dans l'un de ses cabines d'apparat, les dépassa au bord de l'horizon sud au cours de leur troisième jour d'excursion. Il était habitué aux quartiers difficiles et toute nouvelle expérience des choses telles qu'elles sont l'intéressait. De plus, il possédait la possession inestimable d'un digesteur en fonte ; et un homme si béni peut se permettre de claquer des doigts sur la plupart des changements divers et multiples de ce monde.

Le Capitaine Kingdom et M. Gates le tenaient pour le moment très à l'écart. Le taciturne que lui transmettait M. Dingle, au moyen d'un code étonnamment ingénieux de grognements et d'expectorations, qui, à condition que lui, Hughie, ou Brown, comme on l'appelait habituellement, se contentait de poursuivre son chemin sans chercher d'ennuis, il , M. Dingle, s'est contenté d'aller sien sans essayer de le fournir. Au total, il ne semblait y avoir aucune raison de douter que l'Orinoco, pourvu qu'il ne s'ouvre pas et ne coule pas comme un panier *en cours de route* , finirait par atteindre le port de Bordeaux, apportant ses gerbes, sous la forme d'Hughie et d'un innommable bordeaux, avec son.

Mais il existe plusieurs façons de gagner de l'argent grâce au commerce maritime.

Une nuit, Hughie était penché sur la rampe derrière la timonerie, à l'arrière. Il était deux heures et l'obscurité était intensifiée par une épaisse brume. Il n'y avait presque pas de vent, et l'Orinoco, comme un cheval de trait qui sent les roues de son équipage sur une ligne de tramway, glissait avec gratitude le long des rouleaux paresseux avec le confort le plus proche qu'il ait connu pendant ce voyage.

Hughie regardait distraitement le sillage phosphorescent de l'hélice, se demandant si le capitaine Kingdom avait pour ordre de le faire atterrir en France avec sa chemise et son pantalon ou de le jeter par-dessus bord avant leur arrivée, lorsqu'une silhouette surgit de l'obscurité à côté de lui. C'était le décontracté M. Allerton.

"Bonjour, Percy !" » dit Hughie. Il était bientôt tombé dans la nomenclature du poste de commandement .

« Regardez ici », dit Allerton d'une voix plus déterminée que d'habitude ; "Viens voir ce bateau."

Le plus grand des trois bateaux portés par l' Orénoque se trouvait à proximité d'eux. Elle a été basculée vers l'intérieur et reposée sur des cales de pont sous les bossoirs. Une couverture de toile, dont une extrémité flottait par intermittence au gré de la brise, la recouvrait. Allerton souleva ce rabat et y inséra sa main. Bientôt, il y eut un crépitement et une lueur, et il devint évident qu'il tenait une allumette allumée sous la toile.

"Regarder!" Il murmura.

Hughie regarda sous le rabat. Il vit des tonneaux d'eau, un fût à spiritueux et divers sacs et boîtes. Puis le match s'est terminé et Allerton a retiré sa main.

Les deux hommes se retirèrent une fois de plus dans leur abri derrière la timonerie.

"Vous avez vu ça?" dit Allerton.

"Oui. Est-ce qu'ils gardent habituellement les bateaux approvisionnés sur ce navire ? Si c'est le cas, je ne leur en veux pas."

"Pas eux. Quelqu'un va bientôt faire un pique-nique aquatique, c'est tout."

Hughie réfléchit.

"Suis *-je* l'homme, tu crois ?" dit-il longuement.

"Non, je ne pense pas. Il y a trop de nourriture pour un seul. En plus, les autres bateaux sont également approvisionnés. On dirait que le navire va être abandonné."

"Mais pourquoi ? Il n'y a aucune raison pour qu'elle tombe en morceaux avant longtemps. Rust est très contraignant, vous savez. Ils la gardent probablement approvisionnée juste au cas où..."

Allerton secoua la tête avec sagacité.

"Il y a plus là-dedans qu'il n'y paraît", a-t-il déclaré. "C'est pour moi un plaisir et un privilège, comme vous le savez, d'agir actuellement en qualité d'intendant pendant le regretté départ à la retraite du titulaire régulier de ce poste, en raison de l'eczéma des mains. (Même M. Gates se méfie de l'eczéma marin !) Maintenant, des ennuis se préparent dans le cuddy, et ils sont tous dedans : Kingdom, Gates et Angus. Je ne suis pas tout à fait sûr pour Dingle, car il se couche à l'avant ; mais je pense que lui aussi. De plus : c'est quelque chose Ils ne peuvent pas se permettre de donner. Kingdom, qui maintient habituellement Angus très à court de boisson en mer, lui permet désormais d'en avoir quand il le souhaite et, d'une manière générale, fait tout son possible pour le garder doux. ne peut pas se permettre de se disputer avec lui. Et lorsqu'un capitaine ne peut pas se permettre de se disputer avec un mécanicien en chef qu'il déteste, cela signifie généralement que lui et l'ingénieur sont ensemble à propos d'une bagarre qui a ses racines dans le moteur. Notez bien, une de ces belles nuits, ce vieux Calédonien à la tête blanche ouvrira un ou deux robinets de mer et se précipitera sur le pont pour dire que le navire coule. Ce sera une affaire de mobilisation de tous sur les bateaux ; l'Orénoque ira au fond pour son repos tant attendu et bien mérité , et les assureurs paieront et auront l'air agréables."

"Hmm", dit Hughie; " Il semble y avoir quelque chose dans ce que vous dites. J'aimerais pouvoir garder un œil sur le vieux pécheur dans la salle des machines ; mais depuis que Walsh a repris son service , je n'ai aucune excuse pour y aller maintenant. Cela vaut la peine d'avertir Goble. C'est un brave type.

« Qui est de service dans la salle des machines maintenant ? »

"Walsh, je devrais y penser. Angus lui cède habituellement la place vers huit cloches. Mais je ne suis pas sûr. Écoutez ! Remarquez-vous quelque chose dans le battement des moteurs ?"

« N'étant pas un expert, je ne peux pas le dire. Ils semblent peut-être un peu plus asthmatiques que d'habitude. Quoi de neuf ? »

"Quelqu'un a mis la pompe à âne au travail", a déclaré Hughie. "C'est peut-être Angus, après tout, qui joue avec le lest d'eau. Bonjour !" Il se pencha par-dessus la rampe arrière et baissa les yeux. « Remarquez-vous quelque chose d'inhabituel à propos de l'hélice ? »

"Cela semble soulever un peu de poussière", a déclaré Allerton. "Est-ce qu'il tourne plus vite ou se rapproche de la surface ?"

"Il est à moitié hors de l'eau", a déclaré Hughie. "Cela veut dire que le vieux a vidé le double fond arrière. Regardez, nous sommes tous à terre !"

Les deux hommes sortirent de derrière la timonerie et regardèrent devant eux. Le pont affleurant de l'Orinoco descendait sans aucun doute vers la proue.

"C'est quoi le jeu ?" » demanda Allerton avec enthousiasme.

Hughie réfléchissait. Il dit alors :

"Je ne suis pas sûr, mais son prochain geste devrait nous le dire. Soit il essaie de lui enfoncer le nez et de la couler en manipulant le lest d'eau, ce qui semble un travail désespéré dans un calme plat comme celui-ci, et suicidaire si cela se produit. se détache ; ou bien il prépare une sorte de frayeur, qui va effrayer l'équipage et le faire… Allo ? Qu'est-ce que c'est ? »

Il y eut un cri d'avertissement de la part de M. Dingle, qui se tenait juste devant, à l'avant.

« Quelque chose juste devant vous, monsieur ! On dirait que… »

Il y eut un cri de réponse venant de la passerelle, où le capitaine se tenait près du gouvernail, suivi d'un tintement de cloches télégraphiques. L'instant d'après, l'Orénoque tituba et Hughie et Allerton se jetèrent sur le nez.

Il y avait des cris et des cris dans tout le navire, et des hommes se précipitaient par les écoutilles.

"Nous avons touché quelque chose", haleta Allerton.

"J'ai frappé ta grand-mère !" grogna Hughie, qui était assis en se frottant tendrement le nez. "Ce pot est venu directement sous nous. Il a été causé par Angus qui a inversé ses moteurs sans laisser au navire le temps de ralentir. J'ose dire qu'il n'a même jamais coupé la vapeur. Il est fort probable qu'il a soulevé les moteurs de leurs lits. Eh bien, peut-être qu'il avait J'en ai fini avec eux de toute façon. Avancez.

À ce moment-là, une foule effrayée s'était rassemblée sur le pont de l'Orinoco, qui, immobile sur la mer silencieuse, était artistiquement relevé par la poupe. Hughie commençait à saisir l'intériorité des manœuvres de M. Angus avec le lest d'eau. présentait un aspect suffisamment alarmant même dans cette nuit calme.

M. Dingle et le capitaine, l'un suspendu au-dessus de l'avant et l'autre debout dans une attitude de vigilance sur la passerelle, entretenaient entre eux une conversation qui suggérait vaguement à Hughie un duologue soigneusement répété entre deux artistes à couper le souffle. du firmament des Variétés - disent les frères Bimbo dans l'une de leurs célèbres "scènes de bagout" impromptues. La ressemblance était renforcée par le fait que le « bagout » était prononcé *fortissimo* par les deux interprètes, et chacun répétait les phrases les plus révélatrices de l'autre sur des tons qui empêchaient le public d'éviter de les entendre.

"Qu'est-ce que c'était?" » a crié Bimbo Senior (représenté par Captain Kingdom).

"Un morceau d'épave !" » rugit Bimbo Junior, après un examen prolongé de l'avant-pied du navire.

"Un morceau d'épave ?" » beugla Bimbo Senior.

"Un morceau d'épave !" » a corroboré Bimbo Junior.

" Bien sûr , il *aurait* pu s'agir de glace", suggéra Numéro Un d'une voix forte.

"C'était peut-être de la glace", répondit l'écho consciencieux.

" Par paire, j'ai tendance à croire que c'était juste une toute petite île de corail ", interpola une troisième voix, avec une distinction douloureuse et stupéfiante. L'ingénieur en chef était soudainement apparu sur la passerelle.

Le capitaine était visiblement très contrarié. En premier lieu, les îles coralliennes ne sont pas nombreuses dans l'Atlantique Nord, et la crédulité même d'un public composé de matelots étrangers et de pompiers à moitié civilisés a des limites . Deuxièmement, l'axiome selon lequel deux sont compagnie et trois aucun ne s'applique même aux duologues croisés. Troisièmement, M. Angus était excessivement ivre et, par conséquent, la comédie laborieusement planifiée, actuellement en cours, pourrait, en raison de son intrusion peu artistique et injustifiée dans la scène, prendre à tout moment une tournure totalement inattendue.

Le capitaine ne perdit pas de temps.

« Quel rapport avez-vous de la salle des machines, M. Angus ? » s'enquit-il haut et fort.

M. Angus, reconnaissant soudain son signal et réalisant presque en larmes qu'il avait mis en péril le succès de la pièce entière en « bâillonnant » inconvenant, se ressaisit, revint à son texte et annonça que le navire était gravement coulé par le la tête et le fourneau inondés.

« Il n'y a rien d'autre à faire, » cria le capitaine avec résignation, « que de la quitter. Débarrassez-vous des bateaux, M. Gates !

Ayant ainsi établi une bonne explication pratique du désastre et, incidemment, enrôlé l'ensemble de l'auditoire, c'est-à-dire ceux qui ne faisaient pas déjà partie de la *claque* , comme témoins impartiaux pour la défense au cas où la compagnie d'assurance tournerait mal, l'intrépide commandant descendit de la passerelle jusqu'à sa cabine, pour récupérer quelques objets de première nécessité en attendant l'abandon de son navire bien-aimé.

Hughie et Allerton se sont interrogés.

"Dans quel bateau vas-tu ?" demanda Allerton.

"Aucun", a déclaré Hughie.

"Tu vas rester à bord ?"

Hughie hocha la tête.

"Mais elle va couler sous nos pieds."

"Je ne crois pas qu'elle soit aussi gravement endommagée que ça. Il y a un jeu ici."

"Je ne suppose pas qu'il soit endommagé du tout", a déclaré Allerton , "mais vous pouvez être sûr qu'ils ne seront pas assez stupides pour laisser le navire flotter sur le point d'être récupéré. Le vieil Angus laissera de l'eau y entrer avant de le récupérer. part, s'il n'a pas déjà commencé le processus.

"Eh bien, je ne vais dans aucun de ces bateaux", a déclaré Hughie. "Si l'Orénoque coule, je flotterai vers l'Europe dans un poulailler."

"Puis-je en avoir la moitié?" dit Allerton.

"Vous pouvez", a déclaré Hughie.

C'est ainsi que la SS Orinoco Salvage Company, Limited a été créée et que le conseil d'administration a immédiatement assumé ses nouvelles fonctions.

À ce moment-là, les bateaux étaient sortis du bord et leur approvisionnement était terminé. Ils furent maintenant descendus des bossoirs et les hommes commencèrent à prendre place. Il n'y a pas eu de panique, car la nuit était calme et l'Orénoque ne montrait aucun signe de tassement plus profond. MM. Gates et Dingle étaient déjà à la barre respective. Le capitaine Kingdom et M. Angus se tenaient près des bossoirs auxquels la baleinière était encore enchaînée. M. Goble, apparemment pas pressé, se penchait sur les pavois dans l'obscurité, non loin de Hughie et d'Allerton, observant sans passion les préparatifs de départ de l'équipage. Il s'est approché plus près.

"Il y a un moment « Des gens dans ces bateaux, observa-t-il. Je pense que nous serions plus en sécurité à bord.

Hughie se tourna vers lui et hocha la tête avec compréhension.

"C'est mon opinion aussi," dit-il, "et celle de Percy. Nous envisageons de rester ici."

M. Goble le regarda d'un air pensif.

"Est-ce un fait ?" il a dit. " Eh bien , j'attendrai aussi. "

C'est ainsi qu'un troisième membre a été coopté au Conseil d'administration.

"Nous ferions mieux de nous cacher", a déclaré Hughie. "Ils n'aimeront pas nous laisser derrière eux. Je pense que je connais un bon endroit où attendre. Venez."

Le trio se glissa derrière le porte-cartes, longea une partie déserte du pont et disparut par l'écoutille de la salle des machines.

La salle des machines était éclairée par deux lanternes pivotantes. Un flot d'eau noire et grasse brillait sur le plancher de fer en dessous, remplissant les manivelles et recouvrant l'arbre d'hélice. Les portes qui conduisaient au chauffe-eau étaient ouvertes, et l'on voyait que là aussi les planchers étaient inondés, bien que l'eau n'atteignît pas le niveau des barres coupe-feu. En raison de l'immobilité du navire, sa surface huileuse était presque imperturbable, et la salle des machines elle-même était curieusement calme après l'agitation sur le pont. Les feux étaient faibles, mais de temps en temps un clinker incandescent glissait entre les barreaux dans le flot rouge sang en dessous, avec un clapotis grésillant. La vapeur sifflait mécontentement dans les jauges.

Le Salvage Board se tenait jusqu'aux genoux dans l'eau de la salle des machines.

Hughie ramassa une lampe d'inspection enfumée, semblable à une théière avec une mèche dans le bec, l'alluma et regarda autour de lui.

"Maintenant, écoutez," dit-il, "je ne sais pas très bien d'où vient cette eau, et cela n'a pas beaucoup d'importance, car il n'y en a plus pour le moment. Si le vieil homme a l'intention de couler le navire, il le fera. Il doit venir ici pour le faire. Il a probablement organisé une esquive grâce à laquelle il peut simplement tourner une roue, ouvrir une valve et l'envoyer au fond. N'est-ce pas l'idée, Goble ? (Je vais l'expliquer à vous après, Allerton.) J'ai l'impression qu'il va descendre et ouvrir la vanne juste avant de partir. Dans ce cas, l'un de nous doit rester là et l'éteindre à nouveau. Vous deux, passez par la chaudière. Il n'est pas Il est probable qu'il entrera là-bas. S'il le fait, vous devez faire preuve de votre propre discrétion. J'attendrai ici, de l'autre côté des cylindres, contre le condenseur. Il est peu probable qu'il me voie, mais je pourrai regarder lui et vois quelle roue de soupape il actionne.

Les deux autres obéirent, et Hughie, grimpant sur les plaques d'assise des moteurs, s'installa derrière une traverse pratique, les pieds dans un vilebrequin inondé et le corps refoulé le plus loin possible dans l'ombre du moteur. condenseur.

Il n'attendrait pas longtemps. Bientôt, des pas prudents se firent entendre descendre l'échelle de fer, et M. Angus, relativement sobre, s'avança lourdement dans l'inondation sur le sol.

Sa première démarche fut de se diriger vers l'extrémité de la salle des machines . Hughie pensa d'abord qu'il se retrouvait dans les bras d'Allerton et de Goble et se demanda ce qu'ils feraient de lui. Là, il commença à manipuler la grande roue à soupapes qui maintenait la vapeur emprisonnée dans les chaudières ; et bientôt Hughie put entendre le rugissement de la fuite bien au-dessus de sa tête. Il s'agissait d'une mesure purement préventive et ne pouvait nuire à personne .

Ensuite, M. Angus s'est frayé un chemin jusqu'au coin près de la pompe à âne, où se trouvait la machinerie de contrôle des vannes de cale et de ballast d'eau, et a commencé à tourner sur une autre roue. Bientôt, il y eut un gargouillis et un bouillonnement dans les entrailles du navire, suivi d'un léger sifflement et d'un chuchotement à la surface de l'eau sur le plancher de la salle des machines. La vanne était ouverte.

M. Angus se tourna et tituba lourdement à travers la crue montante jusqu'à l'échelle de fer. Trente secondes plus tard, une silhouette scintillante sortit du vilebrequin et tourna vigoureusement le volant dans la direction opposée. Les gargouillis et les sifflements cessèrent. La vanne était fermée.

CHAPITRE IX

LITTERA SCRIPTA MANET

" M. MARRABLE , avez-vous déjà vu un drookit craw ? "

"Non."

"Eh bien, vois-moi!" » annonça M. Goble avec complaisance.

Il sortit en rampant de la descente de la salle des machines et s'assit sur le pont. L'excès d' épice n'avait jamais été un de ses points faibles, mais il n'était plus qu'une masse méconnaissable de poussière de charbon, d'huile et de rouille. Il était trempé, car il avait passé la dernière heure à examiner de manière exhaustive l'économie interne gorgée d'eau de l'Orénoque. Le soleil du matin était chaud et il naviguait confortablement tout en détaillant le résultat de ses investigations à Hughie, qui, d'une manière imperceptible mais inévitable, avait pris le commandement de l'équipage du petit navire.

Dépourvu de détails techniques et d'excursions non pertinentes dans les régions de la philosophie bancale , le rapport de M. Goble arrivait à ceci.

M. Angus avait pompé le ballast arrière pendant la nuit, permettant à l'eau, au moyen d'un tuyau de retour spécialement équipé, de s'écouler dans les cales du navire au lieu de s'échapper par-dessus bord. Grâce à ce dispositif, il avait modifié le centre de gravité de l'Orinoco de manière à produire l'inclinaison de ses ponts en descente mentionnée plus haut - un détail corroborant, comme l'aurait observé Pooh-Bah, qui donnait un peu d'art artistique indispensable. vraisemblance du récit chauve et peu convaincant du désastre des frères Bimbo. Par ailleurs, il avait inondé la cale avant et la salle des machines avec suffisamment d'eau pour donner aux membres de l'équipage du navire qui n'étaient pas dans la confiance de leur employeur l'impression que le navire était en train de couler, et pour fournir à ceux qui l'étaient un argument *prima facie* pour l'abandonner.

Mais ces précautions réfléchies, quoique suffisantes pour obtenir l'abandon de l'Orénoque, ne suffisaient nullement pour l'envoyer au fond, consommation à atteindre à tout prix ; car laisser votre navire traîner au milieu de l'océan, pour être récupéré par le premier venu, pendant que vous rentrez en toute hâte chez vous pour extraire un chèque de la compagnie d'assurance, cela a un goût de méthodes commerciales bâclées ; et M. Oui-Oui Kinahan était tout simplement minutieux.

Or, tout bateau à vapeur qui navigue sous l'égide de Lloyds est équipé, au-dessous de la ligne de flottaison, d'un ensemble de ce qu'on appelle des soupapes de cale. Grâce à eux, il est possible d'évacuer l'eau qui aurait pu pénétrer dans le corps du récipient. Comme il est encore plus souhaitable d'empêcher l'entrée de l'eau dans votre navire que d'en faciliter la sortie, ces valves sont strictement de type « non-retour » , et aucune pression extérieure ne devrait jamais les inciter à jouer le jeu. partie de Faire face dans les deux sens. La vie même du navire en dépend ; et l'individu entreprenant qui altère leur mécanisme de manière à transformer ce qui est censé être une sortie de secours en une sorte de porte d'entrée pour les profondeurs roulantes, le fait au risque d'entrer en collision immédiate et douloureuse avec le criminel. lois de son pays.

M. Angus, semble-t-il, avait employé une partie de son temps libre pendant le voyage à renverser l'un de ces robinets de cale, avec une telle habileté et une telle *finesse* que, comme nous l'avons vu, il suffisait de donner un tour à un ver. et des engrenages dans la salle des machines pour admettre l'océan Atlantique en grande quantité.

"Oh, il a une trace sur lui, Angus aussi !" commenta M. Goble avec une appréciation professionnelle, "même quand il est fou ". Il a fait un travail rare . Mais comment il a réussi à créer cette imitation d'une collision, simplement par quelques plaisanteries avec la marche arrière et l'accélérateur, sans je lui déchire les tripes , je ne sais pas. Mec, c'était un vrai tour de prestidigitation ! En droit, le mouvement du maillon doit être tordu jusqu'à ce qu'une chaîne de montre et les croix- heids coincé dans les guides. Mais ce n'est pas le cas. C'est juste la Providence, je m'en fous ", ajouta-t-il plutôt en s'excusant, avec l'air de quelqu'un qui aurait dû y penser plus tôt.

Puis il se leva de son siège sur un seau renversé.

"Avant de me joindre à moi, monsieur", a-t-il conclu, " pour changer mes pieds et ma culotte, je prendrai la liberté de vous demander ce que vous proposez . Dae ensuite. Maircy moi! C'est Walsh."

Deux silhouettes étaient apparues au coin de la salle à cartes, leur présence de l'autre côté ayant été signalée depuis un certain temps par le cliquetis des pompes de pont. (La précaution de M. Angus de se défouler avant de partir avait mis pour le moment hors de question l'assistance mécanique pour se débarrasser de l'eau.)

"Oui, c'est moi", a déclaré Walsh, qui, on s'en souvient, était le deuxième ingénieur dont Hughie avait récemment été l'adjoint. "J'aurais dû prendre mon service à huit heures pour relever Angus, mais j'ai dormi jusqu'à ce que M. Marrable me trouve dans ma couchette il y a une heure ou deux. Je suppose qu'ils ont mis quelque chose dans mon grog la nuit dernière."

"C'est tout à fait un de leurs passe-temps", dit sèchement Allerton. "M. Marrable , j'ai trouvé quelque chose qui pourrait nous être utile."

Il remit à son officier supérieur un petit paquet de papiers humide mais en bon état.

"Où les as-tu trouvés ?" » demanda Hughie. "Je pensais avoir parcouru assez minutieusement le kit de Kingdom."

"Ils étaient coincés dans les chutes des bossoirs appartenant au bateau dans lequel Kingdom est parti", répondit Allerton. "Je l'ai vu se précipiter sur le pont depuis sa cabine juste avant son départ, portant le journal de bord et quelques papiers et instruments. Je suppose qu'il les a laissés tomber en passant par-dessus le bord."

"Asseyez-vous tout le monde", dit le commandant, "nous allons aller jusqu'au bout. Cela peut nous concerner tous."

Le paquet contenait deux lettres, ainsi que des factures et des connaissements se rapportant principalement à la cargaison de bordeaux astringent de l'Orénoque.

Hughie parcourut les lettres. Puis il les relut avec une certaine délibération. Puis il siffla doucement et expressivement. Puis il se redressa et soupira doucement et avec contentement.

"M. Oui-Oui Kinahan ", a-t-il déclaré, "va bientôt souhaiter, de tout son petit cœur bienveillant et philanthropique, qu'il ne soit jamais né. Et nous sommes ceux qui vont lui faire souhaiter. Écoutez !"

Il lut les deux lettres à haute voix. Ils étaient brefs, mais explicites. L'un contenait les ordres de Kinahan au Royaume concernant la disposition de l'Orénoque. L' autre était une sorte de facture, ou lettre de voiture, relative à la personne d'un certain Marrable , qui avait apparemment été embarquée à bord la nuit précédant le départ du navire. Chacun de ces documents, peut-on ajouter, contenait suffisamment de matière pour assurer la servitude pénale à son auteur.

Hughie arrêta de lire et il y eut un long silence reconnaissant. Alors Allerton dit :

"Ce qui me frappe, c'est de comprendre comment Kinahan a pu être si stupide au point de mettre ces projets sur papier, et comment Kingdom aurait dû être assez stupide pour vouloir les garder. *Je* les aurais laissé tomber dans l'Orénoque. ".

"Je pense qu'une explication couvre les deux cas", a déclaré Hughie. "Kingdom exigeait probablement ses ordres noir sur blanc, comme garantie qu'il recevrait son argent une fois son travail accompli. Sinon, il n'avait aucune créance sur Kinahan pour un centime, au-delà de son salaire ordinaire de capitaine. Kinahan a probablement accepté, stipulant que les lettres devraient lui être rendues lorsqu'ils régleraient leurs comptes. C'était une chose risquée à faire, mais quand deux voleurs ne peuvent pas se faire confiance et qu'ils se mettent à chercher des preuves documentaires à cet effet, eh bien, c'est là que des pauvres mais méritants des gens comme nous entrent. Non, je ne devrais pas penser que Kingdom *voudrait* les laisser derrière lui ; et je pense qu'il est un homme plutôt malade à ce moment-là s'il les a manqués.

Il plia les lettres et les rangea soigneusement.

"Maintenant, messieurs," dit-il vivement, "je propose que nous descendions en bas et voyons s'il y a suffisamment de vapeur sur l'Orénoque pour pomper le reste de l'eau et faire tourner à nouveau l'hélice. Nous devrons humidifier éteindre la plupart des incendies, parce que nous ne pouvons pas envoyer trop de pompiers, mais je pense que nous devrions le faire sortir de quatre ou cinq nœuds par temps normal. Heureusement, soixante-quinze *pour cent* de l'équipage du navire sont des ingénieurs compétents. que nous prendrons un petit-déjeuner, et après cela nous ferons le chemin du retour à la maison. Nous travaillerons (-il fit claquer ses lèvres joyeusement, comme un pédagogue énergique le premier matin du trimestre) -- par équipes de trois. Deux hommes fera fonctionner la salle des machines et la chaufferie, et le troisième prendra le volant. Le quatrième pourra dormir. Cela nous donnera chacun dix-huit heures de travail et six heures de repos. Je ne sais pas où nous en sommes, et je n'ai aucun moyen de le faire. Le capitaine Kingdom est reparti avec la carte et la plupart des instruments appropriés. Mais nous devons être près de la terre, sinon ils ne seraient pas encore montés sur les bateaux. Si nous continuons à naviguer régulièrement vers l'est (avec un peu de nord), à une vitesse d'environ cent milles par jour, ce qui, je pense, est à peu près notre limite, nous devrions nous heurter à quelque chose tôt ou tard. Et quand nous le ferons, nous contacterons les autorités compétentes, et j'ose penser qu'avec l'aide de ces deux lettres et de ce robinet de cale trafiqué en bas, nous pourrons préparer l'accueil de ces trois bateaux chargés. des marins naufragés, à leur arrivée, cela les surprendra. De plus, j'imagine qu'il y aura des choses à faire pour vous en matière de récupération. Quel jeu ! » Hughie se leva et inspira profondément. C'était la vraie vie ! « Vous êtes *là*, les garçons ?

L'équipage se leva vers lui et lui lança trois acclamations.

Plus tard dans l'après-midi, alors que l'Orénoque avançait à un rythme strictement processionnel à travers les eaux agitées, le verre tombait et une brise se levait, le sous-quartier-maître Lionel Hinchcliffe Welford-Welford Allerton, ancien érudit du Trinity College de Cambridge, autrefois Le matelot adjoint de la marine marchande a aperçu depuis son poste sur la passerelle un petit objet en mouvement sur la proue tribord.

C'était la baleinière de l'Orénoque, qui avançait sous deux voiles à oreilles sur une route parallèle à celle du paquebot .

Allerton, qui, dans l'excitation de sauver l'Orénoque, avait presque oublié l'existence de la bande de boucaniers qui l'avaient saborder, sonna avec enthousiasme la cloche télégraphique et convoqua le reste de l'équipage du navire à ses côtés.

Cependant les émotions suscitées dans l'Orénoque par la vue de la baleinière étaient douces en comparaison de celles excitées dans la baleinière indigne par le spectacle de son parent ressuscité. M. Angus, en apercevant le paquebot, garda discrètement le silence. Il s'était trahi en voyant des choses qui n'existaient pas une ou deux fois dans sa vie auparavant. Mais Captain Kingdom est devenu un délicat vert pomme.

"Regardez là!" » haleta-t-il en pointant du doigt.

"Tu es un petit nuage, tu veux dire ?" dit le prudent Angus.

"Non, non, mec, l'Orénoque !" s'écria le capitaine affolé.

"Oh... et puis, ouais ! Ouais, ouais !" » répondit M. Angus, plutôt content qu'autrement.

"Il y a un équipage à bord", continua Kingdom en tremblant. "Et elle a aussi de la vapeur sur elle !"

"Oui", a déclaré M. Angus. "Je m'en fous , quelqu'un aura encore fermé ce robinet."

"Qui cela peut-il être ?" demanda fébrilement le capitaine. "Nous n'avons sûrement laissé personne à bord. J'ai dit à Dingle d'emmener ce type Marrable dans son bateau."

"Peut-être", suggéra M. Angus, "les yin des autres bateaux sont revenus."

Kingdom désigna avec impatience deux petits points à l'horizon.

"Ils sont là", dit-il.

"Peut-être qu'un paquebot l'a croisé et a laissé un peu d'équipage à son bord", a poursuivi le fertile M. Angus.

"Si c'était le cas, nous aurions vu le paquebot", répondit Kingdom avec irritation.

Il prit ses jumelles et se mit à scruter l'Orénoque, qui avait modifié sa route de quelques points dans leur direction.

M. Angus a eu une nouvelle inspiration.

"Est-ce que ça vous dérange réveiller Walsh ? » murmura-t-il. « Sinon, vous savez qu'il pourrait Eh bien ... »

Le capitaine baissa ses lunettes et hocha la tête.

"Il pourrait en être un", a-t-il convenu; "mais il y a quatre hommes sur le pont." Il leva de nouveau ses jumelles. "Oui, ils sont là. Eh bien, qui qu'ils soient et quel que soit le jeu, il faut remonter à bord et bien faire le travail cette fois . — Allo, l'un d'eux court en bas ! — Le revoilà ! — Il est portant quelque chose – des drapeaux, je pense. Ils vont nous faire signe.

Il avait raison. Jusqu'au sommet du mât crasseux de misaine de l'Orénoque voyageait un signal, une bannière au dispositif étrange certes, mais qui transmettait néanmoins un message parfaitement intelligible. Il s'agissait de la partie inférieure ou inavouable d'un costume en lambeaux de pyjama à rayures orange et rouge .

Arrivé à destination, il se gonfla dans la brise fraîche et s'enfuit, provocateur et moqueur, dans les rayons du soleil couchant ; jetant au couple en fermentation dans la baleinière l'annonce simple mais complète : « Vendu !

Puis, d'un seul cri joyeux de sa sirène, l'Orinoco modifia sa route de quelques points et se vautra vers le nord-est, laissant l'équipage de la baleinière écouter dans un silence admiratif une antistrophe sulfureuse en deux dialectes. en partant des écoutes arrière.

CHAPITRE X

LA FIN D'UNE ODYSSÉE

HUGHIE estimait qu'ils devraient peut-être naviguer vers l'est pendant trois ou quatre jours avant d'apercevoir la terre.

C'était une sous-estimation.

L'histoire du dernier voyage de l'Orénoque ne sera jamais écrite. En premier lieu, ceux qui y participèrent n'étaient pas des hommes adonnés à la composition de récits de voyageurs ; et dans la seconde, leurs souvenirs du cours des événements une fois tout terminé étaient désespérément et plutôt heureusement brouillés. Cela ne les dérangeait pas. On ne tire aucun plaisir ni aucun profit à reconstituer un cauchemar, surtout lorsqu'il a duré seize jours et seize nuits.

Bien entendu, certains événements étaient plus clairement gravés dans leur mémoire que d'autres. Il y eut cette éternité de trente-six heures pendant laquelle l'Orinoco, avec tous ses orifices vulnérables bouchés ou renforcés, ses moteurs asthmatiques palpitant juste assez vigoureusement pour garder la tête face au vent, affronta un vent du nord-est qui lui fit souffler de nombreux vents. des kilomètres hors de son calcul. (« Cela n'a pas beaucoup d'importance », dit son commandant philosophique . « Nous ne savons pas où nous en sommes maintenant, c'est vrai ; mais nous ne savions pas où nous étions avant, alors quelles sont les chances ? Nous continuerons nous nous éloignions vers le nord-est, et comme nous visons une cible de huit cents milles de large , nous devrions l'atteindre quelque part.") Puis il y eut une nuit palpitante où les fidèles moteurs, après avoir accompli avec respiration sifflante mais sans cesse la tâche qui leur était assignée pendant un certain temps assez longtemps pour endormir tous ceux qui dépendaient d'eux dans un état d'esprit optimiste, complètement et absolument effondré ; et il fallut éteindre les incendies et laisser l'Orinoco se vautrer sans retenue dans le creux de la mer tandis que l'équipage tout entier, avec des muscles craquants et des halètements déchirants, dégageait une traverse coincée des guides et démontait un cylindre qui fuyait.

Ils étaient évidemment hors des voies maritimes ordinaires, car ils n'aperçurent qu'un seul bateau à vapeur en dix jours, et ils le laissèrent passer.

"Aucun de nous ne comprend les signaux appropriés ", a déclaré Hughie, "donc nous ne pouvons pas attirer son attention sans faire quelque chose d'absurdement théâtral, comme courir sur l'enseigne à l'envers; et je suis pendu si nous faisons cela - pour l'instant. Après tous, nous voulons seulement savoir où nous *sommes* . Nous sommes peut-être juste au large des côtes irlandaises, pour autant que je puisse en dire, et il semble effectivement faible de sortir un paquebot de sa route pour lui poser des questions. Ce serait comme s'arrêter le Flying Scotsman pour allumer sa pipe.

"Ou demander à un policier de Piccadilly Circus quel est le chemin le plus proche du bar Criterion", a ajouté Allerton. "Je suis avec vous tout le temps, capitaine."

C'est ainsi que ces quatre mendiants ont laissé passer un potentiel Bon Samaritain et s'enfoncer derrière l'horizon. C'était un acte typique de leur race : ils n'avaient pas d'objection particulière à la mort, mais ils ne voulaient pas qu'on leur sourie. Pourtant, il y eut des moments au cours des dix jours suivants où ils regrettèrent plutôt leur méfiance.

Mais de tels événements n'étaient que de simples excroissances dans un plan de monotonie morte. Le travail de la journée se composait d'heures interminables dans un foyer semblable à une Géhenne, où, avec des maux de dos et des mains ensanglantées, ils travaillaient à alimenter des incendies insatiables, ou rampaient le long de bunkers en forme de tunnel à la recherche du charbon qui diminuait progressivement ; des sorts au volant, parfois attachés au volant, dans un vent mordant ou un brouillard aveuglant ; le tout soutenu par un régime de biscuit de mer, de porc salé et de café tiède, tempéré par de brefs mais miséricordieux intervalles de sommeil d'épuisement total.

Pourtant, on peut s'habituer à tout. Ils s'amusaient même d'une manière ou d'une autre. Les efforts intenses comptent pour quelque chose, que vous ayez une femme et une famille à votre charge, comme Walsh, ou que vous puissiez extraire *la joie de vivre* d'une journée de dix-huit heures et d'un régime de travail, comme Hughie.

Et ils apprirent à se connaître à fond, un privilège refusé à la plupart en ces jours d'activité agitée et de connaissances multiples.

Hughie s'étonna durablement de savoir comment Allerton avait pu tomber dans son domaine actuel ; car il a fait preuve d'une quantité d'énergie, d'endurance et d'initiative au cours de ce voyage éprouvant pour la virilité qui était incroyable. Il attribuait lui-même sa vertu au manque de possibilité de pratiquer autre chose, mais c'était évidemment une explication trop modeste. Peut-être que le sang le dit toujours. Quoi qu'il en soit, Allerton a pris le rang incontesté de commandant en second devant deux hommes dont les connaissances techniques et la force physique dépassaient de loin les siennes. Mais dans ses heures de détente – rares maintenant – il était toujours aussi décontracté, désinvolte et décontracté.

Walsh, dans un sens, était le plus faible du quatuor. C'était un ingénieur compétent et un honnête homme, mais il lui manquait la nonchalance insouciante des trois autres ; car il avait une femme et huit enfants qui l'attendaient dans la lointaine Limehouse, et un fait comme celui-là donne à un homme le dégoût de l'aventure. C'était aussi un homme déçu. Il détenait un « ticket » de chef mécanicien depuis sept ans, mais il n'avait jamais détenu de poste de chef mécanicien. Il ne pouvait jamais se permettre de s'absenter du travail et d'attendre que la bonne place se présente à lui : il devait toujours prendre la première qui s'offrait, de peur que l'histoire des bottes et du pain à Limehouse ne diminue. Pour comble de malchance, il avait été payé pour son dernier emploi parce que son navire était entré en collision avec un briquet new-yorkais et avait été contraint de passer trois mois en cale sèche ; et en expédiant sur l' Orénoque , il ne faisait guère plus que travailler pour rentrer chez lui. Son rêve, vieux de dix ans, de délivrer Mme Walsh de sa baignoire pour toujours et de l'exalter de la *res angustæ* de Teak Street, Limehouse, à un environnement social réservé exclusivement aux épouses des ingénieurs en chef, semblait aussi loin que possible. de l'épanouissement comme toujours. Il n'en gardait pas moins la lèvre supérieure raide et tenait sa montre comme un homme, ce qui est plus que ce que la plupart d'entre nous auraient fait dans ces circonstances.

Mais c'était Goble qui intéressait le plus Hughie. Au cours des longues gardes nocturnes, alors qu'ils balançaient les lourdes pelles à feu dans le fourneau, ou soulevaient les scories toujours accumulées par-dessus le côté, ou se tournaient pour avaler l'eau tiède d'un seau de suie, ou se réunissaient autour d'un Après avoir mangé du café et des biscuits de bord - le dîner de l'un et le petit déjeuner de l'autre - dans la cuisine, Goble laissait tomber des réflexions maladroites sur la vie en général, avec des illustrations autobiographiques, qui permettaient à Hughie de se faire une idée assez complète de son existence antérieure du compagnon.

John Alexander Goble avait joué de nombreux rôles à son époque, comme la plupart des vagabonds. Il était né fils d'un garde-chasse dans le Renfrewshire et avait perdu très tôt son père, ce dévoué défenseur des droits de propriété ayant reçu une balle dans la tête lors d'une bagarre de braconnage. Après cette catastrophe, la veuve, qui avait ouvertement regretté son Glasgow natal pendant toute la vie de son mari, était revenue dans ce paradis municipal ; et la jeunesse mûre de John Alexander Goble s'était déroulée dans une localité délicieuse, connue sous le nom de « The Coocaddens », à laquelle il ne pouvait jamais se référer sans une lueur de tendre souvenir dans ses yeux.

Pourquoi John Alexander avait jamais abandonné cela ? Eden Hughie ne parvint jamais à le déterminer avec précision. Ses références à cette époque particulière de sa carrière étaient invariablement obscures ; mais comme il avait observé sombrement à une occasion que « les hommes peuvent faire un gowk au meilleur homme leevin », Hughie comprit que le cours actuel de la vie de M. Goble devait son origine à un épisode tendre mais insatisfaisant survenu dans des jours sombres et lointains. de sa chaude jeunesse.

"Après ça", poursuivait John de manière elliptique, "je suis allé voir Motherwell . Connaissez -vous Motherwell ? Un endroit grandiose ! Des kilomètres et des kilomètres de hauts fourneaux, et le ciel s'éclairait jour et nuit , comme le Jugement dernier . J'y ai fait quelques petits boulots. Parfois, je lançais un chariot avec de la coke, tandis que je triais du charbon avec des filles, et enfin j'ai trouvé un travail de mouleur .

"Qu'est ce que c'est?" » s'enquit Hughie, toujours réceptif.

"Quoi d'autre qu'un corps qui fabrique des moules ?"

"Oui, mais comment fait-il ?"

" Eh bien , il y a une sorte d' endroit sablonneux à l'entrée de chaque fourneau de fusion, comme un petit bord de mer, vous l'aurez compris, et toutes les vingt-quatre heures , ils fondent le fourneau. Ils laissent échapper le fond fondu . le minerai, c'est-à-dire, et il se rince jusqu'à ce que des moules fabriqués dans le sable. (Vous y parvenez simplement en enfouissant des blocs de bois en rangées, puis en les ramassant à nouveau, et le truc rince jusqu'aux creux qui ont été laissés. Quand c'est chaud , ils disent que c'est de la fonte.) Eh bien, je suis resté fidèle à ce travail pendant environ six mois . Mais c'était un travail fastidieux, en plus d'être coiffé aux pieds, on va gratter le sable avec ses semelles nues pour fabriquer les moules , et bientôt j'y ai renoncé et j'ai pris le travail . de petits boulots parmi les camions et les moteurs dans les chantiers . J'ai bien aimé ça, car les machines sont le truc yin qui m'excite vraiment. D'abord , j'étais coupleur, puis j'étais pompier, puis je suis devenu tae conduire un petit moteur de manœuvre, conduire des camions dans le chantier . Et enfin , on me confia la responsabilité d'un moteur à enroulement à une mine . C'était un travail formidable ; mais ça ça n'a pas duré longtemps. À ce moment-là, je buvais mes cheveux - je descendais après avoir quitté les Coocaddens - et le jour où j'étais comme ça , j'ai laissé le gang de la cage s'enfuir jusqu'au fond du puits.

"Y avait-il quelqu'un dans la cage ?" » s'enquit Hughie, tandis que Goble s'arrêtait, comme pour contempler une image mentale.

"Il n'y en avait pas, Dieu merci ! Mais il y *avait* un petit laddie doon dans la fosse, qui était assis sur son clapier, son camion, c'est-à-dire, au niveau du puits, attendant sur la cage. Il n'était pas là . il s'attendait à ce que la chose tombe comme du mastic, donc il n'était pas tout à fait clair ; et la cage s'est cam'doon et a enlevé ses pieds. Mec, je n'ai jamais oublié le visage de sa mère quand ils l'ont élevé. J'ai perdu mon emploi et je n'ai jamais touché une goutte depuis. Cela fait vingt-sept ans que je suis au total – vingt-sept ans ! Cela va

raccourcir ma vie, je suis fou ", ajouta-t-il sombrement; "mais je m'y tiendrai
!"

"Qu'est devenu le garçon ?" demanda Hughie.

" Il a deux pieds de bois depuis maintenant , " répondit Goble plus
gaiement, " et il s'occupe de la lampisterie depuis vingt ans. J'ai entendu parler
de lui de temps en temps, et nous avons toujours été libres ; mais sa vieille
mère " Elle ne m'a jamais pardonné. Elle a plus de soixante-dix ans, mais
Jeems me dit qu'elle lance toujours un juron à chaque fois qu'il mentionne
mon nom. "

Un autre épisode des aventures de M. Goble explique comment il a pris
la mer.

"Après avoir quitté Motherwell , je suis allé au Clydeside . J'étais un
assez bon mécanicien à cette époque, mais j'avais pris une sorte de skunner
en matière de machines - sans aucune raison - et j'ai essayé de le faire . J'ai été
embauché comme ouvrier du quai. Je n'ai pas eu de chance là-bas, et j'étais
juste affamé quand, un jour , j'ai rencontré un ami sur Dumbarton Road, et
il m'a demandé si j'aimerais faire la vaisselle et éplucher les pommes de terre
. sur un bateau à vapeur. J'aurais été heureux de soop the lums o' muckle Hell
à ce moment-là, c'était pour un salaire, j'étais à ce point jeté avec la faim; alors
j'ai juste dit : « Effectivement, oui !

"Pendant un bel été, je me suis assis à éplucher des pommes de terre et
à faire la vaisselle à bord de l'Electra, celui qui a fait un voyage sur l' eau ,
autour d' Arran et de Bute, et hamé par Skelmorlie ilka jour de la saison d'été
pendant vingt- deux ans . Quand l'hiver arrivait, j'étais fou de ne plus avoir
de travail, mais étant aujourd'hui en permanence au repos et fiable , j'ai été
transféré sur le vieux Stornoway, sur la même ligne, transportant des
marchandises. , du bétail et des passagers vers les West Highlands - Coll,
Tiree , Barra, Uist , Ullapool et d' autres endroits dans et oot o 'lochs de mer
et sur cette côte. Elle a visité le Broomielaw tous les jeudis à trois heures.
l'après-midi, et elle y était de retour, semaine après semaine, été comme hiver
, à onze heures de la matinée du mercredi suivant. Les gens du coin de Largs,
où vivait son capitaine , avaient l'habitude de régler leurs montres près d'elle.
C'était un beau et vieux bateau, le Stornoway : il s'entassait sur les rochers au-
dessous du Scuir d' Eig , où il n'avait aucune vocation à être, dans une
tempête de neige sept hivers syn. J'étais steward de cabine aujourd'hui, vous
l'aurez compris ; et une fois que nous fûmes autour du Mull et que les
passagers eurent mangé ce qu'ils avaient pris leur thé à Gourock et emporté
des squames à terre à Oban, l'appétit était grand et j'étais occupé. C'était la
première fois que je voyais des nobles à leurs repas, et cela améliorait
considérablement mes habitudes . Depuis lors, je n'ai jamais mis mon thé

dans ma soucoupe : je plaisante donne un petit coup de poing dessus non . Vous êtes M. Allerton qui rugit pour être relevé au volant.

À une autre occasion, Goble expliqua comment il en était venu à abandonner les charcuteries du Stornoway et à prendre la haute mer.

"J'avais vraiment envie , envie de machines", a-t-il expliqué. "Un corps ne peut pas servir de table toute sa vie. Ainsi, après deux ans sur le Stornoway, je me suis embarqué comme pompier sur un paquebot à destination de Glasgow vers Bilbao. Là, je l'ai laissée, pour être second ingénieur sur un petit vagabond transportant du minerai de fer. " _ _ _ _ _ _ _ _ (*Ad lib.* et *da capo* .)

Il parlait ainsi , d'une manière qui passait de nombreuses heures fatigantes pour tous deux et ajoutait considérablement au stock de connaissances humaines de Hughie.

Les jours passaient. Le travail et les longues heures commençaient à raconter leur histoire, mais l'ensemble de l'équipage s'y tenait sombrement. Leurs nerfs étaient également en bon état. Même lorsque, le matin du seizième jour, alors qu'ils se frayaient un chemin à tâtons dans un brouillard humide et ruisselant, un grand paquebot monstrueux et fantomatique surgit soudainement de l'épave et, alors qu'il se frayait un chemin devant eux, grattait effectivement le tribord. contre avec sa poupe, tandis que la vigie sur son pont avant criait frénétiquement, et qu'un homme effrayé en haut du pont jetait sa roue avec un grand bruit de gouvernail à vapeur pour éviter une collision, le seul occupant du pont de l'Orinoco — c'était Goble : il dirigeait tandis que Hughie et Walsh prenaient leur tour dans la chaufferie et Allerton dormait — ne jugea pas l'occasion suffisamment importante pour mériter un rapport jusqu'à ce qu'il soit relevé de ses fonctions deux heures plus tard.

Mais cette rencontre a fourni à ce philosophe maladroit un indice précieux sur leur localisation.

"C'était un paquebot Ben", a-t-il laissé entendre à Hughie en décrivant l'événement. "J'ai vu les deux petites rayures autour de son entonnoir et son nom, Ben Cruachan , sur sa poupe. Ce sont des bateaux de Glasgow, et naviguent un jeudi sur deux vers Buenos Ayres, faisant escale à Moville sur Lough Foyle . prends des passagers irlandais. De toute façon, nous ne sommes pas près de Cape Clear. Nous sommes quelque part au large de la côte nord de l'Irlande, monsieur. Je savais bien que nous étions près de la terre : c'est une lame de fond qui nous jette à terre non . Aiblins , nous allons nous faire mal contre la Chaussée des Géants si nous ne sommes pas rusés.

Il y avait quelque chose dans les conclusions de Goble, car après qu'ils eurent roulé très lentement toute la nuit, le soleil levant léchait le brouillard ; et là, à dix milles au sud d'eux, s'étendait une longue côte verte ; et juste devant eux se dressait ce qui ressemblait à une île rocheuse, avec un phare blanc d'aspect simple perché à mi-hauteur de sa face accidentée.

"Si cette terre à droite est l'Irlande", a déclaré Hughie, "nous ne pouvons pas être très loin de l'Écosse. Je me demande ce que peut être ce grand rocher devant nous. Heureusement que nous ne l'avons pas atteint il y a quelques heures ! "

" Ne pensez-vous pas, " suggéra Allerton en sortant la tête de l'écoutille de la salle des machines, " que comme nous avons un *pukka* Scot à bord, nous ferions mieux de le réveiller et de voir s'il peut identifier son pays natal ? "

Ce fut au tour de Goble de dormir, mais la suggestion d'Allerton fut adoptée et il fut hélé sur le pont.

Reconnaissez -vous cette île juste devant vous, M. Goble ? demanda Hughie.

Goble observa le rocher et le phare, et bien que son visage restât impassible, son œil brillait d'une fierté exclusive.

"Une île ? Ce n'est pas une île", répondit-il. "'C'est l'Écosse elle-même '. Monsieur, c'est le Mull o' Kintyre ! Il coule tout droit vers l'arrière . Comté d'Argyll . Nous sommes à l' embouchure de Varra sur la Clyde. Nous pourrions il a été attiré là-bas de l'autre côté de l'Atlantique par un petit fil ! Dieu nous préserve , c'est un miracle !"

« Le Clyde ? » cria Hughie. Cela semblait trop beau pour être vrai. "Es-tu sûr, Goble ? Est-ce vraiment le Mull ?"

"Bien sûr?" L'expression de Goble était un mélange de pitié et de ressentiment. "Mec, je vous le dis , j'ai navigué autour de lui deux fois par semaine pendant deux ans . J'étais terriblement malade la première fois. La seconde—"

Pendant ce temps, le Mull of Kintyre se rapprochait.

"Quel est le cours ?" » demanda Walsh en se penchant sur le pont. « Dois-je rejoindre New Cut, M. Goble, ou continuer tout droit sur Blackfr'ars Road ?

Le moral de chacun s'envolait merveilleusement à la vue de la terre verte et bénie. La femme de Walsh se trouvait à vingt-quatre heures de lui.

"Gardez ce tas de Stanes sur votre main gauche, ma mannie ", répondit Goble très gonflé, désignant facétieusement le promontoire imposant devant eux , "et puis tout droit sur Ailsa Craig. Tout va bien . M. Marrable , va Vous l' emmenez jusqu'au Tail o' the Bank, au large de Greenock, ou vous allez crier dans la baie de Campbeltown ? au coin de la rue. »

"Attends ! Nous allons l'emmener jusqu'au bout, maintenant nous en sommes là", a déclaré Hughie. "Nous sommes *à la maison* ! Je *comptais* grandir à Plymouth Sound ; mais c'est un détail. Allez, Allerton, descendons et allumons une dernière fois. Nous la ramènerons avec style !"

Et c'est ainsi que peu d'heures plus tard, l'Orinoco, une carcasse pourrie, obstruée par les mauvaises herbes, corrodée par la rouille, recouverte de sel, barattant faiblement l'eau avec son hélice affaiblie, fumait douloureusement mais grandiosement devant le Cloch Light et dans le embouchure de la Clyde. Elle a peut-être semblé un triste objet aux yeux de la multitude de bateaux à aubes élégants qui descendaient la rivière sous le courant forcé de la triple compétition, transportant l'homme de Glasgow, démis de ses fonctions, à Dunoon et Rothesay et d'autres dépôts d'été pour sa femme et son mari. famille. Mais pour ceux qui *le savaient*, ce n'était pas un vagabond impur, mais un vétéran marqué par la bataille, un navire qui avait bien mérité de la République de haute mer, une autre petite biche dorée, bien que chargée de rien de plus proche des lingots espagnols que des bouteilles. d'imitation de bordeaux français. Chaque cicatrice sur ses côtés était une blessure honorable ; chaque gémissement et craquement qui s'élevait de ses bois de départ était un pæan ; chaque toux et chaque respiration sifflante qui sortaient de ses cylindres qui fuyaient étaient une prière de joyeux remerciement. L'Orénoque avait obtenu un diplôme élevé dans le groupe anonyme mais glorieux de ceux qui ont illustré, non sans profit et sans fierté, la simple vérité selon laquelle

La vie n'est pas détenir de bonnes cartes; C'est je joue *bien* une mauvaise main !

ainsi le dernier tournant de sa longue et douloureuse Odyssée et revint chez elle pour déposer ses os près de la Clyde, qui leur avait donné naissance . Et par un heureux hasard, Hughie, inconscient, au lieu de la conduire jusqu'à la Queue de la Banque comme il l'avait prévu, a changé d'avis, a mis son casque et l'a trompée jusqu'à la tête de ce beau Gareloch qui, il y a de nombreuses années , , avait donné son nom de jeune fille au petit navire.

Là, nous balançant sur son câble rouillé, avec l'eau verte et claire lavant son avant-pied fatigué, et les collines au-dessus de Roseneath et Shandon lui souriant de manière rassurante à la lueur du soleil du soir, nous la laisserons. *Molliter ossa cubent !*

Les retards de la loi sont proverbiaux, et la tâche de se venger de M. Noddy Kinahan a impliqué Hughie dans des rencontres sans fin avec des personnes haut placées, plusieurs apparitions (avec suite) dans les demeures de la Loi et un autre voyage à New York – par Cunarder cette fois.

Cependant, une détermination farouche permettra d'accomplir la plupart des choses ; et lorsque, quelques mois plus tard, Hughie quitta finalement New York pour son pays natal, le travail d'amour était terminé, et M. Oui-Oui Kinahan regrettait dûment, pendant plusieurs années, le fait d'être né.

Cette consommation fut suivie d'une autre, déprimante mais inévitable. L'Orinoco Salvage Company, ayant atteint son objectif, a payé la dette de Nature et a cessé d'exister. Les circonstances liées à sa disparition, ainsi que les destins respectifs de la petite bande d'Argonauts de Hughie, seront mieux rassemblés à partir des extraits épistolaires suivants : -

No. I (NB Orthographe corrigée)

⅏ MAÎTRESSE HOWIESON ,

17, rue CANDLISH , GREENOCK.

À H. MARRABLE , Esq. :——

MONSIEUR , je vous remercie pour le chèque et j'en ai disposé. Je vous remercie également de m'avoir proposé de me trouver un emploi. Mais je préférerais rester à vos côtés, car je sens que je n'obtiendrai pas de meilleur travail que celui-là. J'aimerais bien être votre serviteur. Vous aurez besoin de quelqu'un pour ranger vos quartiers et ranger vos vêtements, maintenant vous êtes à terre. (On ne peut pas faire confiance aux femmes.) Bien sûr , je ne voudrais pas d'un gros salaire : le siller de l'Orénoque fera longtemps son affaire. Je sais très bien comment servir à table et nettoyer l'argenterie, ayant été intendant, comme je vous l'ai dit un jour , sur le vieux Stornoway, où ils avaient une câline pleine de nobles à chaque voyage . — Votre serviteur (j'espère),

JNON . ALEX. GOBLE.

N° II

(Extraits. Pas de date ni d'adresse, mais évidemment écrit dans un pub)

... Vous devez donc récupérer l'argent. Cela ne me sert à rien : tout ce que j'en tirerais serait un gros mal de tête. De plus, cela pourrait me donner des idées au-dessus de ma station, ce qui est mauvais à tout moment pour les ordres inférieurs. Donnez-le à Walsh ; mais ne laissez pas croire, bien entendu, que cela vient de moi : qu'il croie que cela fait partie de sa part naturelle du sauvetage. J'ai gardé suffisamment d'argent pour payer un nouveau costume (que je porte maintenant) et une grosse casse avant de partir la semaine prochaine en tant que steward sur un paquebot Aberdeen.

... Eh bien, ce fut un super voyage. Nous en avons tous retiré quelque chose. Vous avez vécu une aventure et avez par ailleurs réalisé une grande chose, et j'ai passé un mois de bonheur absolu dans la société d'hommes qui ne me considéraient ni comme un objet de pitié ni comme un monstre de dépravation, mais se contentaient de me laisser partir. sa propre voie en tant qu'homme qui préfère vivre sa propre vie et qu'on ne lui pose aucune question... Votre offre de me remettre sur pied et de faire de moi un membre respectable de la société est amicale et, je suppose, naturelle ; mais cela menace un épisode heureux avec une triste fin. Je ne suis pas fait pour le conventionnel, et (*comptez* vos aimables références à mon « mérite exceptionnel et à ma force de caractère latente »), je ne suis pas de l'étoffe dont sont faits les hommes qui réussissent. Je n'ai fait que deux grandes choses dans ma vie. L'un était d'être élu pop à Eton, l'autre vous aidait à ramener le vieil Orénoque chez vous. Je pense que je vais maintenant me reposer sur mes lauriers. Je suppose que je suis né pourri, et si vous essayiez de m'élever à vos hauteurs vertigineuses, je ne ferais que retomber, et la bosse au bas pourrait me faire mal. Je suis plus en sécurité là où je suis : la beauté d'être allongé sur le sol est qu'on ne peut pas tomber.

... Eh bien, menton, menton ! Si je peux me permettre de m'extasier un instant, je voudrais vous dire que vous êtes un brave type. — Bien à vous,

LIONEL ALLERTON.

N° III

N° 4 , RUE TEAK, LIMEHOUSE.

CHER MONSIEUR , Je vous prie d'accuser réception avec remerciements de votre chèque pour part de récupération. C'était bien plus que ce à quoi je m'attendais, et l' Adm'ty Nous avons certainement bien réussi. Au mieux, j'avais espéré avoir suffisamment d'argent pour équiper les tenanciers de bottes et de fringues pour l'hiver et donner aux missis une semaine ou deux de congé pour le travail de lessive. Nous avons tous été assez barbares ces derniers jours. Des repas carrés et un grand feu, et on ne s'entend pas parler à cause du grincement des bottes neuves. Nous nous calmons un peu maintenant, j'ai mis le reste de l'argent à la banque et j'ai dit à la vieille qu'elle devait brûler ses lavoirs. Attrapez-la : je ne pense pas ! Avec mes nouveaux vêtements, j'ai obtenu une place de chef à bord du vapeur Batavia, de la ligne impériale, et je pars le 21 janvier. Ses moteurs sont (*plusieurs lignes de détails techniques désespérés omises*). Ce fut un jour de chance pour moi lorsque j'ai heurté l'Orénoque, et encore plus de chance quand Angus a soigné mon grog.

Au retour du voyage, je prendrai la liberté de vous rendre visite à Londres à l'adresse que vous avez indiquée . — Ans. respect'fly ,

JAS. WALSH
(ingénieur en chef du SS Batavia).

POST-SCRIPTUM (*Dans une main plus grande et moins instruite*)

M. MARRABLE , CHER MONSIEUR, — Les enfants et moi vous remercions pour toute votre gentillesse envers mon père. Père, il est lui-même très reconnaissant , mais il préfère me laisser le soin de vous le dire, car il n'aime pas . M. Marrable , monsieur, si seulement vous pouviez voir le différence chez les enfants, surtout le petit Albert, ce qui était toujours maladif, puisqu'ils avaient de bonnes bottes et de la nourriture dedans, vous vous sentiriez bien payé pour votre gentillesse. Je sais que l'argent ne vient pas de vous, mais c'est grâce à vous que nous l'avons obtenu. Que Dieu vous bénisse, monsieur .

MME MARTHA WALSH.

PS — Notre neuvième, qui vient d'arriver, nous prenons la liberté de l'appeler par votre nom.

LIVRE TROIS
SUAVITER À MODO

CHAPITRE XI

COMMANDES SCELLÉES

PAR une belle matinée d'avril, Hughie sortit des bureaux de MM. Slocum, Spink et Slocum, avocats, à Lincoln's Inn Fields, et se dirigea vers le Strand.

Comme la plupart des hommes qui vivent à l'étranger depuis longtemps, il parcourait les rues de Londres avec une sensation étrangement mêlée de familiarité et d'étrangeté. À un moment donné, il avait l'impression qu'il vivait à Londres depuis des années, à un autre moment, il avait l'impression d'explorer une nouvelle ville. Le Strand lui-même, à l'exception du vieux tronçon encombré du quartier de Charing Cross, était presque méconnaissable . Disparus à jamais les différents monuments de sa jeunesse, tels que Old Gaiety et Lowther Arcade. Holywell Street et Wych Street, avec leurs délicieux environs, avaient disparu comme un rêve mauvais mais intéressant, laissant place à une large et majestueuse artère, au milieu de laquelle les églises de St. Mary et de St. Clement Danes divisaient la circulation comme des rochers. dans une crue des Highlands, et le palais de justice acquit une importance inconnue. Un nouveau fairway d'une largeur et d'une rectitude étranges s'étend jusqu'à Holborn , bloqué à son embouchure par une lugubre parcelle de territoire creusé qui ne ressemble en rien à ce que les Écossais appellent un « toom libre », et proclamant à tous, au moyen d'un gigantesque panneau d'affichage, que ce site était à louer dans son ensemble.

Le trafic s'était développé également. Il y avait d'innombrables autobus qui secouaient la terre et sentaient le ciel ; et les taxis, qui sautillaient comme des béliers et cancanaient comme des canards.

Mais après tout, même si les repères changent de direction et les berges sont emportées par les eaux, le ruisseau continue de couler sans changement. Les gens étaient les mêmes et Hughie se sentait réconforté. L'odeur de l'asphalte était la même et il se sentait soulevé. Et lorsqu'il vit les torrents de circulation qui convergeaient vers le passage de la rue Wellington arrêter *successivement leur cours* et s'entasser d'une manière qui aurait fait honneur aux eaux du Jourdain, le tout à la demande d'une silhouette imperturbable en uniforme bleu, il sentit qu'il était effectivement de nouveau chez lui.

Bientôt, il héla un taxi et fila, exultant comme un enfant avec un nouveau jouet, jusqu'à une gare ferroviaire, où John Alexander Goble, après avoir supervisé le placement des bagages de son maître dans le train (avec le maximum de précautions de sa part) et un minimum de profit sur le porteur), attendait pour l'accompagner.

Hughie a renvoyé son serviteur pour prendre en charge son appartement nouvellement acquis jusqu'à son retour, et après avoir sécurisé son siège, a suivi son habitude invariable et s'est avancé pour voir le moteur. Il a noté avec intérêt que les locomotives composées semblaient avoir fait peu ou pas de progrès en faveur du pays , mais que les préjugés contre les chaudières à pas aigu et les roues à six attelages avaient disparu.

Il se dirigea ensuite vers la buvette, où seule, remarqua-t-il, la main dévastatrice du Temps semblait s'être arrêtée, et après avoir déjeuné frugalement quelque chose sous un dôme de verre que la divinité derrière le comptoir, en réponse à un respectueux enquête, brusquement décrite comme « quatre pence », avec autant de bière amère qu'il en restait après que la même demoiselle eut giflé son récipient de manière ludique sur les doigts d'un jeune boutonneux mais plein d'humour qui s'efforçait de tenter les appétits de deux sardines desséchées, exposées en vente sur une tartine, avec un œuf dur d'une assiette voisine , rendu à sa place dans le train ; où il fut dûment enfermé par un porteur, qui manifesta une joyeuse gratitude pour six pence qu'un bagagiste américain aurait considéré comme excessif pour un dollar. Ici, avec un tapis, une pipe et une quantité de papiers illustrés, dont la plupart étaient nés depuis qu'il avait quitté l' Angleterre, et dont tous semblaient dépendre pour leur subsistance de l'exploitation du drame lyrique plus léger, Hughie s'installa lui-même pour une course confortable le long de la vallée de la Tamise.

Ceci fait, il sortit deux lettres de sa poche. Un avait déjà été ouvert. C'était une production manifestement féminine, et disait :—

" MANOIRS , *lundi* .

" CHER HUGHIE , — Nous sommes tous ravis d'apprendre que vous êtes enfin chez vous. Vous devez venir ici *immédiatement* et être notre invité jusqu'à ce que vous ayez regardé autour de vous, et vous pourrez alors renouer toutes nos connaissances d'un seul coup. Il y a beaucoup "Des gens sympas avec nous en ce moment, alors viens ! Tu te sentiras seul, le pauvre, en atterrissant dans ce pays après tant d'années, et bien sûr, le pauvre M. Marrable te manquera tristement. Je suppose que tu as tout entendu sur sa mort. des avocats à ce moment-là, ou peut-être l'avez-vous vu dans les journaux il y a deux ans.

" M. D'Arcy est ici ; Joan aussi , bien sûr. Mon mari aussi veut avoir le plaisir de vous divertir, du moins si vous êtes prêt à ne pas lui tirer dessus à vue ! Je ne pense pas, *cependant* . , que je pourrai plus commander vos affections regrettables. Un seul regard sur moi vous suffira. Hélas, j'ai deux mentons et trois bébés !

"Cependant, venez samedi et vous pourrez tous nous jauger. Je suppose que vous savez que M. Marrable nous a demandé de prendre Manors et de s'occuper de Joan jusqu'à ce que vous ou lui reveniez à la maison; ainsi vous ne jouerez pas au gros propriétaire. et expulsez-nous sur-le-champ, voulez- vous ? — À vous pour toujours,

" MILDRED LEROY ."

Hughie rangea cette épître avec un soupir légèrement sentimental. Cela ne semblait pas si long depuis qu'il organisait les festivités de la semaine de mai en l'honneur de Miss Mildred Freshwater . Maintenant, deux mentons et trois bébés ! *Eheu , les fugaces !*

L'autre lettre n'avait pas encore été ouverte et Hughie brisa le sceau. L'enveloppe avait l'air bleue et légale, et son contenu se composait de plusieurs pages de l'écriture raide et droite de Jimmy Marrable . La date était vieille de près de trois ans.

"Je quitte encore l'Angleterre", commença-t-il, "la semaine prochaine, et je doute fort que je revienne un jour. Ce n'est pas dans le genre de mourir au lit avec quelque chose d'étouffant. Le seul lien qui me retient ici est Joey. , et elle est trop occupée à présent à ramasser des scalps pour prêter beaucoup d'attention à la vieille ruine qui l'a élevée. Dans environ quatre ans, elle sera peut-être de nouveau apte à vivre avec elle : à l'heure actuelle, elle ne l'est pas ; et je refuse ce point. -blanc pour le moment pour jouer le rôle de second violon devant tout jeune lionceau qui a déjà porté des chaussettes magenta et une chemise plissée. Je pense qu'il est grand temps que vous rentriez à la maison et que vous la preniez en main. En effet, si vous n'apparaissez pas sur la scène d'ici deux ans, j'ai donné instruction de vous dénicher et de vous demander de le faire. A votre retour, vous recevrez cette lettre dans laquelle je vais vous exposer la manière dont je souhaite que ma succession soit administrée. au nom de Joey si je ne reviens pas.

"En premier lieu, je dois vous dire que Manors vous appartient par implication, mais que tout le reste appartient à Joey, et vous serez son seul administrateur et tuteur. Lance est majeur et indépendant, et j'ai disposé des choses. de telle manière qu'il ne puisse pas interférer avec la gestion des affaires de Joey. Deuxièmement, je veux vous dire quelque chose sur les enfants eux-mêmes.

"Je ne suis pas leur père, même si j'ai failli l'être, et même si toutes les vieilles mégères du quartier pensent que je le suis. Leur mère était la fille la plus belle et la plus adorable que j'aie jamais connue, et la seule femme au monde qui m'ait jamais soucié. C'était une idylle entre garçons et filles, même si j'étais de dix ans son aîné. Je la connaissais depuis que je pouvais la porter sur mon dos, et c'était toujours une sorte de chose comprise entre nous que nous devions se marier le moment venu.

"Jusqu'à ce qu'elle ait dix-neuf ans et moi vingt-neuf, je suppose que nous étions le couple le plus heureux sous le ciel . Puis elle a baissé sa jupe, relevé ses cheveux et a fait ses *débuts* . (Je devrais dire qu'elle vivait seule avec son vieux (père, retraité des Indes orientales du temps de la John Company.) À sa grande surprise et à ma grande fierté, au début, elle fit toute une sensation, car outre son visage, elle avait les plus jolies manières possibles. C'était comme si vous trouviez une miniature d'elle parmi mes papiers. Ou peut-être qu'il serait plus simple de regarder Joey.

" Mais maintenant les ennuis commencèrent. Irène — c'était son nom — se découvrit bientôt un immense appétit d'admiration, ce qui était tout à fait naturel et excusable. (On ne peut pas reprocher à une fille de faire autant de courses qu'elle peut pendant que dure sa manche ; Dieu elle sait, c'est assez court !) Mais à présent, elle ne pouvait plus s'en passer. Elle « le demandait » toujours, comme on dit aujourd'hui. Parfois, elle se faisait un peu remarquer et les gens se mettaient à lui sourire. Je grinçai des dents. , et enfin, au moment le moins opportun, je mettais ma rame. J'ai protesté. Non, je *n'ai pas* protesté : je lui ai simplement *ordonné* de s'amender, et j'ai généralement agi en Grand Turc et en fier propriétaire tout à la fois. Ma parole, Hughie, elle était furieuse ! Il n'y avait jamais eu de fiançailles définitives entre nous, et elle a ouvert sa défense en le disant, pat. Cela s'est passé lors d'un bal, où elle s'était fait assez remarquer avec un voyou miteux - à moitié acteur, à moitié poète, nommé Gaymer, contre lequel j'avais eu la sottise de la mettre en garde : elle m'apprit qu'elle était sa propre maîtresse et que j'étais un fouineur officieux. Si j'avais eu l'intelligence de lui dire sur-le-champ que je l'aimais plus que tout le monde et que j'étais jaloux du sol même sur lequel elle marchait , sans parler des gens à qui elle parlait, elle aurait fondu en entendant cela. une fois, je le jure ; car elle était impulsive et généreuse comme une enfant, et elle m'aimait aussi, je *le sais* . Si seulement je m'étais mis en colère et l'avais traitée de coquine effrontée, elle m'aurait pardonné à temps : une femme considère une remarque pareille comme une sorte de compliment. *Mais*... J'ai souri avec indulgence, haussé les épaules et dit qu'elle verrait ces choses différemment quand elle serait plus grande.

"C'est fait. Apparemment , il n'y a qu'un seul crime au monde plus odieux que de dire à une vieille femme qu'elle est vieille, et c'est de dire à une jeune femme qu'elle est jeune. Irène s'est levée et m'a laissé assis, et est partie. chez moi sans plus jamais regarder dans ma direction cette nuit-là.

"Le lendemain, je suis allé chez son père pour faire la paix. J'étais prêt à admettre que j'avais été un jeune lionceau irritant et que je mangeais généralement de humbles tartes. Mais j'étais trop tard. Elle était partie ! Elle s'était enfuie, dans certains un violent accès de dépit ou de sentimentalisme, avec ce représentant aux cheveux longs du byronisme et de l'eau, Lance Gaymer, et l'avait épousé le matin même dans un bureau d'état civil. Elle avait probablement adhéré à ses propositions au bal, après son entretien. avec moi.

"Eh bien, Hughie, je préférerais passer les années à venir. Je l'ai exclue de mon plan de choses aussi complètemen que possible et j'ai continué mon chemin. Heureusement, vous avez commencé à attirer mon attention à ce moment-là, et j'ai côtoyé d'une manière ou d'une autre, et s'est finalement développé pour devenir le bon vieux brouillard en croûte que vous me connaissez.

"Dix ans plus tard, j'ai eu de ses nouvelles. Elle m'a fait venir. Je n'avais jamais su où elle se trouvait ni essayé de le savoir. Mais je ne m'attendais pas à la retrouver là où je l'avais trouvé. Elle était dans une misérable maison miteuse à Bloomsbury... mourant, Hughie ! Son mari voyou l'avait quittée après la naissance de son deuxième bébé, notre Joey, c'est-à-dire, et son vieux père était mort depuis huit ans. Elle n'avait pas d'ami au monde, et pourtant elle ne voulait pas se transformer. jusqu'à ce qu'il soit trop tard. Fierté, fierté, fierté ! Depuis quelques années, elle se débattait avec un peu d'argent que son père lui avait laissé et que son mari n'avait pas pu mettre la main, et elle avait aussi pris dans les locataires. *Les locataires* , Hughie ! Ce n'est que lorsqu'elle s'est rendu compte qu'elle partait pour de bon que l'idée de l'avenir des enfants a commencé à l'effrayer, et elle m'a fait venir — enfin !

"J'ai été avec elle pendant la majeure partie des trois mois restants de sa vie, au grand scandale du vertueux Bloomsbury. Je voulais l'amener aux Manors, qu'elle avait souvent visités dans son enfance, mais elle a dit qu'elle préférait mourir à Londres ; et comme elle allait évidemment mourir bientôt quelque part, je n'ai pas insisté sur ce point. Pendant ce temps-là, nous avons vécu une vie de bonheur presque parfait, et quand elle s'est finalement éloignée, tout à fait paisiblement, - la pauvre enfant ! elle avait à peine trente ans. deuxièmement, et j'ai ramené les jeunes à la maison avec moi, la longue perte d'années derrière nous semblait presque comme si elle n'avait jamais existé, tant le souvenir en avait été complètement effacé au cours des trois mois qui ont suivi. L'amour peut faire des merveilles, Hughie , même si cela arrive à un homme à la toute fin.

"Je peux ajouter que pendant les dernières semaines de sa vie, j'ai eu la suprême satisfaction de l'épouser, car nous avons reçu la preuve indéniable que son maudit mari était mort en Amérique du Sud. Cela me donne une sorte d'emprise supplémentaire sur Joey, même si j'ai je ne lui en ai jamais parlé, et je ne le crois pas non plus nécessaire, car j'aurais préféré que son attachement pour moi reste purement sentimental, du moins pour le moment.

"Et maintenant, en ce qui concerne l'avenir. Comme je l'ai dit au début de cette lettre, je ne sais pas si je reviendrai un jour de ce voyage. Si je ne le fais pas, tant mieux : Joey peut prendre mon argent. Si je le fais, je crains de devoir en demander l'usage pour moi-même pendant un certain temps encore, mais vous souhaiterez naturellement que je fixe une sorte de délai, et la question a beaucoup occupé mon attention. Mon idée initiale était de faire une sorte de testament provisoire, laissant tous mes biens à Joey, et lui permettant d'en entrer automatiquement en possession au cas où je ne reviendrais pas dans les cinq ans ; mais les avocats me disent que cet arrangement ne fonctionnera pas, car je dois être mort avant qu'ils puissent débourser. *J'ai* donc réglé le problème de cette façon. Pour le moment, Joey ne voudra rien d'autre que son pain quotidien, ses fallals et un toit sous lequel dormir, car sa soi-disant éducation est maintenant J'ai donc loué le manoir aux Leroy , étant entendu que l'enfant y habitera avec eux pour le moment. (Non pas qu'il leur ait fallu beaucoup de persuasion.) Elle a dix-huit ans au moment d'écrire cette lettre.

"De plus, j'ai réalisé pratiquement tous mes biens personnels et j'ai placé l'argent à votre crédit (au nom de Joey) à la succursale du palais de justice de la Home Counties Bank. Quand vous rentrerez à la maison, ce qui, je l'espère, sera bientôt le cas, je veux que vous de prendre cet argent et de l'administrer à son bénéfice. Le reste de mes biens - rien à dire en comparaison - est inscrit et dûment disposé dans mon testament (que j'ai laissé entre les mains de Slocum, Spink et Slocum, Lincoln's Inn Fields), et ne peut être touchée tant que ma mort n'est pas authentifiée. Je vous ai fait l'unique administrateur et tuteur de Joey, et vous entrerez en fonctions dès votre retour à la maison. Elle n'est pas majeure, financièrement parlant, jusqu'à ce qu'elle ait vingt-quatre ans.

"C'est tout, je pense.

"Bonne chance à toi dans la vie, Hughie ! Je ne peux pas, je le crains, prendre position au sommet d'une carrière réussie et te crier des conseils sur ton ascension ; je ne prétendrai pas non plus te conseiller quant à ton avenir. . Mon seul conseil est de ne pas vous attendre à grand-chose dans ce monde, et vous ne serez pas déçu. En gros, il n'y a que trois choses qui comptent dans la vie : la santé, l'argent et les amis. Une femme a dit un jour " La recette du bonheur parfait, c'est un million de livres et une bonne digestion. Ce dernier, je l'avoue, est indispensable. Eh bien, vous l'avez : l' intérieur de Marrable est à l'épreuve de la dyspepsie. Le million de livres que vous n'avez pas, et vous ne l'avez pas. La richesse, après tout, est une affaire purement relative. Vous pouvez la mesurer soit par la grandeur de ce que vous avez, soit par la petitesse de ce que vous voulez. Tout ce dont un homme a besoin, c'est d'une quantité suffisante de la première pour s'assurer d'obtenir la seconde. , et j'ai tendance à penser que dans votre cas, cela ne devrait pas poser de grandes difficultés.

" D'ailleurs, c'est dans les *petits* besoins de la vie que l'argent compte vraiment. Le yacht, la maison en ville, la lande à tétras, qui en veut ? Mais le fiacre sous la pluie ; la bouteille de Pommery de temps en temps ; le couple de les étals quand un vieil ami vous cherche, ou les cinq furtifs et sympathiques quand sa veuve le fait, ce sont les choses qui rapportent vraiment de l'argent. D'ailleurs, les plus grandes joies sont celles pour lesquelles il faut économiser, ainsi un millionnaire peut je ne les connais jamais.

" Quant aux amis, eh bien, il y a deux classes, les hommes et les femmes. Les hommes, je n'ai pas besoin de vous déranger. Si vous n'avez pas acquis le talent de les manipuler au cours des dix dernières années, vous n'y parviendrez jamais et vous n'êtes pas Marrable . Les femmes. " J'y renonce ! Vous ne pouvez pas les standardiser . Les hommes sont une classe assez normale. Si vous traitez franchement avec un homme, il se rendra compte et appréciera le fait, et même s'il ne répond pas en traitant franchement avec vous, il le fera. En tout cas, reconnaissez-vous pour ce que vous êtes : un homme blanc. Mais vous ne pouvez pas compter sur une femme pour faire cela. Elles sont bien plus fortes que nous dans leurs goûts et leurs aversions, et sont par-dessus le marché désespérément capricieuses. Mon général. L'expérience - et elle a été plus vaste que vous ne le pensez - a été que, une fois qu'une femme prend goût à vous, vous pouvez aller à l'encontre de tous les canons d'honnêteté, de sobriété et de décence commune, et elle s'attachera à vous - probablement, J'imagine , parce que vous éveillez en elle tout l'instinct maternel protecteur. D'un autre côté, une fois que vous entrez dans ses mauvais livres, c'est peut-être parce que vous le méritez, mais le plus souvent c'est parce que vous avez les mains chaudes ou une fois foulé sa jupe dans une valse, rien de ce que vous pourrez faire ne l'empêchera de frémir à la simple mention de votre nom. Peut-être que, du point de vue du plus grand bien du plus grand nombre, la méthode employée par une femme pour évaluer le sexe masculin est la meilleure possible, mais elle est difficile à supporter pour des hommes bien intentionnés mais autoritaires comme nous.

"Nous, les Marrables, avons toujours été des hommes, même si nous avons le plus profond respect pour les femmes. (Peut-être est-ce la raison : une femme ne veut jamais que vous révériez les femmes ; elle veut que vous la révériez .) Ce qui nous reste en gorge, c'est l'énorme Il y a une quantité d'imagination et d'hésitations qui doivent avoir lieu entre les sexes avant qu'une affaire précise puisse être accomplie. Chaque fois que je vois un Marrable dans un salon, assis sur le bord d'une chaise et tenant une tasse de thé en équilibre, je Je sais exactement pourquoi il est là, et je sais aussi qu'il résiste bêtement à l'instinct primitif de l'homme qui lui demande de prendre la bonne fille et de *s'enfuir*... Quand cet exploit, ou son équivalent, est accompli, tout va bien : je n'ai jamais connu un Marrable qui n'a pas eu un succès complet en tant que mari, mais ils sont de mauvais départs.

"Votre père était une exception. Il a eu la chance de rencontrer une fille qui connaissait un homme lorsqu'elle en voyait un, et était prête à accepter la volonté pour l'acte lorsqu'elle le trouvait incapable d'exprimer clairement ce qu'elle aurait aimé entendre. Par un autre coup de chance, ses parents s'y opposèrent, et il fut donc relativement sans rendez-vous.

" Et c'est pourquoi, Hughie, je vous conseille d'échapper à tout malheur futur en épousant Joey dès votre retour à la maison - un aboutissement auquel, comme vous l'aurez probablement compris à ce moment-là, l'ensemble de mes dispositions testamentaires laborieuses et transparentes. ". J'ai laissé l'enfant entièrement entre vos mains. Épousez-la le plus vite possible, et alors je saurai avec certitude, quel que soit mon état d'existence à ce moment-là, que les deux personnes qui me tiennent le plus à cœur sur terre sont tous deux réservés pour une vie de bonheur parfait.Je ne pouvais pas souhaiter à un homme une épouse plus douce ou à une femme un meilleur mari.

"Pardonnez mes méthodes maladroites, mais vous savez que je veux dire bien.— Le vôtre,

" JAMES MARRABLE . "

Hughie plia ce document caractéristique et le remit soigneusement dans sa poche. Puis il alluma sa pipe et réfléchit.

Il n'était pas tout à fait d'accord avec le ton de la lettre de son oncle, mais il savait au fond de lui qu'elle contenait une bonne part de vérité. Il était prêt à se marier et à s'installer, mais comme la plupart des membres de sa race, il envisageait les reconnaissances préliminaires , les manœuvres pour prendre position et les mouvements enveloppants élaborés qui semblent inséparables des fiançailles matrimoniales modernes, avec quelque chose qui s'apparente à la terreur. En même temps, cela semblait une chose inoffensive de rentrer à la maison et d'épouser une fille de pain et de beurre sortie de la salle de classe pour satisfaire l'ombre d'un parent décédé.

Le train ralentit. Ils approchaient de Midfield Junction, où il devait se changer. Hughie descendit les pieds des coussins opposés et fit tomber les cendres de sa pipe.

"Nous verrons", a-t-il déclaré. "Je dois d'abord jeter un coup d'œil à Joey. Les jolis enfants grandissent si souvent dans le calme. Ce serait peut-être le plus simple de l'épouser, mais rien ne presse. Je suis à la maison pour me reposer et je ne vais pas me déranger. J'ai vécu cette situation pendant neuf ans. Maintenant, je vais m'installer et passer un moment facile."

Il ne s'est jamais autant trompé de sa vie.

CHAPITRE XII

UN CHANGEMENT D'AMBIANCE

MISS JOAN GAYMER était assise sur une chaise Windsor sur le palier devant la porte des toilettes de Manors. Il était huit heures et demie du matin, une heure où la circulation devant les portes des toilettes est susceptible d'être encombrée.

Miss Gaymer était enveloppée dans un kimono gris bleuâtre qui, que ce soit par accident ou à dessein (je crains qu'il n'y ait aucun doute là-dessus, en réalité) correspondait exactement à la couleur de ses yeux. En même temps , il n'a pas réussi à cacher le fait : *horresco referens* - qu'elle était toujours vêtue de ce que les merciers américains appellent des « vêtements de nuit ». Ses pieds nus et minces étaient enfilés dans des pantoufles rouges, dont l'une pendait de manière précaire à son gros orteil droit, et ses cheveux pendaient dans son dos en deux nattes bien serrées mais pas inconvenantes. À l'heure actuelle, elle était engagée dans une violente altercation avec deux messieurs pour obtenir le droit d'entrer dans les toilettes.

La seule excuse que je puisse donner pour sa conduite est que, même si elle avait presque vingt et un ans, dans son environnement actuel, elle en paraissait quatorze.

Ces messieurs, qui portaient de grandes robes de chambre poilues, des serviettes enroulées autour du cou et de puissantes éponges à la main, ne se montrèrent pas, il faut l'avouer, aussi avantageusement que leur adversaire. Ils étaient nettement ébouriffés et d'apparence gommeuse, et leur esprit, comme c'est l'habitude chez le sexe masculin tôt le matin, n'était pas en état de travailler à la rapière. Ils attendaient tous deux patiemment leur tour pour prendre le bain lorsque Jeanne arriva, et ils écoutaient maintenant avec une indignation impuissante l'ordre péremptoire de retourner dans leurs chambres et d'y rester jusqu'à ce qu'on les appelle, et de ne pas agresser une femme non protégée en route pour le bain. ses ablutions.

"Mais écoute, Joey," dit l'un d'eux, c'était un jeune homme d'environ dix-neuf ans au visage agréable, "nous étions *tous les deux* ici avant toi, et tu sais que nous avons convenu hier soir que tu viendrais à vingt heures..."

" Binks ", ordonna le délinquant assis dans le fauteuil Windsor, "retourne directement dans ta chambre et ne discute pas avec moi. Si tu vas bien , je frapperai à ta porte en revenant."

Mais Binks n'était pas d'humeur à faire des compromis et souhaitait en outre prendre son petit-déjeuner.

« Ce n'est pas jouer au jeu », grommela-t-il ; "J'étais ici en premier, Chérubin était en deuxième—"

" *Qui* ne joue pas au jeu ? " » lança Miss Gaymer. "Tu es *rasé*, Binks ?"

Binks , pris de flanc, reconnut la mise en accusation, ce qui, on peut le dire, allait de soi. "Vous non plus," fut la meilleure réplique qu'il put faire.

"Non, mais je me suis brossé les dents", a déclaré Miss Gaymer, toujours prête.

"Eh bien," poursuivit désespérément Binks , "vous ne vous êtes pas coiffé."

"Mon garçon", répondit franchement son adversaire, "si tu étais une femme et que tu devais mettre des choses par-dessus ta tête, tu ne te serais pas coiffé non plus."

Binks , complètement démoralisé , tomba hors de la ligne de combat.

"Joey, *je me suis* rasé", murmura le deuxième monsieur d'une voix désapprobatrice.

Miss Gaymer tourna vers lui un regard surpris.

" *Pourquoi* , Chérubin, mon cher ?" elle a demandé.

"Chérubin", qui était encore en âge d'être extrêmement sensible au sujet de sa croissance virile, rougit profondément et s'apaisa. Mais son compagnon était d'une constitution plus austère.

"Viens, Chérubin !" il a dit. « Envoyons-la dans sa chambre et enfermons-la jusqu'à ce que nous ayons pris un bain. Attendez ! C'est la troisième fois qu'elle le fait cette semaine. »

"Posez un doigt sur moi, les enfants," proclama Miss Gaymer, "et je ne vous parlerai plus jamais !"

Elle se prépara au combat en enroulant et retirant ses pieds des pieds de la chaise Windsor et s'assit en brandissant un luffa, image d'une convenance indignée.

Ses adversaires sans cœur s'avancèrent à l'attaque, et saisissant les accoudoirs du fauteuil, l'emportèrent rapidement, occupant et tout, dans le couloir. Joan, absolument pas préparée à ces tactiques, fut d'abord trop déconcertée pour faire autre chose que crier et manier le luffa ; mais retrouvant bientôt sa présence d'esprit, elle glissa du siège et, se retournant autour de ses porteurs, qui étaient gênés par la chaise, courut vers la salle de bains - pour ensuite courir lourdement dans les bras d'un homme inflexible, brûlé par le soleil et très embarrassé. monsieur, qui se tenait nerveusement de l'autre côté de la porte de cet appartement depuis cinq minutes, attendant une occasion de s'échapper, et en était soudainement sorti pour se précipiter vers sa chambre, avec l'impression parfaitement correcte qu'il s'agissait d'un C'est maintenant ou jamais.

"Oh, je vous *en supplie* … Eh bien, c'est Hughie !" s'écria Jeanne. "Oui, c'est *vraiment* le cas !"

Ils reculèrent et se regardèrent. C'était leur première rencontre. Hughie, en raison d'une panne sur la ligne secondaire, était arrivé tard la veille, après que les dames se soient couchées. Joan et lui ne s'étaient pas vus depuis neuf ans.

Miss Gaymer retrouva sa sérénité la première.

"Tu n'as pas du tout changé, Hughie", observa-t-elle avec un sourire désarmant. "Un peu plus brun, c'est tout. N'est-ce pas ?"

Hughie ne répondit pas un instant. Il était véritablement étonné par ce qu'il venait de voir, et pas du tout choqué. En ce qui concerne les jeunes filles, il n'y a pas de plus soucieux des convenances que votre homme du monde ; et cet exemple soudain de *camaraderie* moderne entre jeunes hommes et jeunes filles avait plutôt coupé le souffle à Hughie. Il se sentait presque aussi agité qu'une matrone du début de l'époque victorienne. Soudain, il réalisa qu'on lui avait posé une question.

"Modifié?" » dit-il d'une voix hésitante. "Eh bien, c'est plutôt difficile à dire, jusqu'à ce que… jusqu'à ce que…"

"Jusqu'à ce que j'aie les cheveux relevés et que je porte plus de vêtements ?" suggéra Miss Gaymer. "Peut-être que tu as raison. Pourtant, je suis plutôt jolie, tu ne trouves pas ?" ajouta-t-elle modestement, se lissant dans le kimono. "Cependant, vous me verrez au petit-déjeuner. En attendant, je veux que vous reteniez ces deux garçons pendant que j'entre dans la salle de bain. Ta-ta, mes chéris !"

Et avec un geste aérien de la main en direction de Dicky et Cherub, non lavés et déconfits, qui se tenaient debout, souriant timidement à l'arrière-plan, la pupille de Hughie glissa sous le bras de son tuteur et disparut dans la salle de bain, avec un bruissement de draperie céruléenne et un claquement triomphal. de la porte.

Une demi-heure plus tard, Hughie descendit prendre le petit-déjeuner, où il fut accueilli par son hôte, Jack Leroy, un guerrier à la retraite de trente-huit ans, à l'extérieur confortable et à la paresse incurable, et sa femme, l'ancienne incarnation du cœur de Hughie dans la personne de Miss Mildred Freshwater. Un autre vieil ami était le révérend Montague D'Arcy, que nous avons vu pour la dernière fois danser la Cachuca au bord des eaux du Cam.

Le voilà, un peu plus rond et portant des guêtres Archidiaconal, mais toujours le D'Arcy aux yeux pétillants d'autrefois. Un ou deux autres invités étaient assis à table, mais pour l'instant il n'y avait aucun signe de Joey. Lorsqu'elle parut, c'était en tenue de cheval ; et après un copieux repas, nullement accéléré par des messages urgents et francs venant de la porte d'entrée, où ses amants fumaient la pipe de la patience, elle s'élança d'une manière qui provoqua la plupart de ceux qui mangeaient trop autour de la table. faire référence avec envie à l'équipement digestif des jeunes, et a laissé Hughie se divertir avec son hôte et son hôtesse.

"Vous en trouverez une drôle de poignée, Hughie", dit Mme Leroy, alors qu'elle était assise placidement en train de broder un vêtement d'enfant au soleil du matin sur la véranda, dans le coin de laquelle les numéros actuels du "Spectator" et " Sporting Life", entièrement déployé, accompagné de deux paires de semelles de bottes perpendiculaires et d'un nuage de fumée de cigare, proclamait que l'armée et l'Église prenaient leurs aises ensemble, - " mais je veux que vous vous souveniez de tout le temps qu'elle est *saine* . Vous serez tenté de ne pas le croire encore et encore, mais ne le faites pas ! Elle a été complètement gâtée par tout le monde, et vous devez lui laisser le temps de retrouver son niveau. Livrée à elle-même, elle serait aussi bonne que l'or. Je ne dis pas qu'elle ne ferait pas quelque chose d'assez *extravagant* de temps en temps à cause de purs esprits animaux, mais cela ne compte pas. Elle est jeune, bien sûr, donc elle ne peut pas—elle ne peut pas être on s'attend à ce que... tu vois ce que je veux dire ?

« Mettez du maïs », fit remarquer une voix derrière le « Sporting Life ».

" Merci, chérie : c'est justement ça. Vous voyez, Hughie, les hommes l'encouragent , ils sont tous pareils : Jack et M. D'Arcy sont aussi mauvais que les autres, et elle s'excite et s'emporte, et de temps en temps, elle fait quelque chose de stupide et de visible. Cinq minutes plus tard, elle a une honte amère et vient me crier de tout son cœur. Les gens ne savent rien de *cela* , bien sûr: tout ce qu'ils savent, c'est qu'elle a fait cette bêtise, et ils appellent c'est un petit chat avant-gardiste et un diablotin détestable. Ne les crois pas, Hughie !

"Alors vous la trouverez absurdement impulsive et généreuse : vous pourriez lui retirer ses vêtements si vous le vouliez. L'autre jour, elle est rentrée à la maison en larmes à cause d'une histoire que lui avait racontée une mendiante avec un bébé. " C'était le genre d'histoire habituelle, mais c'était tout à fait suffisant pour Joey. Elle avait elle-même porté le bébé sur environ trois kilomètres, et avait donné à la mère tout l'argent qu'elle possédait, et lui avait fait promettre fidèlement de venir me voir le lendemain. " Bien sûr, la femme n'est jamais revenue et le chemisier de Joey a dû être brûlé, - *oh* , ce bébé ! - mais ce genre de chose n'altère en rien sa foi dans la nature humaine.

Et elle a résisté à la *grande* épreuve, Hughie. Elle a Il n'y a pas une manière de se comporter quand les hommes sont là, et une autre quand ils ne le sont pas. Mais c'est une petite créature. Vous devez être tendre avec elle, et... »

"Fais-lui passer le filet, vieil homme, quoi ?" » a corroboré le « Sporting Life ».

Hughie soufflait méditativement dans sa pipe.

« Il me semble, Mme Leroy, » dit-il enfin, « que je vais vivre une période assez difficile. Pensez-vous qu'elle soit susceptible d'adopter mes méthodes actuelles, ou dois-je apprendre de nouveaux trucs ? Je ne suis pas vraiment un homme à femmes. Pourtant, Joey et moi étions de très bons amis, autrefois. Cela ne comptera-t-il pas pour quelque chose ?

"Je ne suis pas sûre", a déclaré Mme Leroy. "Vous savez à quel point les jeunes détestent qu'on les pense jeunes, ou qu'on leur rappelle leur jeunesse ? Joey est juste dans cet état d'esprit en ce moment. Parce que vous étiez un garçon de vingt et un ans quand elle en avait douze, elle peut sombrement vous soupçonner. de désirer continuer sur le pied de ces jours-là. Ne faites pas cela, par pitié ! À toutes fins pratiques, vous êtes beaucoup plus proches l'un de l'autre en âge que vous ne l'étiez... »

Un rire résonna dans la paisible véranda, et le « Spectateur » et « Sporting Life » convergèrent un instant comme pour partager une confiance.

"Jack," demanda sévèrement Mme Leroy, "que disiez-vous à M. D'Arcy tout à l'heure ?"

" Rien , chérie," dit une voix douce.

"M. D'Arcy, que vous disait-il ?"

M. D'Arcy aperçut un récif dans le « Spectator » et répondit suavement :

"Il a utilisé, chère dame, une expression sportive à propos de vos projets pour l'avenir de notre ami Marrable , que je n'ai heureusement pas pu comprendre."

"Jack", dit Mme Leroy d'un ton d'avertissement, "les gens qui mettent la rame sans y être invités sont emmenés pour des visites l'après-midi - dans le coupé, avec les deux fenêtres ouvertes!"

La « Vie sportive » s'étendit aussitôt dans toute son ampleur et le silence régna à nouveau. Bientôt Mme Leroy observa gaiement :

"Au fait, Hughie, tu es à la maison juste à temps pour une danse : le Hunt Ball."

Des gémissements creux éclatèrent derrière les journaux.

"Oh, regarde ici !" » dit franchement Hughie. « Je veux dire… pas vraiment ?

"Oui : j'ai promis à Nina Fludyer de la soutenir et d'amener un bus rempli de monde. Pourquoi ne veux-tu pas venir ?"

"Eh bien, d'abord, je n'ai dansé que deux fois depuis que je suis descendu de Cambridge. Une fois, c'était lors d'une réception vice-royale à Calcutta, et l'autre à Montmartre - dans des conditions moins formelles. Je vais vous dire quoi - vous et votre allez au bal et amusez-vous, et votre mari et moi nous tiendrons compagnie ici, hein ?

Le capitaine Leroy posa son papier et dit : « Bon plan ! sur le ton loyal mais triste de celui qui se rend compte que c'est un espoir désespéré, mais qu'il vaut aussi mieux tenter sa chance. "En fait, chérie," continua-t-il désespérément, "je pensais emmener Marrable le soir même pour traquer les braconniers. Le vieux Fou de Bassan me disait que le Bois du Nord, c'est-à-dire..."

Il observa le regard flétri de sa femme et s'intéressa soudain aux publicités en dernière page de son périodique.

"Jack", dit Mme Leroy d'un ton définitif, "mardi soir, tu enfiles ton plus beau bavoir et tu viens avec nous, c'est plat."

"Très bien, ma chérie", répondit son mari d'une voix qui disait à Hughie, "J'avais peur que ça ne marche pas, vieil homme !"

"Et pourquoi *tu ne* veux pas venir, Hughie ?" continua Mme Leroy en se tournant brusquement vers son invité.

"Eh bien, je ne suis pas fait pour les couilles", a déclaré Hughie. "Je préfère le plein air, d'une manière ou d'une autre."

« Si vous ne voulez que le plein air », remarqua sombrement Mme Leroy, « l'hôtel de ville de Midfield est le bâtiment le plus exposé aux courants d'air du comté ».

"Les bals sont des affaires ennuyeuses", a déclaré Leroy, fidèle mais malavisé, "comparés à l'excitation et… euh… au suspense…"

"Si vous voulez de l'excitation et du suspense", répondit l'inexorable Mme Leroy, "dansez les Lancers avec Lady Fludyer - quinze pierres de *blanc -manger* imparfaitement équilibré !"

"Et juste une touche de risque—"

"Risque ? Mon cher garçon, goûte le champagne du Comité du Bal !"

Le capitaine Leroy, vaincu sur tous les points, s'apaisa de nouveau ; mais D'Arcy reprit l'argument.

« Blague à part, madame Leroy, dit-il, c'est une chose affreuse d'être un homme surnuméraire dans un bal à la campagne. Vous vous glissez en queue de votre soirée et serrez la main de la gouvernante, sous l'impression que elle est votre hôtesse. Vous êtes présenté à une fille et réservez une soirée dansante. Vous ne comprenez pas son nom, alors vous écrivez « Cheveux roux et oiseau de paradis » sur votre programme et vous la quittez. Bien sûr, vous ne connaissez personne . " Ainsi, après avoir réservé quelques giroflées supplémentaires, vous disposez encore de beaucoup de temps. Vous pouvez toujours reconnaître une giroflée mâle. Les femmes peuvent généralement le faire avec effronterie : elles prennent un air qui implique qu'elles ont refusé d'innombrables offres. , et sont assis sur un banc dur parce qu'ils aiment ça."

"Mais ils ne peuvent pas tromper les autres femmes", a déclaré Mme Leroy.

"Pourtant", acquiesça Hughie, "ils imposent bien aux hommes. Mais, comme le dit D'Arcy, une giroflée mâle est sans espoir. Il a l'air misérable et soit il se morfond dans un coin comme un nouveau garçon à l'école, soit il lit. à son programme et cherche un partenaire qui n'y participe pas.

"Pourquoi ne pas essayer le fumoir ?"

"Le fumoir ", interpola Leroy, "est bien pour le Philistin régulier. Mais si *j'y* vais, je le trouve en possession d'un octogénaire bilieux et d'un major-général à la retraite. Ils sont assis devant le feu avec un cigare chacun. Ils me regardent quand j'entre, puis continuent à se battre . Bientôt, ils s'arrêtent et l'un d'eux dit : « Je suppose que vous n'êtes pas un homme qui danse , monsieur », d'une certaine manière. ce qui implique qu'il ne sait pas à quoi diable les jeunes hommes s'adressent aujourd'hui . Et à ce moment-là, j'ai tellement honte de moi que je sors simplement de la pièce en courant, avec quelques histoires sur un bref repos entre deux danses, et aller m'asseoir au milieu des chapeaux et des manteaux dans le vestiaire jusqu'à ce qu'il soit temps d'aller traquer le prochain monstre de mon programme . Du boulot pourri, j'appelle ça !"

Mme Leroy observait les trois orateurs d'un air serein et amusé.

"J'ai *soulevé* une tempête", dit-elle. " Mais vous venez mardi, tous les trois ! Maintenant, Hughie, je sais que Jack meurt d'envie de vous faire visiter les écuries et les plantations. Quand vous aurez frappé le dos de tous les chevaux et pris la température des faisans, entrez. Je veux pour vous présenter ma progéniture. Vous aimez les enfants, je le sais.

"Je sais que j'aimerai le vôtre, Mildred", a déclaré Hughie.

"Merci, c'est bien dit. Mais ce sont vraiment des animaux de compagnie, même si je le dis à qui ne devrait pas."

« Du rhum, petits mendiants », songea le parent mâle. "Mordez-vous la tête s'ils vous voient prendre un sherry et un bitter avant le dîner. Vous avez une sorte d'infirmière religieuse maniaque", a-t-il expliqué. "J'ai été sauvé, et tout ça. Garde *-toi* pour deux centimes , Marrable !"

« C'est une drôle de vieille chose, » dit Mme Leroy, « mais c'est une si bonne nourrice que ses faiblesses n'ont pas beaucoup d'importance . Les enfants ne sont jamais malades ni désolés — attendez que je tape du bois ! votre tête fera l'affaire, Jack — et je l'aime simplement."

"J'ai été heureux d'apprendre de leur propre bouche", a fait remarquer D'Arcy, "qu'ils sont des abstinents enthousiastes depuis leur naissance et qu'ils sont tous deux d'ardents partisans des missions étrangères."

"Et le bébé ?" demanda Hughie.

— Trop jeune, répondit Leroy ; "Mais cela n'excuse pas le pauvre petit pécheur de devoir porter un ruban bleu."

— Comment te considère l'infirmière, Leroy ? demanda d'Arcy.

"Mouton perdu, cas difficile, œuf pourri en général", répondit ce monsieur avec résignation. "Elle m'a abandonné, je suis heureux de le dire ; mais elle sera sur la trace de Hughie en un rien de temps. Venez."

Dans la joie de parcourir les plantations et les écuries familières, Hughie laissa l'existence de la progéniture de Mildred Leroy s'effacer de sa mémoire ; et ce n'est que lorsque le groupe se réunit pour le déjeuner qu'il se souvint de l'introduction qui lui était réservée.

La compagnie réunie était composée de l'hôte et de l'hôtesse, D'Arcy, Hughie, Joan et le jeune homme précédemment appelé « Chérubin ». Les autres étaient partis pour une expédition à la voile. Joan avait refusé d'y aller, alléguant qu'elle devait rester à la maison et divertir son « gardien », comme elle avait maintenant baptisé Hughie ; et Chérubin avait spécieusement plaidé sa tendance au *mal de mer* , et restait chez lui pour voler de l'avance sur ses rivaux.

La fête était complétée par deux nourrissons potelés de sept et cinq ans, vêtus de grands tabliers et de courtes chaussettes blanches, qui furent présentés à Brevet-Oncle Hughie sous les noms de Théodora et Hildegarde, bien que Hughie découvrit, après une brève expérience de leur société, qu'ils répondaient sans voix. ressentiment et beaucoup plus de spontanéité aux appellations de "Ducks" et " Stodger " respectivement.

Ils furent déposés — il semble que ce soit le mot juste — dans la salle à manger par une femme austère et âgée, qui gémit lourdement à la vue du capitaine Leroy, et regarda Hughie avec une méfiance non dissimulée avant de se retirer. Les petites filles prirent place une à côté de leur mère et s'assirent, comme deux petites chouettes bien élevées, faisant le point sur leur nouvel oncle. Bientôt, leur vigilance se relâcha. C'est un truisme que les abstinents sont de bons mangeurs, et la consommation de ce qui leur était proposé a rapidement occupé l'attention de Mesdames Duckles et Stodger à l'exclusion de tout le reste, ces dernières faisant preuve d'une attention particulièrement louable au devoir.

Leur seule contribution à la conversation fut offerte lorsque Leroy passa le bordeaux à Hughie.

"Le vin", remarqua sévèrement Duckles, "est un moqueur!"

" Stwong " Dwink ", a corroboré Stodger , en levant le blanc de ses yeux, "est en colère!"

Les deux dames gémirent alors lourdement de concert, et, après avoir ainsi contribué à la rédemption d'un pécheur, elles reprirent leur repas.

A la fin du repas, les effectifs de la compagnie furent augmentés par l'arrivée de John Marrable Leroy, âgé de deux ans, un enfant dont le visage apoplectique démentait tristement le petit morceau de ruban bleu inséré dans son bavoir. Après s'être assis sur les genoux de sa mère, il se mit, à la manière des bébés, à donner son célèbre divertissement. Pour le bénéfice de la société, il identifia obligeamment divers articles sur la table, puis entreprit d'exposer (à l'aide de contorsions manuelles) l'emplacement exact de l'église, du clocher, de la porte et du peuple. Après cela, sans avertissement ni excuse, il déposa un pied nu dans l'assiette de sa mère, après s'être mystérieusement débarrassé de sa chaussure et de sa chaussette sous la table ; et était en train d'énumérer les expériences commerciales respectives d'une famille de petits cochons, lorsque sa mère, décidant qu'il était grand temps que cette *séance* prenne fin, lui demanda de dire grâce au nom de la société.

John Marrable Leroy cessa à contrecœur de se toucher les orteils et se tordit dans un état de rigidité dévotionnelle. Il ferma ensuite les yeux, croisa les mains et respira de manière stertoreuse . Tous attendaient sa bénédiction, la tête dévotement inclinée.

« Merci mon Dieu... » commença enfin maître Leroy.

Il y eut une autre pause tendue.

" Merci mon Dieu..." répéta l'enfant avec découragement.

Encore une pause.

"' *Pour*'... très chérie", suggéra sa mère.

Un sourire d'intense soulagement illumina le visage troublé du suppliant.

"-Cinq six sept huit neuf dix !" il babillait gaiement ; et la réunion s'est terminée dans une confusion inconvenante.

C'était une chaude après-midi, et Hughie, qui était encore loin de se lasser de ne rien faire, se contentait de s'étendre dans un panier sous un grand hêtre pourpre et de regarder les autres jouer au croquet.

Bientôt, Joan, brandissant un maillet, vint s'asseoir sur l'herbe à côté de lui.

"Eh bien, Hughie ?" » commença-t-elle en regardant son contrôleur d'un air plutôt interrogateur.

"Eh bien, Joey ?"

Puis ils rirent tous les deux, ou plutôt rirent. Ce qui est curieux, c'est que pendant que Hughie riait , "Ha, ha!" au fond, Joey faisait de même. Les tee-heeing et les cris féminins aigus étaient hors de sa portée. Elle était la Joey d'autrefois, avec la même voix bourrue, même si elle avait surmonté ses difficultés avec les *r* et *les* l.

" Cela semble du rami, " observa Miss Gaymer d'un ton réfléchi, " que je sois confiée à votre charge comme le gardien d'un train. Voulez-vous que je vous obéisse ? "

"Oui", a déclaré Hughie. Il sentait qu'il manquait une occasion de dire quelque chose de brillant et de frappant, mais « Oui » était le seul mot qui lui venait à l'esprit à part « Non ».

"Oh!" » répondit Miss Gaymer d'un ton énigmatique.

"Tu n'en as pas l'intention ?" demanda Hughie.

"Eh bien, cela dépend de ce que tu me dis de faire. Si c'était quelque chose qui n'avait pas beaucoup d'importance, je pourrais le faire, parfois, juste pour sauver ta face. Mais en règle générale, je ne devrais pas."

"Oh!" » dit Hughie à son tour.

" Autant vous dire tout de suite, " continua la dame, " les choses pour lesquelles cela ne sert à rien de me gronder. D'abord, je choisis toujours mes propres amis et je n'accepte jamais les recommandations ou les avertissements de qui que ce soit. Alors vous ne devez pas Cela ne doit pas gêner ma danse, ma navigation ou mon équitation, parce que je les aime plus que tout au monde. Ensuite, vous ne devez pas essayer de m'empêcher de lire des livres et de voir des pièces de théâtre que vous jugez mauvaises pour moi, car ce genre de choses est tout simplement pas *fait* de nos jours. Et bien sûr, vous ne devez pas me traiter d'extravagant si je m'habille bien. Il ne faut pas non plus s'attendre à ce que je fasse de bonnes œuvres, car je déteste les curés. Et ne me donne pas de conseils, parce que je déteste ça. D'un autre côté, cela peut vous réconforter de savoir — c'est le cas *de la plupart* des hommes, pour une raison quelconque — que je ne veux pas voter et que je ne fume pas de cigarettes. Oh, le pauvre petit acarien !"

Elle fut debout et traversa la pelouse en un éclair, là où l'obèse Stodger , prosterné sur une racine d'arbre à moitié enfouie, proclamait au ciel le chagrin d'une transition soudaine de la perpendiculaire à l'horizontale. Elle réconforta l'enfant avec une tendresse sincère et, après avoir joué à son tour au croquet, retourna vers Hughie et se rassit à côté de lui.

"Eh bien, que penses-tu de moi ?" » demanda-t-elle soudain.

Hughie la regarda attentivement.

"Je ne sais pas encore", a-t-il déclaré. "Je veux te voir un peu plus."

"La plupart des gens", dit dignement Miss Gaymer, "se décident immédiatement à mon sujet."

"Je ne ferai pas ça", a déclaré Hughie. "Ce ne serait pas tout à fait juste."

Joan réfléchit à cette réplique et finit par rougir comme une enfant.

"Cela signifie que vous ne m'aimez pas", dit-elle.

"Je ne voulais pas dire cela de cette façon", a déclaré Hughie, très affligé, - "vraiment !"

— De toute façon, ça veut dire que tu n'as pas pris de décision à mon sujet, insista Joan.

"C'est vrai", a admis Hughie, qui n'était pas doué en escrime.

"Eh bien, faites-le bientôt", dit Miss Gaymer. "Je n'ai pas l'habitude d'être jugée. Je peux vous dire," ajouta-t-elle avec complaisance, "que je suis considérée comme une grande réussite. Savez-vous ce que m'a dit Jacky Penn ?"

"Non quoi?" » s'enquit Hughie pour la forme. Il commençait à comprendre l'intériorité de l'avertissement de Mildred Leroy selon lequel la jeune fille à côté de lui n'avait pas encore trouvé ses marques.

« Il m'a dit, » dit Joan avec un soupir de plaisir non affecté, « que les hommes ici m'appellent tous « The Toast ». Qu'en dis-tu ?"

"Un toast", dit Hughie d'un ton plutôt lourd, "est généralement 'une excuse pour un verre'. Je n'aimerais pas penser à toi simplement comme ça, Joey.

Miss Gaymer regardait son tuteur avec une exaspération non dissimulée.

"Hughie, tu es devenu terriblement vieille fille au cours des neuf dernières années", dit-elle. "Où étais-tu ? Dans une société décente ?"

"Parfois, mais pas souvent. Ce n'est pas ce *qu'on* pourrait appeler une société décente, Joey."

"Eh bien," remarqua Miss Gaymer, tournant le flanc de son adversaire avec une promptitude caractéristique, "quoi que ce soit, ce n'était pas très particulier au sujet des vêtements. Hughie, votre tenue est parfaitement *tragique* . Si vous voulez être mon gardien, vous le ferez." Il faut commencer par s'habiller décemment. Je ne sais pas qui est votre tailleur, mais... Che-e-erub !"

"Qu'est-ce que c'est, putain !" venait du terrain de croquet.

"Viens ici, tout de suite."

Chérubin posa docilement son maillet et s'approcha. Arrivé sur place, il s'arrêta et se mit au garde-à-vous.

"Chérubin", ordonna Miss Gaymer, "tournez-vous et retournez-vous jusqu'à ce que je vous dise d'arrêter, et laissez M. Marrable voir vos vêtements."

Très flatté, Chérubin tournait sereinement sur son axe au profit de l'inculte Marrable , tandis que Miss Gaymer lui répétait ses points.

"Dois-je avoir une taille ?" » demanda humblement Hughie.

"Oui, si vous en *avez* un", répondit Joan, examinant d'un air dubitatif la veste de tir amorphe de son tuteur.

"Et des chaussettes violettes ?"

"Le vert fera l'affaire, vieil homme", remarqua le *mannequin* de manière inattendue.

"Chérubin, tais-toi!" dit la *coutumière* . "Tu n'as absolument rien à te recommander à part tes vêtements, alors ne gâche pas tout en bavardant. Voilà, Hughie ! C'est le genre de chose. Tu dois aller en ville la semaine prochaine et en commander . Fuyez, Chérubin ! Maintenant, autre chose, Hughie. Regardez vos mains. Elles sont comme celles d'un charbonnier , sauf qu'elles sont propres. Ne pouvez-vous pas les faire entretenir ?

Hughie observa ses mains d'une manière évocatrice. Ils étaient des membres utiles et avaient aidé leur propriétaire à traverser de nombreuses situations difficiles. À présent, les paumes portaient la marque des pelles à charbon de l'Orénoque, et il y avait une grande cicatrice sur un poignet, à l'endroit où Hughie avait imprudemment touché un roulement chaud. Il y avait également une incision au milieu de la main droite, causée par l'impact des dents de devant de M. Gates lors d'un événement historique. Il y avait d'autres marques plus anciennes, et la plupart d'entre elles étaient liées à une histoire intéressante. Mais bien sûr, Joan ne le savait pas. Pour elle, c'étaient de grandes mains disgracieuses et mal entretenues – seulement cela et rien de plus. Hughie soupira. Tous ses anciens actifs semblaient être devenus, d'une manière ou d'une autre, un passif.

"N'est-ce pas un scandale, Hughie ?" répéta Jeanne.

"Je suppose que oui, Joey", dit Hughie en sortant de sa rêverie. "Bien O ! Je vais m'en occuper. Je suppose qu'ils ne me seront probablement plus d'une grande utilité," ajouta-t-il d'un ton déprimé, "alors autant les rendre ornementaux. Je' J'irai consulter Sophy Fullgarney à ce sujet à mon retour en ville.

"Qui est-elle?" dit rapidement Joey.

"Manucure... avant votre heure", dit brièvement Hughie, heureux de sentir qu'il pouvait donner des points à sa pupille en connaissant quelque chose. "D'autres exigences, Joey ?"

"Laisse-moi voir. Oh, oui. Tu sais danser ?"

"J'avais l'habitude de valser", dit Hughie avec prudence.

"Décemment?"

"Je peux me déplacer dans une pièce."

« Pouvez-vous faire marche arrière correctement ?

"Si un homme faisait marche arrière dans ma jeunesse", a déclaré Hughie, "nous le considérions comme un limiteur. Le font-ils maintenant ?"

"Oui, toujours. Peux-tu faire autre chose ?"

« Les choses habituelles : les lanciers et la polka. J'ai dansé un reel une fois en Écosse. »

"Personne ne danse la polka maintenant, et je déteste les Lancers. Pouvez- vous faire du deux pas ?"

"Je n'en ai même jamais entendu parler."

Miss Gaymer soupira.

"Je n'ai jamais entendu parler du Boston, je suppose ?" dit-elle avec résignation.

"Jamais de ma vie", a déclaré Hughie. « Écoutez, ajouta-t-il, inspiré par un soudain espoir, peut-être que ce serait mieux si je restais à la maison mardi soir, hein ?

" *Tout* aussi bien", dit franchement Miss Gaymer. "Mais je ne pense pas que Mildred te laissera partir. Tu seras recherchée par les giroflées."

"Mais pas par Joey, apparemment."

"Je ne danse pas avec les pourris ", dit élégamment Miss Gaymer. " Moi aussi, je suis déjà pratiquement complet. Cependant, si vous postulez immédiatement, je pourrais vous en donner *une* . " Elle réfléchit un instant. "Je vais t'essayer avec le numéro huit."

"Nous ferions mieux de ne pas régler maintenant", a déclaré Hughie. "J'aimerais jeter un coup d'œil dans la salle de bal avant de m'attacher de quelque manière que ce soit. Mais je garderai votre candidature à l'esprit."

Miss Joan Gaymer se tourna et regarda son compagnon avec un étonnement non feint. Il était toujours étendu, mais son attitude indolente de contentement paresseux avait disparu, et pendant un instant, le défi jaillit de ses yeux d'acier. Elle se leva délibérément de l'herbe et retourna avec beaucoup de majesté au terrain de croquet.

Hughie resta assis, légèrement essoufflé. Il venait de se rendre compte qu'il avait du caractère.

Bientôt Mme Leroy exécuta une séquence de cinq cerceaux et se retira, suivie par les applaudissements d'un partenaire incompétent, vers le hêtre cuivré.

Elle s'assit en face de Hughie et le regarda avec attente.

"Eh bien, Hughie ?" dit-elle.

"Eh bien, Mildred ?"

" *Eh bien* , Hughie ?"

"Je pense", dit Hughie, répondant à la question tacite, "qu'elle veut... *gifler* !"

Mildred Leroy hocha sagement la tête.

"Ah!" remarqua-t-elle. "Je pensais que tu dirais ça. Eh bien, j'espère que tu le feras."

Hughie passa en revue les événements de la journée, *plus suo* , à trois heures du matin suivant, assis les pieds sur le rebord de la fenêtre ouverte de sa chambre, la chambre de son enfance, avec la vieille école et les groupes universitaires sur les murs. , — alors qu'il fumait une dernière pipe avant de se retirer pour se reposer.

C'était presque l'aube. L'obscurité veloutée devenait de plus en plus claire ; et parfois, un jeune oiseau énergique et levé tôt poussait un gazouillis hésitant – pour ensuite s'apaiser, sans aucun encouragement de la part des autres membres de l'orchestre (probablement des syndicalistes), jusqu'à une heure plus opportune.

Hughie s'était assis avec D'Arcy et Leroy dans la salle de billard bien après que les autres hommes – *la clientèle de Joey* – eussent vidé leurs verres et se soient couchés. Il y avait eu une « soirée entre dames », accompagnée de jeux effrayants (d'un caractère préjudiciable à la table) entre les équipes dirigées par Joey et une autre demoiselle ; et même après que Mildred Leroy eut fait monter ses protégés à l'étage, il y avait eu des combats d'ours et de nombreux cris dans les couloirs et dans les escaliers. Puis les plus jeunes messieurs étaient revenus, froissés mais victorieux, pour étancher leur soif et écouter avec une déférence respectueuse toute histoire que le grand Marrable aurait voulu raconter. (L'histoire de l'Orénoque avait fait le tour, même si elle avait heureusement échappé à l'attention des journaux à moitié penny.)

Mais Hughie n'avait pas été communicatif, même s'il s'était montré un auditeur avide et reconnaissant des « potins universitaires et du « magasin » sportif. Ainsi les jeunes hommes, s'étant arrêtés jusqu'à se parler, s'étaient progressivement évanouis, très heureux de trouver le grand homme non seulement disposé mais désireux d'écouter leurs chroniques méticuleuses ; et Hughie, D'Arcy et Leroy, dont le colloque était réduit à des limites conviviales, avaient comparé leurs notes et « échangé des mensonges », comme disent les Américains, jusque tard dans la nuit.

Les impressions de Hughie sur la journée étaient légèrement floues et confuses, ce qui ne laissait personne s'étonner. Il était habitué aux nouveaux visages et aux nouveaux environnements, mais le passage d'hier à aujourd'hui avait été un peu soudain. La nuit dernière, il avait conduit jusqu'à la porte des Manoirs un homme sans maître, un vagabond supérieur, un indépendant irresponsable, avec des centaines de connaissances et jamais d'ami. En vingt-quatre heures , ce sentiment de détachement irresponsable avait disparu pour toujours , et le charme de la vie familiale anglaise s'était profondément enfoncé dans son être. Il sentit pour la première fois qu'il était plus qu'une simple unité dans l'Univers. Il était passé de quelque chose à quelqu'un . Il se rendit compte qu'il avait un intérêt dans le pays, le comté, le petit domaine de Manors lui-même ; et il avait un grand désir de s'installer et de s'entourer de tout ce que le mot Home transmet à un Anglais ici et à l'étranger, surtout à l'étranger.

Et puis, il y avait les personnes avec lesquelles il avait été en contact ce jour-là. C'étaient presque tous de vieux amis, mais c'étaient de vieux amis avec de nouveaux visages. Il y avait par exemple Mildred Leroy. Il s'était presque attendu à ce que ses relations avec cette jeune matrone, à en juger par le passé, soient de nature légèrement tendre et sentimentale. Loin de là. Son attitude à son égard était simplement maternelle – comme elle l'avait d'ailleurs été, s'il s'en était rendu compte, dès le début de leur amitié. Une femme se sent toujours maternelle envers un homme de son âge, et avec raison, car elle est beaucoup plus âgée que lui. Parfois, elle prend ce sentiment maternel pour autre chose et l'épouse, mais pas souvent. De toute évidence , Mildred Leroy considérait désormais Hughie comme rien de plus qu'un jeune *débutant éligible* , la proie naturelle du chaperon, à rassembler et à jumeler avec toute l'expédition possible .

Et puis il y avait Joey. Il y a vingt-quatre heures, il n'avait eu aucune opinion particulière au sujet de sa pupille, au-delà…

(1) La réflexion qu'il la trouverait probablement « plutôt ennuyeuse » ;

(2) Une vaine spéculation quant à savoir si, si l'opportunité l'exigeait, il serait capable de se résoudre à l'épouser.

Eh bien, vingt-quatre heures, c'est long. Il voyait maintenant très clairement que, quels que fussent les défauts de Miss Gaymer, sa tendance à ennuyer ses compagnes n'en faisait pas partie ; et que si jamais l'autre question devait se poser, la difficulté serait, non pas de se résoudre à épouser Joey, mais d'amener Joey à l'épouser.

En homme sensé, il décida de laisser les choses s'arranger à leur manière et se coucha. Là, il rêva que Joey, vêtu d'un kimono bleu et de pantoufles rouges, lui apprenait à danser le deux pas sur un air joué par les moteurs de l'Orinoco.

CHAPITRE XIII

VARIUM ET MUTABILE

HUGHIE a continué au cours des semaines suivantes à étudier le caractère du sexe féminin, illustré par sa pupille, Miss Joan Gaymer, et certains faits d'histoire naturelle ont été portés à sa connaissance qui ne lui étaient pas venus à l'esprit jusqu'à présent.

Dans ses relations avec ses biens masculins, une femme n'attend pas grand-chose. Certainement pas la justice, ni la raison, ni le bon sens. Ce qu'elle désire surtout, nous disent ceux qui savent, c'est l'admiration et, si possible, la bonté, quoique cette dernière ne soit pas essentielle. La seule chose qu'elle ne peut tolérer, c'est la négligence. Elle doit avoir une certaine attention. Satisfaites son âme de cela, et elle restera tout ce que vous désirez qu'elle reste, — *toute femme* — quelque chose pour lequel l'humanité solitaire pourra remercier Dieu. Si on la laisse là, on risque de la voir dériver dans les rangs de ce troisième sexe un peu pathétique, né de l'éducation supérieure et du superflu féminin, qui se démarque aujourd'hui de ses semblables et clame haut et fort son dégoût pour la masculinité des hommes. l'homme et son mépris de la mollesse de la femme, mais qui semble jusqu'ici seulement avoir rejeté la rapière de l'un sans pouvoir soulever ni manier le gourdin de l'autre.

Non que Miss Joan Gaymer coure un tel risque. Elle était en effet *toute femme* et se tenait à l'abri de la perspective d'être coupée de sa source naturelle. Son principal danger était celui de l'excès. Elle possédait un appétit d'admiration plus que d'habitude, et il ne manquait jamais un nombre de personnes - principalement de son sexe, soit dit en passant - pour proclamer que dans son cas la frontière entre appétit et gourmandise était en effet très finement tracée. . Il y avait du vrai, il faut le craindre, dans l'accusation, car Jeanne présentait sans doute à cette époque des symptômes d'une espèce d'indigestion mentale — ce que les Français appellent *tête montée* et les Américains « tête enflée » — provoquée par un régime non dilué. de culte et d'hommage. L'appétit pour ce genre de choses grandit en mangeant, et Jeanne, comme sa mère avant elle, commençait à penser trop à ceux qui lui fournissaient la viande que son âme aimait et trop peu à ceux qui ne le faisaient pas. Et comme ceux qui ne le faisaient pas étaient principalement ceux qui avaient le plus à cœur son bien-être, elle était privée pour le moment d'une grande partie des solides aliments d'une véritable amitié.

Elle était un curieux mélange de sagesse mondaine et de naïveté, et s'intéressait franchement à elle-même. Elle était ouvertement soucieuse de savoir ce que les gens pensaient d'elle et ne cachait pas son plaisir lorsqu'elle se trouvait « un succès ». En revanche, elle présumait beaucoup trop de la patience et de la loyauté de ses partisans. Elle était toujours capricieuse, souvent inconsidérée et, comme la plupart des jeunes gens qui ont été honorablement élevés, elle désirait désespérément être considérée comme plutôt méchante.

Ces faits, le cerveau lent de Hughie Marrable les absorbait un à un, et il se sentait vaguement malheureux à cause de la jeune fille, même s'il ne trouvait pas dans son cœur la force de lui en vouloir. Joey, pensait-il, profitait simplement pleinement de ses opportunités. Au sein de son petit royaume, et pendant son bref mandat, elle détenait une autorité aussi absolue que celle, par exemple, de celle d'un secrétaire d'État, et elle n'était pas non plus entravée par aucun scrupule pédant, comme ceux qui auraient pu gêner le fonctionnaire en question, quant à l'exercice du même pouvoir. ; et Hughie, qui était lui-même un peu autocrate, ne pouvait s'empêcher d'admettre que son pupille agissait beaucoup, *mutatis mutandis*, comme il l'aurait fait dans des circonstances similaires.

Mais au fur et à mesure que le temps passait et que son sens de la perspective s'ajustait, il commença à découvrir des signes que, sous tous ses airs, ses grâces, son écume et son écume, le vieux Joey endurait. C'était une créature impulsive, et ses caprices étaient plus souvent dus à l'influence du moment qu'à un quelconque désir de poser. Elle décevrait un jeune homme d'un *tête-à-tête promis depuis longtemps* sur la rivière, pour aller jouer au magasin dans une plantation avec les enfants du sous-gardien. Elle versait des larmes à cause des récits déchirants mais peu convaincants sur la misère qui lui étaient racontés par la porte arrière. Elle était gentille avec les filles simples, ce qui n'est parfois pas le cas des jolies filles, et les domestiques l'adoraient, ce qui est un bon signe pour tout le monde.

Elle était extrêmement généreuse; en effet, il n'était jamais prudent pour ses amies d'exprimer leur admiration, même discrète, pour tout ce qui lui appartenait, car elle avait la fâcheuse habitude d'arracher des vêtements ou des ornements et de dire : « Je te le donnerai ! avec l'empressement et la sincérité d'un enfant.

Et son code d' honneur était aussi strict que celui d'un écolier – on ne peut en dire plus. Un secret était en sécurité avec elle. Elle avait autrefois renoncé promptement et définitivement à l'amitié d'un de ses amis, qui se vantait auprès d'elle, en donnant des noms et des détails, d'une demande en mariage qu'elle avait récemment refusée.

En bref, Miss Joan Gaymer ressemblait beaucoup à la jeune femme qui était autrefois la seule joie d'un certain gentleman poétique. Elle était tantôt franche, tantôt timide, tantôt, soit dit en passant, détestable, mais elle ne manquait jamais de plaire, ou plutôt d'attirer, ce qui est mieux encore.

Mme Jack Leroy n'a épargné ni l'âge ni le sexe le soir du Hunt Ball. Son mari, Hughie, et le révérend Montague D'Arcy, tous souffrant de ce sentiment particulier de dépression langoureuse qui attaque invariablement le sexe masculin vers 21 h 30 LORSQU'ON envisage de danser, furent traqués dans des escarpins et des gants blancs et entassés dans l'omnibus. , qui, après un trajet de sept milles, pendant lequel les messieurs dormaient furtivement et les langues de Joan et de ses amies remuaient sans cesse, déposa le groupe entier de douze personnes sur les marches de l'hôtel de ville de Midfield.

Leurs effectifs avaient été complétés par quelques arrivées de nuit. Les deux premiers étaient M. et Mme Lance Gaymer. Le frère unique de Joan avait assumé la responsabilité du mariage dès l'âge de vingt-deux ans, et le jeune homme plutôt épouvantable qui le précédait dans le salon et saluait Joan en l'appelant « Jowey » était le complice du fait. Pourquoi ni où Lance l'avait épousée, personne ne le savait. Il l'avait lancée un jour, moitié fièrement, moitié provocante, dans un cercle familial de Manors qui était pour le moment trop frappé d'horreur pour faire autre chose que rester bouche bée. Heureusement, l'oncle Jimmy n'était pas présent, il était déjà parti en voyage, et ce fut à Joan d'accueillir le dernier venu dans la maison de Gaymer. Elle le fit avec beaucoup de sens et de joliesse, même si elle pleura ensuite sans retenue sur le sein sympathique de Mildred Leroy.

Pour le bien de Lance, Mme Gaymer a été acceptée sans hésitation. Quoi qu'elle soit ou qu'elle ait été, qu'elle ait manipulé une machine à bière ou gesticulé dans une comédie musicale, elle était là et devait être assimilée. Aucune question n'était posée, mais elle était religieusement invitée aux manoirs à intervalles réguliers, et Joan et Mme Leroy, lorsqu'elles montaient en ville pendant la saison, rendaient occasionnellement des visites d'État à Mme Lance dans sa résidence de Maida Vale, où elles buvaient. thé en compagnie des *anciens élèves* du stade des variétés et du département des pichets et bouteilles.

Lance lui-même était censé vivre du journalisme. Il paraissait avoir bien plus de vingt-trois ans.

Le troisième arrivé était M. Guy Haliburton, proposé à l'admission par M. Lance Gaymer, appuyé par Mme Lance Gaymer. Il était plein de déférence et s'excusa avec une gracieuse humilité de sa présence. Il se considérait comme un horrible intrus, dit-il, mais le « vieux Lance » lui avait si sérieusement assuré que Mme Leroy avait besoin d'un autre homme dansant, qu'il avait osé accepter son invitation par procuration et venir à Manors. Il a été bien accueilli.

M. Haliburton, suite à une connaissance plus approfondie, se décrivait comme un acteur, mais Hughie, dont les jugements sur les hommes — par opposition aux femmes — étaient rarement erronés, le décrivait sans hésitation comme un gentleman qui vivait, acteur ou non, de son esprit. C'était un personnage remarquable d'une trentaine d'années. Il avait des cheveux noirs bouclés et des yeux sombres, avec des cils dangereux. Il était bien habillé, trop bien habillé pour le pays, et on sentait instinctivement qu'il était un bon joueur de cartes et on s'opposait probablement aux bains froids et aux levers matinaux.

Le groupe des Manoirs a été accueilli dans le vestibule de l'Hôtel de Ville par Lady Fludyer , autoproclamée Maîtresse des Fêtes. À présent, elle ressemblait plutôt à une Niobé bien nourrie.

"Ma chérie," s'écria-t-elle en tombant mollement sur Mme Leroy et en l'embrassant fiévreusement, "que *pensez*- vous qu'il se soit passé ?"

"Le groupe n'est pas venu ?" hasarda Mme Leroy.

" Pire ! Pas un homme, pas un subalterne, pas un batteur ne peut s'éloigner d' Ipsleigh ce soir ! " (Ipsleigh était un *dépôt* militaire voisin et une source d'éligibilité dans un pays aride.) "Ils ont tous été appelés à une inspection absurde, ou à une marche en route, ou à des manœuvres , ou quelque chose comme ça, à vingt-quatre heures" Remarquez. Et ils venaient ici en *masse* ! Il n'y aura plus assez d'hommes pour tout le monde maintenant. La moitié des filles seront contre le mur toute la nuit ! Oh, ma *chère* , quand j'aurai réussi à joindre le général... "

Lady Fludyer s'éleva jusqu'à un cri perçant et elle plongea en gémissant dans une porte sombre, comme un train entrant dans un tunnel.

Mme Leroy se tourna vers ses cavaliers rétrécis, avec une satisfaction dans les yeux.

"C'est bien que je vous ai amené tous", dit-elle. "Maintenant, au travail. Jack, la première valse avec toi, s'il te plaît."

Le bal battait bientôt son plein, même s'il était trop évident que les hommes manquaient quelque peu. Hughie, à sa grande inquiétude, trouva son programme complet en dix minutes, et bientôt, regrettant amèrement la possession de l'Orénoque, se lança dans la mêlée avec Mme Lance Gaymer, ayant décidé de faire son devoir auprès de cette dame le plus tôt possible. , et finissons-en. Elle l'appelait « cher garçon » et valsait d'une manière qui lui rappelait les bals de Covent Garden de sa jeunesse, amenant ainsi les plus hauts et les plus hautains du comté à demander à leurs partenaires qui elle pourrait être. Bientôt le bruit se répandit qu'elle était l'épouse du jeune Gaymer. ("Vous vous en souvenez, n'est-ce pas ? Un mariage plutôt malheureux, et tout ça. Barmaid, ou quelque chose du genre. Mais la famille a décidé de tirer le meilleur parti d'elle. Ils auront les bras occupés, hein ?") des femmes blondes élevaient un peu plus haut leur nez discrètement poudré, tandis que des hommes non régénérés accouraient, comme les Quatre Jeunes Huîtres, tous avides de friandise, et suppliaient furtivement Lance Gaymer de les présenter à sa femme.

En entrant dans la salle de bal, Joan Gaymer, sereinement consciente d'une nouvelle robe parfaitement ajustée et de sa plus belle teinte de couleur , a pris place à son "pitch" reconnu à côté du pilier du fond à gauche sous la galerie des musiciens, et a procédé à combler les postes vacants causés dans son programme par la défection des guerriers dansants d' Ipsleigh . Parmi les premiers candidats à la faveur d'une valse se trouvait M. Guy Haliburton.

"Très bien, numéro deux", dit Joan.

Haliburton l'a noté et en a demandé un autre.

"Je vais d'abord voir comment vous valsez", dit franchement Miss Gaymer. "Alors... peut-être ! Je suis plutôt exigeant."

La musique lui était montée au cerveau comme le vin, et elle était dans ce que ses admirateurs l'auraient qualifiée de la plus royale, et ses détracteurs de la plus répréhensible. M. Haliburton, cependant, s'est simplement incliné avec révérence et a cédé la place à une avalanche de Binks et de Chérubins, avec lesquels Joan , babillant à pleine voix et profitant de chaque instant de son triomphe, a réservé une liste de rendez-vous qui s'étendait loin dans le temps. demain matin.

La valse avec le fascinant Haliburton s'est avérée si satisfaisante — en fait, il était de loin le meilleur danseur de la salle — que Joan lui en a immédiatement accordé deux autres. C'était caractéristique d'elle qu'elle refusait de reprendre la parole jusqu'à ce que les malheureux messieurs aux dépens desquels Haliburton était honoré aient été trouvés, amenés devant elle et informés de leur sort. Ils protestèrent faiblement, mais Jeanne les repoussa d'une manière qui ne leur était que trop familière.

" Courez, les filles, " dit-elle maternellement, " et trouvez de nouveaux partenaires. Il y a des tas de jolies filles à revendre ce soir. Regardez cette petite chose là-bas, avec les yeux bleus, et des myosotis en elle. " " " _

Mais les deux jeunes hommes, refusant d'être réconfortés, grondaient d'un air maussade et se frayaient un chemin dehors, pour se consoler de la fragilité des promesses du jupon, et se fortifier contre d'autres frondes et flèches de fortune scandaleuse de même nature, dans le rafraîchissement. chambre.

Pourtant, la fille sur laquelle Joan avait attiré leur attention méritait d'être remarquée. Elle se tenait près de la porte, une petite silhouette mince, gracieuse et plutôt attrayante. Ses cheveux étaient de la couleur du maïs mûr, ses yeux, écarquillés et émerveillés, étaient aussi bleus que les myosotis dans ses cheveux, et ses lèvres, pour citer le roi Salomon sur un type de femme très différent, étaient comme un fil. d'écarlate. Elle portait une simple robe blanche et portait à la main le bouquet de la *débutante* .

Joan passa devant elle dans les bras du toujours fidèle Binks .

"Cette enfant est un rêve parfait", se dit-elle, "mais sa bouche tremble aux coins. Je me demande si un homme n'a pas oublié de lui demander de danser. Je devrais penser..."

À ce stade de ses réflexions, elle fut lourdement projetée dans l'orbite d'un couple en marche arrière, et la collision qui s'ensuivit, ainsi que le plaisir d'exiger des excuses rampantes de la part du malheureux Binks (qui n'était en aucun cas responsable de l'accident), le conduisirent plus loin. cogitations au sujet de la fille aux myosotis sortis de la tête.

Vers minuit, Joan se glissa à l'étage dans ce que son dernier partenaire – un jeune homme de Woolwich à l'esprit mécanique – décrivait comme l'atelier de réparation, pour réparer les ravages causés par les Lanciers dansés dans la haute société en cette année de grâce.

La musique de la valse suivante commençait à peine lorsqu'elle retourna à son pilier. Aucun partenaire enthousiaste ne l' attendait , ce qui était inhabituel ; et Joan jeta un coup d'œil à son programme . Elle se mordit la lèvre.

"Numéro huit", se dit-elle. "Joey, mon enfant, il t'a marqué – et tu le mérites!"

Cette déclaration énigmatique faisait référence à M. Hugh Marrable , à qui, on se souvient, cette danse particulière avait été offerte, un peu comme un os est jeté à un chien, sur la pelouse de Manors trois jours auparavant.

L'attitude ultérieure de Hughie avait piqué la curiosité de sa pupille. Il n'avait plus fait référence au numéro huit et n'avait pas non plus tenté ce soir-là de venir confirmer le match. En fait, il n'avait pas du tout invité Joan à danser, avec pour conséquence que Miss Gaymer, qui, sereinement sûre que son tuteur viendrait manger une modeste tarte au dernier moment, avait gardé le numéro huit libre, se retrouvait maintenant à occuper la place. *rôle* assez inhabituel de giroflée. De plus, elle savait qu'elle ne parviendrait pas à trouver un partenaire, car tous les hommes disponibles étaient travaillés jusqu'à la dernière once, et de jolies filles étaient toujours assises ici et là dans la pièce, discutant avec des chaperons et conservant une courageuse apparence de plaisir. et *l'insouciance* .

"Je ne vais pas laisser Hughie me voir soutenir un mur *pendant cette* danse", se dit Joan avec décision. " Il croirait que je l' avais gardé pour lui. Que dois-je faire ? Retourner au vestiaire ? Non, c'est toujours plein de filles sans partenaire qui font semblant de venir se faire recoudre. J'irai au celui du maire salon et asseyez-vous là. On ne l'utilise jamais lors de ces danses. »

Faisant mentalement une entrée au débit du registre de son partenaire disparu, Miss Gaymer se retira sans ostentation de la salle de bal et refusa un passage non éclairé, qui était bloqué par un lourd écran marqué « Privé » et encombré de rouleaux de tapis et de meubles superflus. .

Le passage sombre était confortablement frais et paisible après l'incendie et l'agitation du champ d'action, et n'avait apparemment pas été découvert par des couples en quête d'isolement. Joan approchait de la fin, où elle connaissait la porte du maire Le salon se trouvait lorsqu'elle entendit un certain bruit sourd tout près d'elle. C'était un son bien calculé pour capter l'oreille d'une personne aussi tendre qu'elle. Quelqu'un sanglotait très misérablement dans l'obscurité, à quelques pas d'elle.

Jeanne s'arrêta, un peu effrayée, et regarda autour d'elle. Ses yeux s'habituaient à l'obscurité, et bientôt elle aperçut une lueur blanche presque au niveau de son genou. La lueur se dessinait sous la forme d'une robe de bal vaporeuse.

Joan a abordé la situation avec sa promptitude habituelle.

"Je dis," dit-elle, "qu'est-ce qu'il y a ? Laisse-moi t'aider."

Les sanglots cessèrent et la silhouette blanche se redressa en sursaut.

"Si cela ne vous dérange pas", a poursuivi Joan, "je vais allumer cette lumière électrique."

Il y eut un déclic, et les rayons d'une seule lampe à incandescence plutôt poussiéreuse illuminaient la scène, et avec elle la silhouette élancée, assise tristement sur un rouleau de tapis rouge, de la petite dame des myosotis.

Son visage rougit d'une soudaine honte, car ses épaules se soulevaient encore, et ses joues luisaient de larmes, qu'elle tamponnait confusément avec un morceau de mouchoir de poche tout à fait insuffisant.

Joan, quelle que soit sa nouvelle robe, se retrouva aussitôt sur le rouleau poussiéreux du tapis. Elle passa ses bras autour de la jeune fille.

"Ma chérie," dit-elle avec autorité, "qu'est-ce qu'il y a ? Dis-moi."

La fille lui a dit. C'était une histoire simple, et pas tout à fait nouvelle, mais elle contenait néanmoins des éléments de tragédie.

C'était son bal de sortie. Elle montra son bouquet abandonné qui gisait sur le sol crasseux. Son père l'avait mis dans sa main, lui avait accroché un petit pendentif en émail autour du cou, et lui avait donné un baiser. Elle raconta son histoire avec toute la fidélité d'une enfant aux détails, et l'avait envoyée sous la garde de son frère, avec des remontrances. pour ne pas briser trop de cœurs, sur le long trajet de quatorze milles jusqu'à Midfield, une période occupée par des anticipations extatiques de l'événement qu'elle attendait avec impatience depuis qu'elle s'était coiffée.

Son frère, à leur arrivée, avait réservé avec elle une soirée dansante, annulée ensuite avec de nombreuses excuses au motif qu'il venait de rencontrer une fille avec laquelle il *devait absolument* danser, et lui avait présenté deux jeunes hommes dont les programmes étaient déjà complets. ; après quoi il s'était plongé dans la foule, confortablement conscient que son devoir était accompli, laissant sa sœur debout, souriante courageusement, les pieds picotés et le cœur dans la gorge, depuis neuf heures et demie jusqu'à midi et quart. La musique palpitait dans ses oreilles, la jeunesse et les rires passaient facilement devant elle, même en effleurant sa jupe ; et elle était complètement et absolument seule. Elle n'avait que dix-huit ans ; elle était la plus jolie fille (à l'exception peut-être de Joan Gaymer) de la pièce ; c'était son premier bal, et aucun homme ne lui avait demandé de danser. C'est peut-être peu de chose, comparé à certains, mais les hommes se sont fait sauter la cervelle pour moins cher.

Bien avant d'avoir sangloté tout son pitoyable petit récit, sa tête était sur l'épaule de Jeanne, et cette jeune personne changeante, inconsciente de tout sauf du fait qu'elle avait là une sœur en détresse, gérait la situation comme si elle était de vingt ans sa compagne. senior au lieu de deux.

"Je suis restée debout pendant près de trois heures", s'excusa la jeune fille, "et puis je... je suis venue ici."

"Eh bien, ma chérie," dit Joan avec décision, "tu ne vas pas rester ici plus longtemps. Tu reviens directement à la salle de bal avec moi."

"Je ne peux pas", répondit la jeune fille, "Je ne pourrais pas le *supporter* !"

"Vous revenez avec moi à la salle de bal", répéta fermement Miss Gaymer. " Il reste seize danses à faire, et tu vas danser jusqu'au bout de tes pantoufles, mon enfant ! "

"Vous êtes terriblement gentil", dit la jeune fille avec nostalgie, "mais vous ne pourrez pas me trouver de partenaire maintenant."

"Je peux vous trouver seize ans", dit Joan.

L'enfant tourna vers elle des yeux étonnés et lui posa une question.

"Moi ? Oh, je vais me reposer : j'en veux un", répondit Miss Gaymer, *splendide mendax* . "En fait, ce sera une charité de votre part de les prendre. Ils sont tous stupides et ils ne savent pas danser."

Mais la jeune fille secoua la tête.

« Vous êtes très cher de le suggérer, » dit-elle, « mais cela ne suffirait pas. Pensez à quel point ils seraient en colère, après avoir réservé un bal avec Miss Gaymer et n'avoir que… »

"Est-ce que tu me connais?" demanda Jeanne surprise.

"Tout le monde te connaît", dit la jeune fille.

Joan rougit vivement. C'était un compliment selon son propre cœur.

"Je dis, quel est *ton* nom?" elle a demandé.

"Sylvia Tarrant."

Joan hocha la tête. "Je sais maintenant", dit-elle. "Vous habitez près de Gainford ."

Les Tarrant étaient de nouveaux venus. Le père de Sylvia était un marin à la retraite et veuf, et s'était récemment installé dans la région, ce qui expliquerait le manque de connaissance de sa fille.

"Oui", dit Sylvia. "Mais en réalité, je ne pouvais pas prendre vos partenaires. Ils seraient furieux de m'avoir à votre place."

Miss Gaymer se tourna et scruta le visage et la silhouette à côté d'elle.

« Tout ce que tu veux, mon enfant, dit-elle, c'est un *début* . Après ce soir, tu ne resteras plus seule deux secondes à aucun bal auquel tu voudras aller. En fait, je ne vois pas comment je pourrais le faire. ne pourra jamais trouver de partenaires", a-t-elle ajouté plaintivement.

À cette idée, la jeune fille rit et parut plus heureuse, ce qui était exactement ce que Joan voulait qu'elle fasse. Son esprit revenait.

Jeanne se leva vivement.

"Maintenant, Sylvia," dit-elle, "je vais te laisser deux minutes, parce que je veux trouver un homme à envoyer et dire à tous mes partenaires que vous avez accepté de les embaucher. Ensuite, je vais Revenez et commencez. Mettez-vous simplement droit. Il y a une mèche de cheveux détachée ici : je vais l'enrouler. Là ! Vos yeux s'améliorent de minute en minute. Secouez votre jupe et regardez-vous dans ce miroir, et tu seras tout simplement parfait. Au revoir!"

"Il y a quelqu'un qui arrive", dit Sylvia en se détournant de ses toilettes et en regardant par-dessus son épaule.

Une forme masculine remplissait le passage. C'était Hughie, qui, privé de partenaire par l'absence de Joan, conséquence de sa dignité dans l'affaire du numéro huit, rôdait à la recherche d'un endroit tranquille où il pourrait s'offrir le luxe d'une pipe.

Jeanne, qui avait oublié le numéro huit, le reçut avec un plaisir non feint et le reconduisit d'où il venait. En chemin, elle lui expliqua la situation, essoufflée.

"Hughie, cette pauvre enfant est venue ici sans connaître personne et est restée debout contre le mur pendant trois heures. Il n'y a pas de partenaire pour l'amour ou l'argent à cette heure, alors elle doit juste avoir le mien. Prends mon programme - attendez une minute, je vais remplir certaines de ces initiales - et allez voir tous les hommes dont les noms sont dessus et dites-leur que je suis vraiment désolé mais j'ai mal à la tête et je ne sais pas danser plus ce soir, mais ils doivent venir me voir immédiatement à mon pilier et être présentés à un substitut que je leur ai fourni.

"Pensez-vous qu'ils vont exactement… *sauter* sur l'idée d'un remplaçant ?" suggéra doucement Hughie.

" Leur affaire, " dit Miss Gaymer en revenant brusquement à ses manières habituelles, " est de faire ce que je leur dis ! Courez, Hughie. Ne dites pas un mot sur le pauvre enfant qui n'a pas réussi à trouver des partenaires, n'est-ce pas ? " Dis qu'elle est arrivée en retard, n'importe quoi ! Tu comprends ? "

Hughie hocha la tête.

"Je comprends", dit-il. — Elle est arrivée en retard et vous avez mal à la tête. Ce sont les deux faits essentiels de l'affaire, hein ?

"Oui. Dépêchez-vous !" » dit Joan en poussant son tuteur.

"Joey," dit Hughie, "tu es une brique !"

Une demi-heure plus tard, les membres du Midfield Hunt Ball furent électrisés de voir Miss Joan Gaymer assise entre deux chaperons comateux et affamés, regardant les danseurs avec un œil indulgent et présentant généralement l'apparence de quelqu'un dont le temps pour ces folies est révolu .

Puis les têtes commencèrent à se tourner dans une autre direction. On se demandait qui était cette petite chose aux myosotis, qui dansait comme une fée et qui semblait avoir fait un « coin » parmi tous les admirateurs habituels de Miss Gaymer. Son apparence avait-elle quelque chose à voir avec la retraite de Miss Gaymer ? Un cas de pique, hein ? Les têtes remuaient sagement et les sourcils étaient relevés. Pauvre Jeanne ! Comme tous les grands de la terre, elle avait ses détracteurs.

Sylvia elle-même était perdue dans les nuages à ce moment-là. Lorsqu'elle n'obéissait pas au mandat de Joan de danser les semelles de ses pantoufles, elle accordait des interviews à des jeunes hommes obséquieux, qui affluaient en pelotons respectueux et espéraient que, bien que déçus à cette occasion, ils pourraient avoir le plaisir aux County Bachelors . ' jeudi quinzaine.

Jamais il n'y eut un tel triomphe. La jeune fille, rayonnante et palpitante, souriait et rougissait et écrivait des hiéroglyphes désespérés au dos de son programme , tandis que Miss Joan Gaymer, la déchue, l'éclipsée, restait assise avec contentement et réalisait pleinement la vérité de son propre dicton selon lequel toute Sylvia Tarrant voulait était un début.

Plus tard dans la soirée, l'œil vigilant de Hughie Marrable détecta le fait que Joan avait disparu au milieu de la foule des matrones, et il spécula sur l'endroit où elle pourrait se trouver. Lui -même jouissait d'une brève période de liberté, sa compagne ayant pour le moment plaidé pour des réparations privées urgentes et disparu dans les régions d'en haut, et l'idée lui était venue que Jeanne pourrait ne pas souper.

Un bref examen lui apprit qu'elle n'était ni dans la salle de bal ni dans la salle à manger. Puis une inspiration le saisit. Attendant un moment relativement calme, il se rendit précipitamment dans ce dernier appartement et, après avoir prélevé une contribution sur la table de chevet, se glissa furtivement autour du grand écran et dans le couloir sombre.

Son instinct ne lui avait pas fait défaut. Miss Joan Gaymer était assise paisiblement sur le rouleau du tapis rouge. Sa tête était appuyée contre le mur et les rayons de la lumière électrique poussiéreuse brillaient sur ses cheveux cuivrés. Ses yeux étaient fermés, mais elle les rouvrit à l'approche de Hughie, clignant des yeux comme une Dryade endormie.

"Bonjour, Hughie !" elle a observé. "Tu as failli gagner une paire de gants cette fois-là. Longue soirée, ça !"

Hughie commença à déposer des articles sur le sol.

« Dîner », observa-t-il brièvement.

Il disposa une assiette de mayonnaise, une autre de bagatelle, une bouteille de champagne à moitié pleine et un verre.

"Hughie", dit Joan, "tu es le seul véritable ami que j'ai au monde ! J'étais presque en *train de pleurer* pour avoir quelque chose à manger. Ça, et voir d'autres personnes danser et pas moi. Hughie, c'était tout simplement horrible ! J'avais aucune idée : si j'étais resté là plus longtemps , j'aurais fondu en larmes. J'avais oublié aussi qu'en donnant tous mes partenaires, je donnais mon souper. Si je m'en souvenais, j'en aurais gardé un seul... un petit. Mais peu importe, maintenant : la peste est arrêtée. Je t'en dois un pour ça. Comment as-tu fait pour transporter toutes ces choses ?

"Grandes mains", a déclaré Hughie. "Une demi-minute!"

Il sortit de sa poche de queue deux fourchettes, une serviette et une bouteille d'eau gazeuse.

"Je me souviens que tu aimais ta boisson diluée", dit-il en versant les deux bouteilles en même temps. "Je l'ai remarqué au dîner, l'autre soir."

"Hughie, tu es un chéri !" » dit Joan impulsivement.

"Dis quand!" » remarqua Hughie, hésitant.

Il était cinq heures du matin. Le groupe avait joué "Whisper and I will Hear", suivi de "John Peel", suivi de "God save the King", suivi de "John Peel", une fois de plus, suivi de "God save the King" de nouveau, et le les musiciens rangeaient maintenant leurs instruments avec un air de finalité qui laissait entendre qu'à leur humble avis, le Midfield Hunt Ball en avait pour son argent.

Les douze membres du groupe du Manoir étaient scientifiquement entassés dans un omnibus construit pour accueillir dix personnes inconfortablement, et Joan attendait son tour sous le portique. A ce moment, Sylvia Tarrant, suivie d'un frère un peu penaud, descendit les marches. Ses joues étaient excessivement roses et ses yeux flamboyaient.

Elle a vu Joan et s'est arrêtée.

"J'avais peur que tu me manques", dit-elle. "Bonne nuit!"

"Bonne nuit!" dit Jeanne.

La petite fille – elle avait une tête de moins que Jeanne – posa ses mains sur les épaules de sa nouvelle amie et se mit sur la pointe des pieds.

"Je voudrais t'embrasser", dit-elle timidement.

"Oh mon cher!" » dit Joan, assez troublée. "Bien sûr, si tu veux. Là !"

Elle resta inhabituellement silencieuse pendant tout le chemin du retour, et lorsqu'ils atteignirent Manoirs, elle dit bonsoir à Mme Leroy et monta à l'étage jusqu'à sa chambre. Le reste du groupe s'est dispersé dix minutes plus tard et Hughie s'est retrouvé seul avec son hôte et son hôtesse.

"Je n'ai jamais vu cet enfant avoir mal à la tête auparavant", dit Mme Leroy avec inquiétude, tandis que Hughie allumait sa bougie. "J'espère qu'il n'y a rien de mal."

"Elle a raison comme la pluie", a déclaré Hughie. " Elle a abandonné tous ses partenaires – tous les hommes Jack – je veux dire – je suis désolé ! Je ne pense pas qu'elle voulait que je le dise… "

"Autant finir maintenant", dit calmement Mme Leroy.

Hughie l'a fait. Mme Leroy hocha la tête.

"C'était comme elle," dit-elle doucement, "surtout de vous dire de vous taire. Bon nombre de femmes auraient peut-être abandonné leurs danses, mais très peu auraient pu résister à la tentation de tirer profit de leur générosité. Ne le dites jamais. encore moi, misérable créature, continua-t-elle en se tournant brusquement vers son époux dans le coma, qu'une femme est incapable de rendre service à une autre femme !

— Certainement , ma chérie , répondit le capitaine Leroy en faisant un effort désespéré pour fermer la bouche et ouvrir les yeux.

"Mais bien sûr," interrompit Hughie de manière inattendue, "il existe peu de femmes comme Joey."

Puis il se mordit la lèvre et devint rouge sombre.

Mme Leroy, étant une femme, n'y prêta aucune attention extérieure, mais son mari, qui était une créature simple, se retourna et regarda son invité avec un intérêt non dissimulé.

"Qu'est-ce que *c'est* !" remarqua-t-il en remuant sa tête endormie.

« Bonne nuit, mon vieux ! » » dit Hughie précipitamment.

CHAPITRE XIV

AFFAIRES UNIQUEMENT

LE LENDEMAIN matin, Hughie fit à Miss Joan Gaymer une demande en mariage.

Ce n'était pas un effort impressionnant – très peu de propositions le sont. Mais une représentation de ce genre peut rater son objectif en tant que spectacle et pourtant, grâce à l'indulgence du spectateur principal, atteindre son objectif. Même ainsi, Hughie a échoué, et pour diverses raisons.

En premier lieu, il a proposé directement après le petit-déjeuner, ce qui, comme Joey l'a fait remarquer pathétiquement à Mme Leroy longtemps après, était exactement le genre de chose brutale qu'il ferait. Une femme, surtout si elle est jeune, aime être conquise, ou en tout cas courtisée, dans un certain style. Un endroit isolé, une lumière tamisée, peut-être une lune ; si possible, une musique lointaine, toutes ces choses racontent. Si Hughie avait prêté un peu plus d'attention aux effets de scène de ce genre, il aurait peut-être trouvé son pupille plus indulgent. Étant un Marrable , il a écarté ces pièges et est arrivé directement à ce qu'il imaginait affectueusement être le point, sans savoir que pour une jeune fille, la romance et la cour constituent une vue grande et glorieuse, remplissant l'œil et occupant tout le paysage, tandis que le mariage est un petit nuage noir à l'horizon lointain.

Sa véritable méthode consistait à s'asseoir lourdement à côté de sa pupille alors qu'elle profitait du soleil matinal dans un coin de la pelouse et à dire :

"Joey, je veux te parler pour affaires."

"Très bien, gardien", répondit docilement Miss Gaymer; « le feu ! »

« Je suppose que vous savez, » dit Hughie, un peu déconcerté, « que toutes vos affaires ont été laissées entre mes mains ?

"Oui, pire chance !" » dit franchement Miss Gaymer. "Et cela me rappelle, cher Hughie, que j'aimerais avoir une bagatelle en guise d'acompte. Vous ne refuserez pas le pauvre Joey, n'est-ce pas ?"

Elle serra le bras de son tuteur d'une manière qu'un Français eût qualifiée de *très câline* .

"Je pense que je ferais mieux de vous accorder une allocation", a déclaré Hughie.

Les yeux de Joan dansaient.

"Oh vous *éventreur* ! Combien?"

"Je ne peux pas le dire," répondit Hughie, "avant d'être en ville et d'avoir vu les banquiers."

"Quand vas-tu?"

" Demain : c'est pourquoi je voulais te parler aujourd'hui. Tu vois, ton argent est pour ainsi dire en deux parties. Un lot est lié de telle manière qu'on ne peut y toucher que lorsque le pauvre oncle La mort de Jimmy est effectivement prouvée. »

Les yeux bleu-gris de Joan étaient troublés.

"Hughie", dit-elle, "y a-t-il *un* espoir ? J'aime toujours le penser."

Hughie secoua la tête. "Pas grand-chose", dit-il. "En fait, aucun. On sait qu'il est parti avec cette expédition folle d' Hymack au Congo, pour étudier sur place la question du caoutchouc, et la dernière lettre qu'il a envoyée à sa maison disait qu'il souffrait de maladies noires. fièvre de l'eau, et on sait aussi que l'expédition est revenue sans lui. Et… tout cela, c'était il y a deux ans, Joey.

Joan hocha la tête avec soumission.

"Pauvre oncle Jimmy !" dit-elle doucement.

" Pourtant, " continua Hughie avec vaillance, " on ne sait jamais. J'ai envoyé un homme pour enquêter, et s'il échoue, j'irai peut-être moi-même. Mais tant que nous n'apprenons pas quelque chose de précis, la volonté ne peut être prouvée. Cependant, il m'a laissé des instructions très complètes sur ce qu'il faut faire au cas où il ne reviendrait pas, je dois donc les exécuter. Vous avez de quoi continuer. Je courrai en ville demain, et quand je reviendrai , je Je vous ferai savoir combien cela coûte et combien par an je peux vous accorder.

Miss Gaymer joignit les mains et soupira de joie.

"Nous *aurons* un moment, Hughie !" dit-elle. "Je vais supporter une friandise."

"Merci", dit gravement Hughie.

Il y a eu un long silence. Hughie, soudain mal à l'aise – il était arrivé à la deuxième partie de son programme du matin – fit des tentatives stupides pour rouler une cigarette. Sa pupille était assise avec une expression ravie dans ses yeux grands ouverts, visualisant mentalement une série d'entreprises caritatives (allant d'un pendentif turquoise pour Mildred Leroy à une nouvelle casquette pour le cuisinier) rendues possibles par la soudaine perspective de richesse.

Bientôt, Hughie s'éclaircit la gorge d'une manière déchirante et dit, avec ce qu'il reconnut ensuite être une voix tout à fait erronée :

"Joey, je pense que toi et moi ferions mieux de nous marier."

Miss Gaymer, plus habituée à ce genre de choses que son compagnon, se tourna et le regarda calmement.

"Et pourquoi?" elle a demandé.

Il n'y avait qu'une seule réponse possible à cette question, et Hughie aurait dû la donner de toute la force de son cœur, de son âme et de son corps. Mais bon, la réserve est une chose curieuse et paralysante . Tout ce qu'il a dit , c'est :

"Je pense que ce serait très approprié, n'est-ce pas ?"

"Pour toi ou pour moi ?" demanda Miss Gaymer.

"Pour nous deux", répondit Hughie. "Pas pour moi !" ajouta-t-il, sa modestie habituelle prenant le dessus sur lui.

"De quelle manière ?" continua Miss Gaymer avec un calme surnaturel.

"Eh bien, oncle Jimmy était très enthousiaste à ce sujet", dit Hughie désespérément.

"Vous êtes un neveu dévoué, Hughie", observa Joan avec approbation.

" Et puis, continua le prétendant, comme je suis devenu votre tuteur, et tout ça, je crois que je suis en mesure de prendre soin de vous, de veiller sur votre argent, etc. "

"Tu veux dire que ça te faciliterait la gestion de mes affaires ?" » dit gentiment Miss Gaymer.

"Oui", dit Hughie, sentant qu'il s'en sortait bien.

« D'autres raisons ? » demanda Miss Gaymer avec une apparence docile et intelligente.

Hughie fit un immense effort et saisit sa chaise jusqu'à ce que les veines ressortent sur ses mains. *Parturiente montes* , enfin.

"Eh bien, Joey," dit-il enfin, "nous avons toujours été amis, et tout ça. Je veux dire, nous nous connaissons depuis longtemps maintenant, n'est-ce pas ? Tu m'as même proposé de m'épouser une fois." — il rit nerveusement — « quand tu étais petit. Tu te souviens ? Il me semble que nous devrions nous entendre au mieux ensemble, hein ? Quelle est ton opinion ?

Ridicule il faut !

Miss Gaymer se redressa sur sa chaise et se tourna vers le malheureux jeune homme à côté d'elle.

" Et vous *osez* , " dit-elle, " faire une proposition pareille à une fille comme moi ! Vous restez là et vous me dites que vous m'avez reprise d'Oncle Jimmy comme un... comme un colis d'un porteur, et que tu as été aux prises avec mon argent et mes affaires, alors peut-être que ce serait plus simple et éviterait des ennuis si tu m'épousais ! *Moi !* " répéta-t-elle, " qui doit éloigner les hommes avec un bâton ! "

La dernière phrase était une erreur. C'était le point culminant d'une tirade parfaitement justifiable, peu artistique et égoïste. Joan s'en rendit compte au moment où elle avait prononcé ces mots, mais le pauvre Hughie était trop occupé à se retirer dans sa coquille pour remarquer quoi que ce soit. Il avait mis son cœur à nu, à sa manière, pour la première fois de sa vie, et tel fut le résultat. Plus jamais! Il brûlait intérieurement, comme un enfant dont les adultes se moquent.

"Je suis désolé," dit-il avec raideur. "Mon erreur ! Cela ne se reproduira plus."

L'oreille de Joey fut captée par le ton de sa voix, et sa conscience lui donna un pincement au cœur. Elle tapota amicalement le bras de Hughie.

"Mon vieux," dit-elle, soudainement contrite, "je t'ai mis en colère et je t'ai blessé. Je suis triste - désolée, je veux dire! (Je suis un peu contrariée, tu vois)", dit-elle. » dit avec un sourire désarmant. "Mais je *ne peux pas* t'épouser , vraiment. Je ne *supportais pas* du tout d'être mariée à l'heure actuelle. Cela semble tellement… tellement inutile. Je ne vois pas ce que je devrais en tirer. C'est une chose égoïste à dire, je suppose, mais je vais essayer de vous expliquer le point de vue d'une fille. Tu es un enfant terrible à certains égards, alors je vais le faire tout simplement. »

Elle lui caressa la manche d'un air maternel et continua :

"Il y a des années, ma chère, la seule façon pour une fille d'obtenir sa liberté ou une société masculine était de se marier. Aujourd'hui, elle obtient autant des deux qu'elle le souhaite, et si elle se marie , elle perd toute la liberté et la plupart des droits masculins. société. Alors pourquoi devrait-elle se marier ?

Hughie garda le silence devant ce poseur. Il se sentait incapable d'approfondir une discussion : il faut rester à la surface lorsqu'on discute de ces sujets avec une jeune fille de vingt ans.

" Je ne me marierai donc pas avant des années, voire pas du tout", continua Miss Gaymer, avec l'air de quelqu'un qui propose une théorie entièrement nouvelle. "Pas avant que je sois *dépassé* en tout cas, et seulement alors si je pouvais trouver un homme avec qui ça ne me donnerait pas la chair de poule de penser à passer le reste de ma vie. D'ailleurs, dès qu'on se fiance tout le temps, d'autres hommes descendent , tous les gentils en tout cas, et cela ne suffirait jamais. Ne pensez-vous pas que mon système est sensé ?

"C'est dur pour les hommes", a déclaré Hughie.

"Oui, mes pauvres chéris !" » dit Miss Gaymer avec sympathie. "Pourtant, un homme est si ennuyeux et plusieurs sont si gentils!"

Avec ce résumé concis et assez magistral de la question du mariage, vue à travers les yeux de la jeune fille moderne, Miss Gaymer détourna la conversation vers d'autres voies, et l'idylle prit fin.

Une demi-heure plus tard, ils furent appelés dans la maison pour se préparer à une expédition en bateau.

Joan, avec sa franchise habituelle, revint un instant avant de quitter l'isolement des arbres pour se consacrer au sujet qui leur tenait le plus à l'esprit.

"Hughie," dit-elle doucement, "est-ce que ça fait très mal ?"

"Je ne sais pas encore vraiment", a déclaré Hughie.

"Je veux dire, es-tu triste ou en colère, lequel ? Cela prend généralement un homme dans un sens ou dans l'autre", observa cette demoiselle expérimentée.

"Je ne sais pas si je le suis non plus", dit Hughie d'un ton méditatif ; "Le seul sentiment que j'ai à l'instant, c'est que je suis désespérément désolé. Mais je ne donne pas de coups de pied."

"Je crois," remarqua miss Gaymer avec une soudaine et pardonnable aspérité, "que vous ne vous souciez pas du tout de moi. N'est-ce pas, maintenant ?"

Ils formaient un couple très honnête et sincère. Pendant une bonne minute, ils se regardèrent en face , sans se parler. Alors Hughie dit :

"Joey, je ne sais tout simplement pas ! Je pensais l'avoir su il y a une demi-heure, et je l'aurais juré hier soir, quand—"

Il s'est vérifié.

"Quand quoi?" » demanda rapidement Joan.

"Rien", a déclaré Hughie. "C'est plutôt hors de propos maintenant, n'est-ce pas ?"

Joan, la curiosité aux prises avec l'honnêteté, hocha la tête à contrecœur.

"Quoi qu'il en soit," continua Hughie, "je pensais l'avoir fait à ce moment-là, mais je suis béni si je le sais maintenant. En fait," ajouta-t-il dans un soudain élan de confiance, "parfois je ne peux pas te supporter à tout prix, Joey. cher!"

"Ah!" dit Miss Gaymer en hochant la tête d'un air sage. "Je vois que vous ne connaissez pas encore votre propre esprit. Mais vous *le saurez* - d'une manière ou d'une autre - dès que vous vous éloignerez de moi."

Une semaine plus tard, un nouvel entretien a eu lieu entre les deux hommes, au même endroit.

"Les affaires seulement cette fois, Joey !" dit Hughie avec une gaieté plutôt laborieuse.

"Très bien. As-tu passé un bon moment en ville ?" » demanda Miss Gaymer, à la manière inévitable des femmes et des Orientaux, qui n'aiment pas aller au point en matière d'affaires sans quelques préliminaires décents.

"Oui, merci. J'ai retrouvé de vieux amis et je me suis généralement installé", a déclaré Hughie. "J'ai un appartement et un domestique comique, un Scotchman, vous le présentera un jour. Il..."

Il se lança dans une description plutôt décousue de John Alexander Goble. Il n'était visiblement pas plus pressé de se mettre au travail que Joan.

Enfin Miss Gaymer demanda :

"Eh bien, Hughie, as-tu réglé mes affaires ?"

"Oui," dit lentement Hughie. "Voulez-vous des détails?"

"Merci, non ! Je ne connais rien aux affaires, et je ne crois pas que toi non plus, Hughie. *Et* toi ?"

"Pas grand-chose", a avoué le syndic. "Cependant, je dois te dire tout de suite, Joey, que tes revenus ne seront pas aussi importants que je m'y attendais—"

"C'est vrai, oh !" répondit joyeusement Jeanne. "Quand dois-je commencer l'atelier ?"

" Ce n'est pas si grave que ça, " dit Hughie, " mais... "

"Qu'est-ce que je vaux ?" » s'enquit la pratique Miss Gaymer.

"Je ne peux pas vraiment vous le dire ", dit Hughie d'une manière hésitante. « Vous voyez » – il semblait choisir ses mots avec beaucoup de soin – « la valeur nominale des investissements et leur équivalent en espèces réel… »

Joan a mis ses doigts dans ses oreilles.

"Arrêt!" " s'écria-t-elle, " ou je crierai ! Je ne distingue pas un actif d'un passif, sauf que dans les livres d'arithmétique, le courtage est un huitième, et... Peu importe ! Je ne comprendrais jamais. Combien dois-je avoir par an ? ? Dis moi ça."

« En supposant que ce soit une simple bagatelle, » dit lentement Hughie, « que feriez-vous ? »

Miss Gaymer fronça les sourcils, pensive.

"Tu veux dire, si je n'avais pas de quoi vivre ?"

Hughie hocha la tête.

" Eh bien, je ne devrais pas être gouvernante, je ne pense pas. J'aime les enfants, mais les enfants sont toujours parfaitement diaboliques envers leur gouvernante, et je ne devrais pas non plus supporter leurs mères. Non : les gouvernantes sont parties. Cela ne me dérangerait pas d'être une machine à écrire, ou un secrétaire, même si je ne sais pas écrire, ni même épeler, à condition que ce soit pour un homme vraiment gentil. Un auteur, vous savez, ou un ministre . Il pourrait Je me promenais dans la pièce, ébouriffant ses cheveux et retirant les affaires de sa poitrine, et je m'asseyais là comme une petite souris, dans une jupe noire soignée et un chemisier en soie blanche, - *peut-être* un ou deux œillets épinglés, - ayant l'air très doux et je retire tout ça."

"C'est une jolie image", dit sèchement Hughie.

"Oui, n'est-ce pas ?" » dit Miss Gaymer avec un véritable enthousiasme. « Je pense, » continua-t-elle en s'élevant encore plus haut, « que c'est ce que je préférerais avant tout monter sur scène. Bien sûr, cela ne servirait à rien que de monter sur la scène proprement dite, d'apprendre des parties, et tout ça ; mais un morceau comme « The Merry Widow », avec des robes différentes pour chaque acte et juste quelques refrains à chanter, serait génial ! *Dis que* je suis un pauvre, Hughie !

"Tu ne l'es pas... Dieu merci !" » fut la réponse brutale mais sincère de Hughie.

"Très bien, alors ! Ne me mords pas la tête !" » dit Miss Gaymer avec une bonne humeur intacte. "Reprenons. Combien vas-tu me donner ?"

"De combien peux-tu vivre ?"

"Eh bien, j'en parlais à Ursula Harbord, tu la connais, n'est-ce pas ?"

"Oui," dit Hughie, faisant une grimace ironique.

"Très bien, ne la maltraite pas. C'est la fille la plus intelligente que je connaisse", dit chaleureusement Joan. "Elle fait partie de l'équipe de 'The New Woman' et peut remettre un homme à sa place en deux minutes environ."

" Alors j'ai découvert ", dit Hughie avec résignation. « Un type de fille populaire. Cependant, vous disiez… ? »

« J'ai demandé à Ursula, continua Joan, le coût de la vie en ville, etc., et nous avons convenu de partager un appartement. Elle m'a dit que je pourrais vivre avec trois cents dollars par an.

Joan fit une pause dans l'expectative et attendit une réponse à sa question tacite.

"C'est exactement ce que je peux vous donner", dit Hughie après avoir hésité un moment comme pour calculer une somme en calcul mental.

Une paire de boucles de chaussures de l'Archidiaconal , la lueur d'une robe de soirée blanche et un bout de cigare brillant étaient visibles dans la pénombre de la véranda devant la fenêtre du salon après le dîner. Deux Olympiens, pour qui le cœur humain était comme un livre ouvert, discutaient d'affaires mortelles.

"Il n'y a aucun moyen d'y parvenir ?" » demanda une voix.

"Beaucoup", répondit l'autre. "Mais ils ont tellement gâché les choses entre eux que nous devrons y aller lentement un peu. Pourquoi, oh, pourquoi les hommes en qui vous pouvez avoir confiance pour faire presque *n'importe quoi* de la manière ordinaire mettent-ils toujours un tel gâchis dans leurs relations amoureuses ? Pourquoi n'êtes- *vous pas* marié, par exemple, M. D'Arcy ?

" Pour revenir au point, " dit évasivement le révérend gentleman, " que devrait faire Hughie ? La prendre par les épaules et la secouer ? J'ai connu une telle méthode s'avérer très efficace ", ajouta-t-il plutôt imprudemment.

"N-non", dit Mme Leroy, "je ne pense pas, pas dans le cas de Joey. Cela ramènerait certaines femmes à la raison - la plupart des femmes, en fait - en un rien de temps. Mais l'enfant est trop plein d'entrain. " Sa fierté ne pardonnerait jamais un tel traitement. Une meilleure façon serait qu'il fasse l'amour avec quelqu'un d'autre. "

"Étant Hughie, c'est hors de question. Il ne pourrait faire l'amour à quelqu'un d' autre que s'il le pensait ; et cela irait plutôt à l'encontre de votre objectif, Mme Leroy."

" *Mon* objet ? "

"Eh bien, le nôtre, alors. Mais n'y a-t-il pas d'autre moyen ?"

"Oui. Il doit avoir des ennuis. À l'heure actuelle, il est trop populaire : tout le monde l'aime. S'ils se retournaient contre lui , elle reviendrait assez vite. Oui, il doit avoir des *ennuis* ."

"Eh bien, peut-être qu'il le fera", dit avec espoir le Vénérable Archidiacre.

LIVRE QUATRE
L'INTENDANT INJUSTE

CHAPITRE XV

LES DÉPUTATIONS—AVEC UNE DIFFÉRENCE

HUGHIE entra dans ses appartements de Jermyn Street et sonna dans son salon. C'était une garçonnière confortable, avec des trophées de sport aux murs, des fauteuils caverneux autour de la cheminée et de nombreuses pipes disséminées sur la cheminée.

Il était onze heures, par un beau matin de mars, et Hughie était allé à Putney pour battre un huitième scratch contre l'équipage de Cambridge, qui avait ramé un essai complet sur la crue matinale et avait besoin d'un peu de marche entre les ponts.

Bientôt, la porte du salon s'ouvrit et John Alexander Goble se présenta sur le seuil. Depuis ses jours non régénérés à bord de l'Orénoque, une nouvelle et terrible respectabilité s'était abattue sur lui, et dans sa tenue sobre et servile, il ressemblait plus que jamais à un divin calviniste. Il considérait son employeur avec un certain mécontentement.

"Votre petit-déjeuner est resté dans le garde-boue ces deux heures," observa-t-il amèrement.

"Désolé, John. J'avais peur d'avoir oublié de l'annuler. J'en avais à Putney."

"À quelle heure?" » demanda l'inexorable M. Goble.

« Vers sept heures et demie, avec l'équipage.

"Il est onze heures du matin . Tu pourras avoir du mai , je le dis . Au revoir , c'est dommage de gaspiller de la bonne nourriture. Attends-toi, pendant que je vais la chercher."

Hughie, qui était comme de la cire entre les mains de son serviteur, se retrouva bientôt à prendre part à une collation tiède et à ouvrir ses lettres.

Il parcourut le premier.

"John!" il a appelé.

M. Goble est apparu de la chambre.

"Est-ce que tu pleurais sur moi ?" s'enquit-il.

"Oui. Est-ce que deux messieurs sont venus ici à dix heures ?"

"Toujours."

"Qui étaient-ils?"

"Votre gars Gaymer, et un autre ."

"Qui était-il?"

"Je ne pourrais pas le dire."

"Comment était-il?"

M. Goble a parlé de lui pour une comparaison appropriée.

"Il n'était qu'un long verre d' eau ", annonça-t-il enfin, d'un air définitif.

"Est-ce qu'il ressemblait à un acteur ?" » demanda Hughie avec un éclair d'intuition.

"Pire que ça", répondit Goble.

"Euh... je pense que je le connais. Merci, ça fera l'affaire. Au fait, j'attends des amis pour déjeuner. Le capitaine et Mme Leroy... et M. D'Arcy. Vous le connaissez, n'est-ce pas ? ?"

"D'Arcy ? Oui, ça me va bien. Un gros yin, avec un chapeau de lum attaché avec une ficelle. Un corps d' apparence papiste ", commenta tristement M. Goble.

Il se retira en bas pour réfléchir aux doutes de l'entreprise dans laquelle son employeur semblait dériver, et Hughie retourna à ses lettres.

La vue du suivant le fit soudain rayonner, car au dos de l'enveloppe il remarqua l'adresse de l'appartement de Joan. Mais il se calma lorsqu'il le retourna et lut l'inscription. C'était de la main de la dame avec qui Joan partageait l'appartement.

> " CHER M. MARRABLE [dit-il],—

> "Jeanne et moi venons vous rendre visite demain vers
> midi..."

"Ils feraient mieux de rester déjeuner." Hughie toucha la sonnette et continua :

> "Chère Joan est très jeune à certains égards et elle n'a
> aucune idée de la valeur de l'argent; mais depuis qu'elle m'en
> a parlé *récemment* , elle aimerait avoir quelques mots avec
> vous sur sa situation financière.

> " Comme c'est délicieux de voir les feuilles reparaître
> ! — Croyez-moi, bien sincèrement,

> " URSULA HARBORD ."

"'Chère Joan aimerait'... *n'est-* ce pas ?" commenta Hughie. "J'ai bien peur que ce soit avec Ursula Harbord que je vais parler quelques mots. Hadès !"

Il se leva et traversa la pièce jusqu'à la cheminée, où il frappa les braises avec une violence inutile. Puis il soupira lourdement et prit une photographie posée sur la cheminée.

Joan n'avait dit que la vérité lorsqu'elle avait dit à Hughie qu'il découvrirait ses véritables sentiments dès qu'il se retrouverait loin d'elle. Depuis six ou huit mois, il vaquait à son travail quotidien avec la minutie et la détermination de sa nature. Il avait administré le petit domaine de Manors, commençait à se mêler de politique, s'était remis à l'aviron et essayait de s'intéresser d'une manière générale au cours de la vie qu'il avait tant attendu au cours de ses voyages. Il avait même tenté des conclusions avec quelques *débutants* qui avaient été présentés à son attention par des Mammas au sens des affaires. Mais quel que soit le cours de sa vie, ses pensées et ses désirs persistaient à se concentrer autour d'un seul objet, un objet très inquiétant et insaisissable, et malgré tous ses efforts, il ne parvenait à tirer ni plaisir ni profit de son existence actuelle.

En d'autres termes, il avait gâché une histoire d'amour.

La plupart des hommes – et d'ailleurs la plupart des femmes – subissent cette expérience au moins une fois dans leur vie, et aucun ne la vit jamais de la même manière. L'un râle, l'autre se morfond, un troisième oublie, un quatrième attend son heure, un cinquième cherche ailleurs sa consolation, un sixième s'enfonce dans le travail ou la dissipation. Hughie, qui nourrissait une théorie selon laquelle tout finit par s'arranger dans ce monde à condition de tenir suffisamment longtemps, et selon laquelle en cas de doute, un homme devait « se tenir au travail quotidien et attendre les instructions », comme les constructeurs de ponts de Kipling, avait continué sans relâche. , parce que c'était sa nature de le faire. C'était pour le moment un travail difficile, une affaire mécanique superficielle, sans récompense ni soulagement en vue, mais il était déterminé à continuer à accomplir son devoir envers Jeanne du mieux qu'il pouvait et à combiner autant qu'il le pouvait. *rôles* incompatibles de tuteur sévère, de prétendant indésirable et – pour lui le plus paradoxal de tous – d'ami familier.

Car il ne faisait aucun doute que Joan l'aimait bien. Elle lui faisait confiance, le consultait , voire lui obéissait, même lorsqu'il contredisait ses paroles les plus absurdes et mettait le pied lourd dans ses entreprises les plus chères. Il l'a fait sans broncher. Le fait qu'il ait échoué en tant qu'amant ne semblait pas être une raison pour qu'il échoue en tant que tuteur.

Non que Jeanne se soumette facilement à son *régime* . Pour l'esprit essentiellement masculin de Hughie, ses changements d'attitude étaient un mystère complet. Ils semblaient n'avoir aucune séquence ou connexion logique. Elle l'éviterait ou le chercherait avec la même inattendue. Elle peut être désespérément obstinée ou d'une docile désarmante. Un jour, elle se comporterait comme une enfant gâtée ; sur un autre, elle serait pour lui une très grand-mère. Parfois, elle s'enflammait et s'en prenait à son gardien indéfectible en le traitant de tyran et de monstre ; parfois, elle le prenait sous l'aile la plus maternelle et le conduisait à une garden-party ou à une réception d'une manière qui le faisait se sentir comme un enfant perdu entre les mains d'un policier bienveillant. Une fois, dont il se souvenait particulièrement, elle s'était précipitée sur lui et l'avait réprimandé pendant une bonne demi-heure pour son immobilité impassible et son manque de *finesse* ; le même après-midi, il l'avait entendue le défendre avec véhémence contre une accusation d'ennui portée par deux demoiselles frivoles autour de la table à thé.

Tout cela était très déroutant pour un homme qui détestait la subtilité et aimait ses amis et ses ennemis marqués en chiffres clairs. Cela a également bouleversé ses propres opinions. Le comportement varié de Joey l'empêchait de décider dans son propre esprit s'il l'aimait vraiment ou non. A présent, tout ce dont il était sûr, c'était qu'il l'aimait.

Pendant ce temps, elle venait le voir, au sujet de sa situation financière. Cela ne promettait pas de romance . Et Ursula Harbord venait aussi. Aide! Il est certain que la vie était une affaire pourrie à l'heure actuelle. Et cela avait été si riche et si glorieux avant qu'il abandonne le vaste monde et se lance dans ce genre de choses. Cela aurait pu être si différent aussi, si seulement...

Le pauvre Hughie replaça la photo de Joan, soupira de nouveau et toussa confusément. Une image funèbre apparut par-dessus son épaule dans la vitre de la cheminée.

"Est-ce que tu avais sonné ?" demanda une voix sépulcrale.

"Oui, John. Miss Gaymer et un de ses amis viennent me voir ce matin. Ils resteront probablement déjeuner. Vous pouvez emporter cette nourriture là-bas."

Il revint à ses lettres. Un seul est resté fermé et s'est avéré provenir d'un homme avec qui il avait convenu de tourner à l'automne.

"Cela semble promettre un petit soulagement par rapport à la situation actuelle," songea-t-il. "Quatre hommes sur une belle lande sombre, sans femmes! Dieu merci! Cent livres par part. Eh bien, Dieu le sait, être fiduciaire n'est pas rentable, mais je pense que je peux le faire. J'accepterai immédiatement. "

Il commença à écrire un télégramme. Les célibataires ont l'habitude de mener leur correspondance de cette manière.

"Voici, ils sont là "Wigmalearies ", a annoncé M. Goble sans passion.

Il a accueilli Lance Gaymer et l'histrionique M. Haliburton.

"Après les compliments", comme on dit dans les milieux officiels, Lance en est venu au fait.

« Marrable , dit-il après un échange de regards presque imperceptible avec Haliburton, ne gardez-vous pas ma sœur un peu à court d'argent ? »

Hughie se tourna et le regarda avec un étonnement vide.

M. Haliburton, faisant preuve d'un tact courtois par tous les pores, se leva instantanément.

"Vous aimeriez sans aucun doute être seuls tous les deux", dit-il. "Je ne dois pas m'immiscer dans les affaires familiales. Je t'appellerai dans une demi-heure, Lance."

Hughie s'était levé également.

« Vous n'avez pas besoin de vous embêter, M. Haliburton, » dit-il. "Lance vient avec toi."

M. Gaymer n'était visiblement pas préparé à des mesures aussi rapides que celles-ci.

"Mais regarde ici, dis-je, que diable veux-tu dire ?" balbutia-t-il.

délibérément Hughie , — il avait réalisé , presque avec exultation, qu'il s'agissait là encore d'une situation qui ne devait pas être traitée avec des gants de chevreau, — "que je suis l'unique tuteur et tuteur de votre sœur, et que vous n'avez rien." quoi que ce soit à voir avec la disposition de ses biens, et... »

"Je pense que tu oublies," dit Lance d'un ton truculent, "que je suis son frère."

"Je ne l'oublie pas", a déclaré Hughie. "Jimmy Marrable non plus . Ce n'est pas un oubli de sa part qui a laissé l'héritage de Joan et le vôtre enfermés dans des compartiments séparés, pour ainsi dire. Il vous a donné un revenu indépendant il y a longtemps, Lance, parce qu'il tenait particulièrement à ne vous donner aucune opportunité. d'intervenir dans les affaires de Joan le moment venu. Pour une raison quelconque, il m'avait choisi pour ce poste et il préférait que j'aie les mains libres. Par conséquent , je ne vais pas vous permettre d'empiéter sur mon département. Je suis désolé de Je dois le dire si brutalement, mais, en réalité, vous avez été d'une officine infernale ces derniers temps. C'est la quatrième allusion que vous faites à ce sujet au cours des six dernières semaines. Je ne sais pas si votre entreprise est inspirée par l'amour fraternel. ou le désir d'en faire un peu, mais quoi qu'il en soit, je ne pense pas que vous obtiendrez beaucoup de monnaie de ma part. Je m'oppose également à votre dernière démarche - faire venir M. Haliburton, vraisemblablement comme complice, ou comme témoin, ou peu importe comment vous voulez l'appeler.

"Vraiment, M. Marrable !" La voix de M. Haliburton frémissait d'une indignation digne d'un gentleman.

Hughie a sonné.

" Écoute, Marrable , " explosa Lance furieusement, " tu te mets dans un trou, je peux te le dire ! Nous... je sais que Jimmy Marrable il laissa trente ou quarante mille livres au moins pour l'usage immédiat de Joey ; et je suis presque certain qu'il a laissé quelque chose pour le mien aussi. Maintenant-"

"Je suis désolé de ne pas pouvoir vous demander de rester déjeuner", a déclaré Hughie, "mais j'ai des amis qui viennent. Faites sortir ces messieurs, John."

La députation fut impitoyablement conduite en bas par l'impassible M. Goble, et Hughie fut laissé à ses propres réflexions. Il remplit une pipe méditativement.

"Je me demande," dit-il en allumant un renversement et en soufflant, "d'où le jeune Lance tenait ses figurines. Je me demande aussi quel est le jeu. Il était visiblement un peu énervé, et je devrais dire qu'il s'était fortifié pour le interview avant son arrivée. Je savais bien sûr qu'il ne m'avait jamais pardonné d'être chargé des affaires de Joey : il m'a toujours rendu les choses aussi difficiles que possible. Peut-être veut-il une bagatelle pour lui-même : ses remarques finales sont plutôt a montré de cette façon. Mais que diable fait l'ami Haliburton dans cette galère ? J'imagine qu'il a toujours été à l'arrière-plan des choses. Quel intérêt a-t- *il* dans le montant de la fortune de Joey ? Je ne sais pas grand-chose sur lui, mais Je ne lui ferais pas confiance. Peut-être que Lance lui doit de l'argent. Sont-ils partis, John ?

"Oui", a répondu M. Goble. "Ils sont allés assez tranquillement", a-t-il ajouté avec regret.

Il commença à mettre la table pour le déjeuner.

"Je dis, John," commença maladroitement Hughie.

"Toujours?"

" Il y a une chose dont je veux vous parler. J'ai perdu de l'argent ces derniers temps et je dois renoncer à certains luxes que je ne peux pas me permettre. Je... j'ai peur que vous soyez l'un d'entre eux. J'ai toujours considéré un homme. — Serviteur comme une extravagance, poursuivit-il précipitamment, et je dois vous demander de chercher un autre endroit. Prenez votre temps, bien sûr, et ne me quittez pas avant que vous ne soyez satisfait. Je serai heureux de vous aider. te donner un personnage, et tout ça. Tu comprends ?

Il y eut un silence pendant que M. Goble pliait une serviette. Puis il a répondu : « Très bien ! Puis il ajouta, après une pause : "Alors tu as perdu ton argent ? Ouais ! Aha ! Mphm !"

"Oui. Je suis désespérément désolé", dit Hughie avec pénitence. « Je ne veux pas te perdre. Peut-être que ce ne sera que temporaire … »

"Vous ne le serez pas encore avant un moment", remarqua M. Goble d'un ton morose. "Je suis un corps malade, je dois bouger."

"Mais, John, tu ne comprends pas. Je ne peux pas me permettre de te garder plus de—"

« Il y a un taxi ! observa M. Goble.

Hughie baissa les yeux par la fenêtre.

"C'est vrai," dit-il précipitamment. "Je vais les montrer, John. Continuez votre travail."

Il traversa et sortit de la pièce en trois enjambées, et on pouvait l'entendre descendre les escaliers à la manière d'un kangourou.

M. John Goble inspira profondément dans une cuillère et la frotta avec la pointe de son coude.

"Je veux " Qu'est-ce que sont ses visiteurs ", réfléchit-il d'un ton caustique. " Bien sûr, il ouvre toujours la porte lui - même à tous ses visiteurs ! Bien sûr , je ne sais pas qui elle est ! Oh non!"

Il secoua la tête, le cœur brisé, et poussa un son déprimant qu'un frère écossais aurait reconnu comme un rire intense d'amusement.

À lui entra Miss Ursula Harbord. Elle portait *un pince-nez* et un costume vert sauge fait d'un tissu artistique – l'un des nombreux crimes commis au nom de la Liberté. Elle était la dernière mode de Joan Gaymer ; et sous sa tutelle persuasive, Jeanne commençait à apprendre que les hommes qui toute sa vie avaient servi son moindre caprice étaient à la fois des monstres de duplicité et des idiots sans cervelle ; et que, compte tenu de quelques articles plus fervents et peu grammaticaux dans « The New Woman », les femmes prendraient bientôt le dessus et marcheraient à la tête de la civilisation , et que des gens comme Ursula Harbord marcheraient à la tête des femmes.

En attendant ce destin glorieux, Miss Harbord perturbait en général les instincts domestiques de Joan et inquiétait considérablement Hughie.

Elle fut suivie dans la pièce par Joan ; c'est bien la Jeanne de l'été dernier, si l'on tient compte de l'apparence pénible que présente une jeune femme aux attraits personnels considérables, obligée par le décret de la mode, pour cette saison en tout cas, de cacher ses traits sous un chapeau qui ressemble à un compromis infructueux entre une corbeille à papier et un couvre-plateau.

"Eh bien, John," demanda-t-elle amicalement, "êtes-vous bien installé à Londres?"

"Oui, moi."

"L'Ecosse ne vous manque pas ?" continua Joan en ôtant ses gants blancs et en s'asseyant dans un fauteuil.

" Il n'y a rien à dire, " dit John.

"Je pensais", continua Miss Gaymer, examinant les traits cimmériens de M. Goble, "que vous aviez peut-être laissé votre cœur là."

"Ma maman ? Pourquoi ferais-je une chose pareille ?" » s'enquit littéralement M. Goble. "Un cheveu n'est pas quelque chose qu'un corps peut faire wi'oot ", a-t-il expliqué. "Ce n'est pas comme une côte. Vous avez juste pris l' âne , donc vous ne pouvez pas vous permettre de le quitter n'importe où .

Miss Gaymer abandonna le sujet en souriant et, selon toute vraisemblance, le fantôme de Sydney Smith rit.

« Quand vas-tu nous rendre une autre visite à Manors ? » fut la prochaine question de Joan.

"Je n'en suis pas sûr", a déclaré M. Goble. "M. Marrable vient de me donner un préavis."

"Oh, John !" dit Joan, qu'est-ce que tu as fait ? Lui casser la porcelaine ?

"Tu bois son vin ?" » suggéra Miss Harbord, se détournant d'une inspection méprisante du stock de littérature actuelle de Hughie.

"Je ne suis pas en train de donner satisfaction", a déclaré John.

"Mais, John, je suis *sûr* que tu l'es !" dit Jeanne. "Est-ce que c'est la raison qu'il a donnée ?"

"Il a dit qu'il renonçait à entretenir un domestique."

Miss Harbord, qui tendait le cou pour voir quelque chose dans la rue, se retourna brusquement.

"Pourquoi ? A-t-il perdu de l'argent ?"

"Je ne pourrais pas le dire, moi", dit M. Goble d'un ton boisé. Il partageait l'antipathie de son maître envers Miss Harbord.

Cette dame secoua la tête avec résignation.

"Je le pensais!" dit-elle. "Joan, chérie—"

À ce moment, Hughie entra, et le feu de Miss Harbord fut détourné.

"M. Marrable , vous êtes-vous débarrassé de ce cocher ?" » demanda-t-elle avec truculence.

"Plutôt!" » dit Hughie. "Il est allé comme un agneau."

"Il était ivre", remarqua glacialement Miss Harbord.

"Je ne l'ai pas remarqué", a déclaré Hughie. "Il était plutôt docile. Apparemment , vous l'avez engagé à Hyde Park Terrace et vous vous êtes arrêté dans deux magasins en chemin."

"C'est exact."

"Et vous lui avez donné un pence et trois pour un trajet de plus de trois kilomètres et un arrêt d'environ dix minutes."

"Son tarif légal. Nous l'avons employé pendant exactement une demi-heure."

"Mais lui as-tu dit que tu l'engageais à l'heure ?"

"Bien sûr que non ! Ils *rampent simplement* si vous le faites. Vous le saviez peut-être, M. Marrable ."

"Eh bien, tout va bien maintenant", intervint joyeusement Joan.

"M. Marrable ", a persisté Miss Harbord, "je crains que vous n'ayez été faible avec lui. Combien lui avez-vous donné ?"

"Rien d'extraordinaire", dit Hughie avec inquiétude. "Vous resterez déjeuner, n'est-ce pas ? J'attends les Leroy et D'Arcy. Nous pourrons tous passer une *matinée* après."

Miss Harbord prit l'expression de quelqu'un qui ne se laisse pas convaincre par de belles paroles, et s'efforça d'attirer l'attention de Miss Gaymer – entreprise qui échoua de façon flagrante lorsque cette dernière dame se leva de son siège et se dirigea d'un pas nonchalant vers la fenêtre.

"M. Marrable ", commença Miss Harbord, reprenant seule sa parabole, "Joan souhaite discuter avec vous de questions d'argent."

" Non , Hughie," dit promptement Miss Gaymer par-dessus son épaule.

"Eh bien, ma chère," dit calmement Miss Harbord, "vous devriez le faire. Les femmes laissent beaucoup trop ces choses aux hommes. Joan a une idée démodée", a-t-elle ajouté à Hughie, "que ce n'est pas tout à fait C'est bien que les filles sachent quoi que ce soit sur les questions d'argent : d'où sa réticence. Cependant, je plaiderai sa cause à sa place.

Miss Harbord croisa les jambes, se renversa sur sa chaise d'une manière qui démontrait de la manière la plus concluante son mépris des apparences et des idées féminines sur la bienséance, et commença :

"Dites-moi, M. Marrable , quels intérêts Joan reçoit-elle sur son argent ?"

Hughie resta bouche bée. Il y a une demi-heure, il avait mis M. Lance Gaymer à la porte pour une question presque exactement similaire. Mais Lance Gaymer était un homme, et Miss Harbord, même si elle pouvait le cacher , était une femme ; et la vieille impuissance de Hughie le paralysa une fois de plus.

« Le taux d'intérêt habituel, dit-il maladroitement, est d'environ quatre pour cent.

Ursula Harbord hocha la tête, comme si elle disait : "Je m'y attendais !" » et sortit de son manchon un journal froissé.

"Cela," dit-elle avec presque indulgence, "révèle votre ignorance du monde, M. Marrable . Si vous vous mêliez un peu plus aux affaires et si vous suiviez une occupation régulière, vous auriez plus d'occasions de découvrir des choses par vous-même, et ainsi soyez épargné l'indignité - je suppose que vous considérez cela comme une indignité ? - de devoir être conseillé par une femme.

Hughie, affligé, murmura quelque chose en disant que c'était un plaisir.

"Maintenant," continua Miss Harbord en frappant le journal comme un boucher de l'East End gifle le dernier steak de bœuf lors de sa vente aux enchères du samedi soir, "j'ai le rapport de la réunion semestrielle de l'International Trading Company, Limited, où un dividende de sept pour cent a été déclaré, ce qui fait un dividende de quatorze pour cent pour toute l'année. *Maintenant,* voyez-vous ce que je... ce que veut Joan ?

"Hughie", dit Joan, qui faisait le tour de la pièce pour inspecter la pièce, "où as-tu trouvé cette jolie peau de léopard ? L'ai-je déjà vue ?"

"J'ai tiré dessus, Joey. Je vous demande pardon, Miss Harbord ?"

"Tu vois ce que Joan veut que tu fasses ?" a répété cet Amazon financier.

"Je crains que ce ne soit pas le cas . Mais j'y reviendrai dans une minute", répondit le docile Hughie.

"Sûrement, tout est très clair ! Vous devez retirer le capital de Joan de ce qu'il contient et acheter des actions de The International Trading Company avec. Et assurez-vous de commander des actions *privilégiées* , M. Marrable . Ce sont les meilleures espèces pour C'est tout, mais je ne devrais pas avoir à vous faire remarquer ces choses.

Hughie observa sa préceptrice d'un air indécis. Est-ce que ça valait le coup essayer de lui expliquer quelques-uns des premiers principes de la finance, ou serait-il plus simple de sourire et de le supporter ? Il a opté pour cette dernière alternative.

« Les actions, » continua Miss Harbord, ayant visiblement décidé de faire suivre ses fouets de quelques scorpions sélectionnés, « devraient être achetées aussi bon marché que possible. Elles montent et descendent, vous savez, comme… un… »

"Un singe sur un bâton ?" » suggéra Hughie, avec l'air de quelqu'un désireux d'aider.

Miss Harbord sourit avec indulgence.

"Non, non ! Comme un... un baromètre, disons ; et vous devez surveiller votre opportunité. Il y a une chose appelée "par" à laquelle ils vont , - n'importe qui vous dira ce que c'est, - et c'est un c'est un très bon moment pour les acheter."

Hughie, luttant pour reprendre son souffle, se leva et rejoignit Joan dans l'embrasure de la fenêtre, tandis que Miss Harbord, avec des crépitements ostentatoires, plia le journal et le rangea.

"Hughie," dit Joan, sous couvert du bruit, "tu es en colère."

"Pas du tout", répondit Hughie en s'essuyant furtivement les yeux. "Un peu déconcerté, c'est tout. Je ne savais pas que ton ami était autant impliqué dans ces choses."

« Elle *est* intelligente, n'est-ce pas ? dit Jeanne avec une sincérité intacte. "Mais, chéri Hughie, ne vous en souciez pas si cela vous inquiète. Mes affaires doivent être une nuisance effrayante pour vous, mais Ursula tenait tellement à ce que je vienne…"

"Je suis content que tu l'aies fait, Joey. Ça en valait la peine," dit simplement Hughie.

"Bien sûr", continua l'illettrée Miss Gaymer, "pour des gens comme Ursula, ces choses sont aussi faciles que de tomber d'une bûche, mais pour vous et moi, qui ne connaissons rien aux affaires, c'est assez difficile à affronter, n'est-ce pas ? ils?"

"Tout à fait," acquiesça humblement Hughie. "Mais écoute, Joey," continua-t-il, "tu as vraiment besoin d'argent ?"

" Bien sûr qu'elle l'est ! " » dit Miss Harbord, entendant et reprenant l'offensive.

"J'aurais *bien* besoin de quelques robes supplémentaires, Hughie " , dit Miss Gaymer avec nostalgie, "si cela ne serait pas gênant de modifier un peu ces investissements, comme le conseille Ursula. Pourtant, si cela n'est pas possible, nous je n'en dirai pas plus."

"Est-ce que cent autres par an vous seront utiles?" » dit soudain Hughie.

"Oh, Hughie, je devrais le *penser*! Est-ce que cela peut être géré sans un bouleversement effrayant ?" s'écria Miss Gaymer, ses yeux s'éclairant déjà sur une vue de chemisiers longs et doubles.

"Oui", dit brièvement Hughie. "Je vais—je ferai les changements nécessaires et veillerai à ce que l'argent soit versé sur votre compte bancaire."

"Vous cher!" » dit Miss Gaymer avec sincérité.

"Cent livres ? Ça pourrait être plus !" observa la fille du sangsue sur le canapé. Quatorze pour cent lui taraudaient encore le cerveau napoléonien.

Hughie se dirigea vers la table à écrire et déchira un formulaire télégraphique.

" Capitaine Leroy ! " » annonça la voix de M. Goble dans l'embrasure de la porte.

Ce paladin facile à vivre entra dans la pièce et laissa entendre que sa femme l'avait envoyé dire qu'elle arriverait dans dix minutes.

"Cela veut dire vingt", dit Joan. "Ursula, nous avons juste le temps de courir et de voir ce chapeau sur lequel nous pensions qu'il valait mieux ne pas décider jusqu'à ce que Hughie nous parle de la chose pour laquelle nous sommes venus le voir. Maintenant, je peux l'essayer en toute conscience. De retour directement, Hughie ! »

Elle s'enfuit, les cent livres potentielles brûlant visiblement un trou dans sa poche (ou partout où une femme de l'ère actuelle de la mode garde son argent), suivie par Miss Harbord.

Hughie se tourna vers Leroy.

« Prends une cigarette, vieil homme, dit-il, et assieds-toi avec un verre de sherry pendant que je me prépare pour le déjeuner. Je suis allé à Putney.

Leroy obéit. Quand Hughie revint de sa chambre un quart d'heure plus tard, il constata que Mme Leroy était arrivée. Elle et son mari étaient engagés dans une conversation à voix basse, qu'ils interrompirent assez brusquement à l'entrée de leur hôte.

Hughie serra la main et, balayant quelques journaux du canapé, offrit un siège à son dernier invité.

« Non, merci, Hughie », a déclaré Mme Leroy ; "Je préfère regarder par la fenêtre."

Elle traversa la pièce et commença à regarder la rue, dos à Hughie. Son mari, visiblement frappé de la convenance de cette attitude, se leva et la rejoignit.

"Le fait est, Hughie", commença Mme Leroy en regardant résolument la maison d'en face, "Jack et moi voulons vous parler comme un père et une mère, et je peux le faire plus facilement si je détourne le regard."

"Idem ici", corrobora Leroy d'un ton bourru.

Hughie sursauta et examina la paire de dos à l'air coupable devant lui avec une suspicion inquiète. Il n'allait sûrement pas avoir droit à une troisième variation sur le même thème !

« Vas-y, Jack ! » fut la remarque suivante de Mme Leroy.

"C'est impossible, ma chérie ", répondit le monsieur après un effort évident.

"Eh bien, Hughie," continua vivement Mme Leroy, "comme ce lâche m'a trahi, je dois le dire moi-même. Je veux vous dire que les gens parlent."

"Ursula Harbord, par exemple", dit sèchement Hughie.

"Oui comment l'as-tu su?"

"Elle m'a donné une conférence ce matin. Elle m'a fait comprendre qu'elle me soupçonnait sombrement d'être un fripon, et n'a pas tenté de cacher sa conviction que j'étais un imbécile."

"Eh bien, bien sûr, tout cela n'a aucun sens", dit Mme Leroy à une mouche sur la vitre; " mais vraiment, Hughie, avec tout l'argent que son oncle Jimmy lui a laissé, tu devrais pouvoir donner à Joey plus que tu ne le fais, *n'est-ce pas* ? L'enfant doit vivre de manière assez modeste - pas vraiment pauvre, vous savez, mais à peine comme une héritière devrait vivre. Vous lui donnez étonnamment peu d'intérêts sur son argent, dit Jack, n'est-ce pas, Jack ?

Le capitaine Leroy ne répondit pas, mais la teinte carmin profonde sur sa nuque disait « Sneak ! » aussi clairement que possible.

"Et tu sais qu'il serait le dernier à dire quoi que ce soit contre toi, n'est-ce pas, Jack ?"

"Plutôt!" dit Leroy d'une voix de tonnerre.

"Hughie", dit Mme Leroy en se tournant impulsivement, "ne veux-tu pas me confier?"

Hughie lança un charbon dans la grille, comme à son habitude, et soupira.

"Je ne peux pas, *vraiment* ", a-t-il déclaré.

" Le fait est, mon vieux, " interrompit Leroy en réponse aux regards suppliants de sa femme, " nous ne voulions rien dire du tout, mais la demoiselle a pensé que c'était mieux, vu la façon dont les gens parlent , et tout Ça. Puis- *je* être utile à quelque chose ? J'ai spéculé , ou quoi que ce soit ?

"Non, Jack, je ne l'ai pas fait", dit brièvement Hughie.

Mme Leroy jeta un regard impuissant à son mari et dit désespérément :

"Mais, Hughie, nous ne pouvons pas laisser les choses comme ça ! Tu ne *sais tout simplement pas* de quoi parlent les histoires. Cela gâche aussi tes chances avec Joey. Elle pense que tu es une nouille."

"Je le sais", a déclaré Hughie.

"Eh bien, écoutez," dit Leroy, "ne pouvez-vous pas nous donner une sorte d'explication, quelques histoires que nous pourrions mettre sur l'endroit pour expliquer cet état de choses..."

"Quel état de choses ?" dit Hughie avec obstination. Il était de mauvaise humeur.

"Eh bien, Hughie", dit Mme Leroy en gardant le sien, "voici Joan, à qui on sait qu'on lui a laissé beaucoup d'argent pour son usage immédiat, - elle l'admet elle-même, - vivant très humblement et à bon marché, et visiblement pas bien. " _ _ _

"Les gens qui sont vraiment au courant, vous savez", a expliqué Leroy.

"Oui : *on* dit," continua sa femme, "que Jeanne ne t'épousera pas, alors tu as riposté en... par..."

"En coupant les approvisionnements", suggéra Hughie.

"Oui, jusqu'à—"

"Jusqu'à ce qu'elle soit affamée et soumise, hein ?"

"C'est à peu près la taille, mon vieux fils", dit Leroy.

Il y avait une longue pause. Finalement Hughie dit :

"Eh bien, c'est une jolie histoire ; mais, honnêtement, je ne suis pas en mesure de la contredire pour le moment."

Mme Leroy renonça à tresser le cordon de la fenêtre, se retourna, se dirigea délibérément vers la cheminée et posa la main sur le bras de Hughie.

"Hughie," dit-elle, sur un ton qui, selon son mari , aurait attiré les canards d'un étang, "qu'as-tu fait ? Dis- *nous* !"

Leroy suivit sa femme à travers la pièce. « Enlève ça de ta poitrine, mon vieux », dit-il avec l'air d'un père confesseur.

Hughie sourit avec reconnaissance. Il prit les deux mains de Mme Leroy dans l'une des siennes et posa l'autre sur l'épaule de Jack Leroy.

"Jack et Milly," dit-il avec sérieux, "mes deux amis ! — Je préférerais vous le dire à vous plutôt qu'à n'importe qui d'autre ; mais... je ne peux tout simplement *pas* ! Ce n'est pas mon secret ! Vous le découvrirez probablement un jour . À l'heure actuelle, je dois vous demander d'accepter mon assurance que je ne suis pas aussi noir qu'on me peint."

« Hughie, » dit Mme Leroy, « vous êtes tout simplement stupide ! Nous ne sommes pas venus vers vous par vaine curiosité… »

"Je le sais", dit chaleureusement Hughie.

« Et je pense que vous pourriez nous donner une sorte d'idée – une sorte de bulletin favorable – que je pourrais transmettre à Joey, en tout cas… »

« Joey ! » » dit Hughie involontairement ; « Seigneur nous préserve ! »

Mme Leroy, surprise par la véhémence de son ton, s'arrêta ; et son mari ajouta avec découragement :

"Très bien, mon vieux ! Laissons tomber ! Désolé, tu n'as pas trouvé comment te confier à nous. Je ne serais pas allé plus loin. Plutôt malade de toute cette affaire, hein ? Pas étonnant ! L'argent, c'est le diable, de toute façon ".

D'une manière ou d'une autre, les paroles de Leroy frappèrent Hughie plus durement que tout ce qui avait été dit jusqu'à présent. Il hésita. Après tout,-

"Nous avons acheté le chapeau et je suis complètement *affamée* ", annonça Joan en apparaissant sur le seuil. "Et nous avons amené M. D'Arcy. Hughie, ce sont des œufs de pluvier ? Ooh !"

Ce n'était pas une atmosphère propice à la respiration de secrets confidentiels. Le groupe reprit son attitude habituelle d' *insouciance* britannique désinvolte et commença à se rassembler autour de la table du déjeuner. Seul le sourcil droit de M. D'Arcy posait une question à Mme Leroy, à laquelle répondait un léger mais regrettable haussement d'épaules.

L'appartement de Hughie était en forme de L et le festin se déroulait dans le petit bras, à l'écart des courants d'air et des portes. Par conséquent, quiconque entrant dans la pièce ne verrait pas la table du déjeuner à moins de se tourner vers la gauche et de tourner au coin de la rue.

Hughie aidait les œufs du pluvier, — il est à craindre que miss Gaymer n'en ait reçu une portion de Benjamin, — lorsque M. Goble apparut soudain à son coude et lui murmura à l'oreille :

"Encore lui!"

Marmonnant des excuses, Hughie quitta la table et contourna le coin jusqu'à l'autre bras de la pièce. Lance Gaymer venait d'entrer. Son visage était rouge et ses yeux brillaient, et l'invitation à moitié lancée par Hughie de venir déjeuner quelque part s'éteignit sur ses lèvres.

"Bonjour, Lance !" » dit-il boiteusement.

M. Gaymer répondit, du ton délibéré et terriblement solennel d'un homme trois fois ivre :

"Je comprends que tu organises une fête ici."

"Oui", dit Hughie, s'efforçant de faire passer son visiteur à travers la porte.

" Ce que je veux dire, " continua M. Gaymer d'une voix montante, " c'est que je vous accuse d'avoir détourné les biens de ma sœur, et je vais vous mettre les choses au chaud. Oui... vous ! *Allez* dire ça à votre déjeuner au coin de la rue !" conclut-il avec un reniflement. "Et... glou... glou-glug !"

À ce moment- là , il avait été judicieusement reculé dans le passage, presque hors de portée de voix des personnes présentes dans la pièce. Simultanément, la grande main de M. Goble se referma sur sa bouche par derrière, et après avoir ainsi acquis un bon achat, tourna adroitement son propriétaire et le conduisit en bas.

Un silence de mort régnait à la table du déjeuner. Hughie se demandait ce qu'ils avaient entendu . Cela n'avait pas beaucoup d'importance, car les accusations de Maître Lance, faisant la part de la franchise alcoolique, ressemblaient très largement à celles déjà portées contre Hughie par des députations plus conventionnelles.

Avant de regagner sa place, Hughie se dirigea vers la fenêtre et regarda la rue.

M. Lance Gaymer était aidé à monter dans une cabine d'attente par les mains aimables de M. Guy Haliburton.

Hughie, après avoir vu tout ce qu'il espérait voir, revint à pas hésitants à ses fonctions d'hôte.

C'était un moment délicat, qui demandait beaucoup de tact. Même Mildred Leroy hésitait. Joan était devenue rouge, que ce soit de honte, de colère ou de sympathie, c'était difficile à dire. M. D'Arcy la regarda avec curiosité.

Mais les maris aux pieds lourds se précipitent parfois, avec succès, là où les épouses les plus prudentes et les plus diplomates craignent de s'aventurer. Jack Leroy s'éclaircit la gorge.

"Maintenant, Hughie, mon fils", observa-t-il, "quand vous aurez fini *d'* interroger tous vos amis sur le paillasson, vous donnerez peut-être une chance à vos invités. Avec tant de vieux amis rassemblés autour de votre table comme ceci, nous voulons boire à votre santé, jeune-camarade-mon-garçon ! Remplissez votre verre, Miss Harbord ! Pas de coups de talon, Milly !"

Il y avait une *bonhomie hors de propos* dans tout ce discours qui sonnait exactement sur le bon ton. Mme Leroy jeta un regard reconnaissant à son mari et leva son verre. Les autres ont fait de même. Mais c'est Jeanne qui parla la première.

« Hughie ! » cria-t-elle avec des yeux brillants.

« Hughie ! » s'écria tout le monde . "Bonne santé!"

Dans les temps de prospérité, nos amis sont toujours critiques, souvent injustes, généralement nuisibles et parfois tout à fait détestables. Mais il ne fait aucun doute qu'ils sont d'une aide très présente en cas de problème.

Hughie se sentit soudain incapable de parler. Il baissa bêtement la tête et lança un assaut furieux sur un œuf de pluvier.

CHAPITRE XVI

DANS LEQUEL LA CHARITÉ SOUFFRE LONGTEMPS ET JOAN MANQUE SON SIGNAL

HUGHIE passa les mois suivants principalement à se poser des questions.

Il se demande quel pourrait être le jeu de M. Haliburton. Que faisait-il derrière Lance Gaymer ? Que ce dernier puisse s'estimer justifié de mettre son nez dans les affaires de sa sœur unique était tout à fait compréhensible – mais pourquoi s'en prendre à Haliburton ? Ce voyou pittoresque était-il un véritable ami de Lance, enrôlé dans une entreprise fraternelle visant à réajuster la disposition extrêmement asymétrique de ses biens par Jimmy Marrable , ou était-il simplement un membre de cette fraternité de grande envergure et remarquablement compétente (connue dans les cercles sportifs sous le nom de « The Nuts »). "), pour qui toute l'humanité est une proie équitable, et dont le seul article de foi est un proverbe banal au sujet d'un imbécile et de son argent, poursuivant son vocation ordinaire de "gagner un peu" ? En d'autres termes, Lance Gaymer tirait-il Haliburton, ou Haliburton poussait-il Lance Gaymer ?

Hughie s'interrogeait également sur bien d'autres choses, notamment...

(*une*) Jeanne.

(*b*) Plus de Jeanne ; couplé à de vagues spéculations sur la façon dont tout cela allait se terminer.

(*c*) Plus de Jeanne encore ; avec un désir grandissant de repartir au bout du monde et de se perdre.

Mais pour le moment, la vie s'est déroulée sans incident. Depuis le feu d'artifice de Lance lors du déjeuner de Hughie, les amis de Hughie avaient soigneusement évité de mentionner le mot argent en présence de leur défunt hôte ; et Maître Lance lui-même, réalisant évidemment que, si excellentes que fussent ses intentions ou ses motivations pures, il s'était fait un imbécile absolu, évita complètement la société de Hughie.

Joan Hughie a peu vu jusqu'au début d'octobre, lorsqu'il est arrivé à Manors pour chasser les faisans.

Il fut accueilli, presque avec des larmes d'affection, par John Alexander Goble, qui avait été retenu par Jack Leroy comme majordome lorsque Hughie avait renoncé à ses services ; et je trouvai la maison remplie de jeunes hommes et de jeunes filles, la salle de billard parsemée de vêtements multicolores et l'atmosphère chargée de l'électricité d'une grande entreprise en devenir.

"Théâtraux!" expliqua Mme Leroy avec résignation en lui tendant son thé. "Des tableaux plutôt. C'est au moins une sorte de divertissement de variétés", conclut-elle désespérée, "à la salle paroissiale . Au profit de je ne sais quelle charité, mais cela n'a aucune importance."

"Le dernier de Joey, je suppose ?"

"Oui, l'enfant en raffole. Quoi, ma chérie ?" (Ceci à la petite Hildegarde, dans une attitude de supplication à ses côtés.) " Du gâteau ? certainement pas ! Vous allez prendre le thé au Presbytère dans une demi-heure. Vous souvenez-vous de ce qui s'est passé la dernière fois que vous avez pris deux thés ? "

Stodger réfléchit et se souvint ; mais il plaida, en guise d'atténuation, :

tout fait au presbytère, maman."

"Elle était malade", expliqua sa sœur en se tournant poliment vers Hughie.

"Deux fois!" » a corroboré Stodger , non sans fierté.

"Oui; dans un bassin décent fourni par la paroisse," continua vaguement Duckles. Elle avait récemment commencé à fréquenter l'église, et ses lectures pendant le sermon lui avaient ouvert un champ nouveau et fertile de citations.

"Parlez-m'en davantage sur les tableaux, Jack", dit Hughie à la hâte, tandis que Mme Leroy accélérait le départ rituel de sa progéniture à l'étage.

"Ils dépensent des sommes faramineuses pour eux. Ils ne feront pas un sou de profit, je suppose, mais le spectacle devrait se passer bien. Ils ont un 'pro'. jusqu'à les gérer sur scène . "

"Ma parole, ils y vont ! Bonjour, Joey !"

L'entrée de Miss Gaymer provoqua une fièvre dans la conversation théâtrale ; et pendant le reste du repas, et même pendant les jours suivants, Hughie vécut et respira dans un monde composé de paysages branlants, de poulies réfractaires et de tailles chaudes, habité par des gens qui parlaient toujours, généralement colériques et pour la plupart intermittents. leurs heures de repas.

Un après-midi, Joan l'emmena au Hall, apparemment comme compagnon, en réalité pour déplacer de grands paysages, trop larges pour que des bras féminins puissent les étendre.

Le capitaine Leroy s'était déjà proposé à ce titre, mais ses services avaient été brutalement refusés, au motif que le décor n'était pas concave.

"Les programmes sont imprimés aujourd'hui. Nous aurons les tableaux au premier semestre", râlait Joan tandis qu'ils parcouraient les plantations. "Des photos connues, vous savez. Certaines sont tout à fait belles. Je suis sur trois", a-t-elle ajouté un peu naïvement.

Hughie a demandé des détails.

"Eh bien, le premier sera Le Miroir de Vénus : un groupe de filles regardant dans une piscine."

"Es-tu dedans ?"

" Pas grand-chose ! *C'est* pour toute la racaille qui s'est rassemblée sans y être invitée : les Mellishes , les Crumford et les Joblings . (Vous connaissez tout le monde !) Il y a un autre tableau pour leurs hommes : *de telles* horreurs, ma chère. ! Mais cela les élimine pour la première partie : ils n'ont pas besoin de réapparaître avant les travaux de cire. Ensuite, il y en a une parfaitement douce : la femme du joueur.

"Qui va-t-elle être?"

"Sylvia Tarrant. Elle est assise sous un arbre dans un vieux jardin, l'air triste", babillait Joan sans s'arrêter, "pendant que son mari joue avec d'autres hommes sur la pelouse derrière. Vous allez pleurer ! Je viens après ça - Deux cordes pour son arc. Une fille marchant bras dessus bras dessous avec deux hommes. Elle a l'air très contente d'elle-même : les hommes ont tous deux une bosse de chameau ."

"Qui sont-ils?"

"Ce n'est pas encore tout à fait réglé. Je leur ai dit qu'ils pourraient se battre entre eux. Je pense que ce sera Binks et Cherub, cependant. Mais ils doivent se décider bientôt, car le temps presse, et M. Haliburton dit..."

"OMS?"

"M. Haliburton."

« Haliburton ? » » dit Hughie en s'arrêtant net.

"Oui. Vous ne le saviez pas ? Il nous dirige la scène. Il est venu ce matin."

« Est-ce qu'il reste dans la maison ? » fut la question suivante de Hughie.

"Non : nous n'avons pas pu le faire entrer. Il loge au Taureau, dans le village", dit Joan. "J'aurais aimé que nous puissions lui trouver de la place", a-t-elle ajouté avec intention. Elle savait que la plupart des hommes n'aimaient pas M. Haliburton et n'approuvaient pas que leurs amies deviennent intimes avec lui ; et cela seul suffisait amplement à la prédisposer à la faveur de ce héros mal jugé .

Au fond de son cœur, Miss Gaymer n'était qu'une petite *surprise* avec M. Haliburton et, comme il convient à quelqu'un qui est au-dessus de telles choses, elle en avait juste un peu honte. Elle avait trouvé quelque chose de plutôt convaincant dans ses yeux sombres et ses manières soyeuses, mais, étant tout sauf une jeune personne susceptible, elle en voulait plutôt à sa propre faiblesse. Pourtant, le fait demeure. Elle avait beaucoup vu M. Haliburton à Londres – comment, elle pouvait difficilement l'expliquer, même si M. Haliburton aurait pu le faire – et avait écouté, pas tout à fait indifférente, les récits d'un patrimoine auquel il avait renoncé au nom de l'art, d'un maison ancestrale fermée par un « vieux pater » impétueux mais adorable ; et à diverses réflexions, mi-humour, mi-pathétique, sur ce qui aurait pu être si ce monde n'était qu'un endroit plus juste .

Joan, qui ne savait pas que la maison ancestrale de M. Haliburton était située au-dessus d'un bureau de tabac quelque part entre l'arrière d'Oxford Street et Soho Square, et que son « vieux père » avait récemment pris sa retraite du poste de maître d'hôtel dans une salle de théâtre. restaurant de Maiden Lane , afin de consacrer toute son attention à la coloration plus parfaite d'une trompe déjà cornaline, se sentit nettement désolé pour son amie romantique. Lorsqu'une jeune fille commence à avoir pitié d'un homme, la situation est pleine de possibilités ; et quand une autorité autoritaire et aveugle intervient et interdit les interdits, pour ainsi dire, les possibilités deviennent des probabilités et, dans les cas extrêmes, des certitudes.

Joan jeta un coup d'œil oblique à Hughie. Ce jeune homme impassible avançait à pas mesurés, fronçant les sourcils férocement. Elle continua, pas tout à fait mécontente :

"Le tableau suivant est l'Adieu de Flora Macdonald - très écossais. Un homme en kilt se tient au centre -"

Elle babillait encore, mais l'attention de Hughie s'égarait.

Encore Haliburton ! Il n'aimait pas l'idée. Par conséquent, il n'était pas tout à fait surprenant que, lorsque Joan s'arrêtait pour lui demander s'il considérait la reine Elizabeth ou une suffragette comme le véhicule le plus approprié pour l'un des « sifflements » les plus chers de Mme Jarley , Hughie ait répondu :

"Joan, comment ce type est-il venu ici ? A-t-il été engagé par vous ou s'est-il offert ?"

"Il s'est offert... très gentiment !" dit Joan avec raideur.

"Je suppose qu'il est payé ?"

— Oui, bien sûr, une ou deux guinées. C'est son métier, dit Joan avec impatience. « Est-ce que vous vous y opposez ? »

L'occasion exigeait beaucoup de tact, et le pauvre Hughie, autoritaire, soupira d'anticipation. Jeanne l'entendit.

« Quel *est* le problème ? » demanda-t-elle, plus amusée qu'en colère. « En finir avec ça, vieille Conscience ? »

"Joey", dit Hughie, "je n'aime pas l'idée que tu te lances avec ce type."

Dans l'ensemble, cela n'aurait pas pu être pire.

"Il me semble", dit Miss Gaymer avec mépris, "que ce ne sont pas les femmes qui sont méchantes, mais les hommes. Je me demande pourquoi tous les hommes que je connais sont si détestés par le pauvre M. Haliburton. Des enfants idiots comme Binks et Cherub, je peux comprendre, mais *toi* , Hughie, tu devrais être au-dessus de ce genre de choses. Quel est le problème avec cet homme, pour que vous l'abusiez tous ainsi ? Dites-moi !

La réponse de Hughie à cette tirade était boiteuse et peu convaincante. La jeune fille moderne est si étonnamment au courant du monde sur diverses questions au sujet desquelles elle ne peut avoir eu d'autre informateur que ses propres intuitions, qu'elle est encline à repérer la suggestion selon laquelle il y a certaines phases de la vie dont, heureusement, elle n'a encore rien compris. ne sait rien; et toute tentative de lui suggérer la même chose est accueillie avec mépris comme un signe de supériorité masculine. Par conséquent, Joey pensait qu'elle savait tout sur M. Haliburton ; dans lequel elle avait manifestement tort, mais pas tout à fait à blâmer ; car lorsque votre connaissance de la nature humaine, en ce qui la concerne, est à peu près parfaite, il vous est difficile de croire qu'elle ne va pas jusqu'au bout.

Ce fut une conversation des plus insatisfaisantes. Hughie n'a fait que réitérer son opinion sur M. Haliburton sans pouvoir (ou vouloir) fournir de nouveaux faits à l'appui de celle-ci ; et le seul résultat apparent fut de préjuger Joan un peu plus violemment en faveur d'Haliburton qu'auparavant, et de faire en sorte que Hughie se sente comme un médisant et un fauteur de troubles. Ce fut un soulagement lorsque Joan changea brusquement de conversation et dit :

"Hughie, as-tu vu quelque chose de Lance récemment ?"

Non, Hughie ne l'avait pas fait. "Pourquoi?"

"Je m'inquiète pour lui", dit Joan en descendant de ses grands chevaux et en glissant dans ce qu'on peut appeler son humeur confidentielle. "Il m'écrivait assez régulièrement, même après avoir épousé ce monstre, et nous

nous aimions toujours, même si nous nous disputions parfois. Mais il semble avoir complètement abandonné les choses ces derniers temps. Savez-vous ce qu'il est faire?"

"Je ne peux pas le dire, j'en suis sûr", a déclaré Hughie.

"Pourriez-vous le découvrir pour moi ?"

" Bien sûr que je le ferai", dit Hughie, oubliant complètement la gêne actuelle de ses relations avec Lance à la lumière du fait joyeux que la sœur de Lance venait de lui demander de lui rendre service. "Je vais aller le chercher. Il est peut-être malade ou à court d'argent. Mais ne peux-tu pas avoir de ses nouvelles de… de…"

Il s'arrêta brusquement. Il s'apprêtait à poser une question qui venait de lui paraître peu généreuse.

"Vous voulez dire de M. Haliburton ?" dit Joan avec sa franchise habituelle. "Je lui ai demandé, mais il dit qu'il n'a rien vu de Lance depuis assez longtemps ; alors j'ai bien peur de devoir te déranger, Hughie. Je n'aime pas ça, parce que je sais que tu ne voudras pas y aller. écartez-vous de votre chemin à cause de lui, après… »

"Ça n'a pas d'importance!" » dit Hughie précipitamment. "Je vais aller le chercher."

Joan se tourna vers lui avec gratitude.

"Tu es un bon gars, Hughie", dit-elle. "Je ne sais pas ce que je devrais faire sans toi."

Hughie brillait bêtement. Bien entendu, ses paroles ne voulaient rien dire ; Pourtant, ils l'ont réchauffé pour le moment. Il n'a jamais pensé à tirer profit des explosions d'affection impulsives de Joan. Il les considérait comme une sorte de lot de consolation , rien de plus. Il n'avait jamais tenté de lui faire l'amour depuis sa première rebuffade. Le souvenir de cette indigne querelle le faisait encore frissonner, et de toute façon il ne lui serait jamais venu à l'idée de renouveler l'attaque. À l'image d'un homme, il avait pris pour acquis l'idée assez générale selon laquelle une femme pense invariablement ce qu'elle dit. Harceler Jeanne avec d'autres attentions, surtout dans sa position exceptionnelle, lui faisait sentir la méchanceté.

Malgré tout, la jeune fille et lui semblaient avoir récemment ajusté leurs relations. Joan ne jouait plus jamais avec lui maintenant, l'encourageant un moment et le narguant le moment suivant, comme c'était le cas de la plupart des membres de son groupe fidèle. Son attitude était celle d'une bonne camarade. Elle se contentait de rester silencieuse en sa compagnie, ce qui est un bon test d'amitié ; elle lui apportait ses petits soucis, et s'occupait parfois des siens ; et de toutes les manières, elle lui a montré qu'elle l'aimait et qu'elle lui faisait confiance. Un homme plus vaniteux ou plus intelligent aurait pris courage à la vue de ces signes. Hughie ne l'a pas fait. Il était le tuteur de Jeanne et, à ce titre, avait droit à sa confiance ; aussi sa très bonne amie, et à ce titre elle a droit à son affection. C'était tout. C'était bien sûr une malchance qu'elle ne l'aimait pas suffisamment pour l'épouser, mais la malchance est une chose à laquelle il faut se préparer dans ce monde. Avec le temps , il s'habituerait à la situation : entre-temps, il ne devait plus y avoir de châteaux en l'air.

"Je vais vous dire quoi," continua-t-il à présent. "Je serai en ville mercredi. J'irai alors voir Lance."

"Mais, Hughie," s'écria Joan consternée, "mercredi est le jour de la fête. Vous *devez* y venir. Quel est votre engagement, s'il n'est pas indiscret de vous renseigner ?"

"Dentiste", dit Hughie d'un ton lugubre.

"Dentiste?" Joan riait, ou plutôt chantait, à sa manière typiquement enfantine. "Hughie chez le dentiste ! Ça a l'air si drôle", s'excusa-t-elle en s'excusant.

"Ce sera tout le contraire du drôle", dit sévèrement Hughie, "quand il me rattrapera. Savez-vous depuis combien de temps je ne suis pas assis dans un fauteuil de dentiste ? Huit ans, rien de moins !"

"Tu l'attraperas !" » dit Miss Gaymer avec assurance. "Mais tu ne dois tout simplement pas y aller ce jour-là. Je te veux au spectacle. Tu ne peux pas changer la date ?"

« L'assassin m'a fait comprendre, » dit Hughie, « que c'était pour moi une chance des plus extraordinaires qu'il puisse me prendre ; et il a plutôt suggéré que si je rompais le rendez-vous , je n'aurais pas à m'attendre à un autre "

Miss Gaymer posa sur lui un regard froid et accusateur.

« Avoue, misérable shuffler ! dit-elle. "Vous avez arrangé ce rendez-vous avec le dentiste exprès, pour échapper au théâtre."

« Coupable, mon seigneur ! répondit le criminel avec résignation.

"Eh bien, vous êtes libéré avec un avertissement", dit gracieusement Joan, "mais vous devrez quand même venir. Vous le *ferez* , n'est-ce pas, Hughie ?"

« Est-ce que ma présence fera une grande différence ? » dit Hughie, plutôt hardiment pour lui. Il s'invitait à un lourd reproche, et il le savait.

Joan leva un instant les yeux vers les siens.

"Oui", dit-elle de manière plutôt inattendue, "ce sera le cas."

"Alors je viendrai", dit Hughie avec vigueur . "Je vais chez le dentiste à dix heures. Je vais en finir avec ça, demander à Lance de déjeuner et je descends par le train de l'après-midi. À quelle heure commence le spectacle ?"

"Huit."

"Le train arrive à sept heures cinquante. J'arrive directement à la salle paroissiale..."

"Vous n'aurez pas de dîner", dit Joan d'un ton d'avertissement.

"Pas grave!" » dit Hughie héroïquement. « Il y aura un souper après, n'est-ce pas ?

"Oui."

"Je vais durer, alors. Au fait, est-ce important si je ne suis pas en tenue de soirée ?"

"Pas du tout, si cela ne vous dérange pas. Bien sûr, les premiers rangs seront remplis de gens portant leurs haillons joyeux", a déclaré Joan. "Mais si vous vous sentez timide, venez dans les coulisses. Vous pourrez alors garder un œil sur moi... et sur M. Haliburton !" ajouta-t-elle avec un petit regard provocateur.

***

Hughie partit définitivement pour la ville, promettant fidèlement de revenir pour les représentations théâtrales et se demandant vaguement pourquoi Joan avait insisté si fortement pour qu'il le fasse. Joan se sentait plutôt encline à se poser des questions. Elle était actuellement un peu perplexe face à ses propres impulsions. Mais son esprit était occupé par un vague instinct de conservation, et elle se sentait nettement plus heureuse lorsque Hughie lui promettait de venir.

Cependant, il restait peu de temps pour l'introspection. Les répétitions – « avec l'accent sur le corbillard », comme le remarqua M. Binks au cours d'un long spécimen – traînaient leur lente longueur jusqu'à leur conclusion ; les billets se vendaient comme des petits pains chauds ; et bientôt le grand jour arriva.

Les théâtres amateurs sont une lassitude pour la chair, mais vus dans le bon esprit, ils ne sont en aucun cas dénués de divertissement. Les lois du théâtre, telles qu'interprétées par l'amateur, diffèrent sensiblement de celles observées par la branche professionnelle, dont les membres, il faut le rappeler, doivent plaire pour vivre, sur plusieurs points importants ; et avec ceux-ci, le spectateur potentiel doit immédiatement se familiariser.

Voici un *précis* :—

(1) N'oubliez pas que la représentation a été entièrement organisée pour le bénéfice des interprètes, et que vous et le reste du public avez simplement été invités à faire en sorte que la chose en vaille la peine .

(2) Abandonner tout espoir de ponctualité au départ ou de raisonnabilité dans la longueur des intervalles. Les machinistes et les musiciens amateurs n'aiment pas plus que leurs « tours » soient réduits, pas plus que les membres les plus en vue de la distribution.

(3) Gardez à l'esprit le fait que le jeu n'est *pas* la chose, mais les joueurs. Le Troisième Acte le plus excitant n'est rien comparé à l'excitation et au suspense de regarder si Johnny Blank va *vraiment* embrasser Connie Dash dans la scène de proposition, ou si le fait (connu d'au moins les deux tiers du public) qu'ils ont ne pas s'être parlé au cours des six derniers mois entraînera l'habituel amateur *ne plus ultra* - une sorte de bec frustré, manquant d'environ six pouces. Encore une fois, la joie d'entendre le héros hésiter dans une émouvante apostrophe à la galerie est renforcée par le fait de savoir qu'il la lit de l'intérieur de la couronne de son chapeau et qu'il a perdu la place : tandis que l'air réaliste et convaincant de déférence avec lequel Le majordome s'adressant à la duchesse est d'autant plus facilement reconnu et apprécié par un public qui sait bien qu'il se trouve dans la vie privée être le mari de cette dame.

Le divertissement sur lequel nous devons maintenant attirer à contrecœur l'attention du lecteur devait comprendre trois parties. Tout d'abord, les Tableaux Vivants – trente secondes de tableaux à environ dix minutes d'obscurité extérieure et de sélection orchestrale ; puis une comedietta ; et enfin, les travaux de cire de Mme Jarley .

La plus grande salle des coulisses avait été réservée aux dames *artistes* ; un passage à courants d'air, meublé principalement de bougies allumées et de siphons d'eau gazeuse, était réservé aux messieurs. La *loge des dames* était un appartement vide et sans gaieté, mais des tables et des miroirs avaient été placés autour des murs ; et ici une quinzaine ou une vingtaine de jeunes filles manœuvraient avec une politesse glaciale ou des coups de coude effrénés (selon leur nuance de condition sociale) pour des positions favorables à la contemplation d'elles-mêmes.

Joan et Sylvia Tarrant se sont rassemblées au milieu de la salle.

"Je pense que nous ferions mieux de nous habiller ici, ma chère", dit joyeusement Joan, "et de laisser la noblesse et la noblesse se battre pour les coiffeuses. Après tout, " ajouta-t- elle avec complaisance, "vous et moi avons besoin du moindre ravalement. n'importe lequel d'entre eux."

Les tableaux furent dans l'ensemble un succès, même s'il fallut un certain temps avant que le public puisse les inspecter. Le directeur musical, un homme nerveux et amateur *de* sciences appliquées, avait passé la majeure partie de deux jours à réparer une cloche électrique aux proportions héroïques, commandée depuis le pupitre du chef d'orchestre et sonnant à l'oreille du monsieur chargé de l'éclairage. dispositions. Un document soigneusement dactylographié (un autre résultat de la polyvalence du musicien) informait ce fonctionnaire surmené qu'un anneau signifiait « lumières de la scène allumées » et deux anneaux « lumières de la scène éteintes ».

Juste avant le lever du rideau du premier tableau, le chef d'orchestre appuya une fois sur son bouton. Après un intervalle d'environ deux secondes, comme les lumières de la scène ne montraient aucune envie de s'élever , — en fait, le contrôleur des luminaires soignait tendrement un tympan désespérément perforé, — le musicien agité, convaincu que la cloche n'avait pas sonné , je l'ai rappelé. Par conséquent, au moment où le rideau se levait, toutes les lampes de la scène, depuis les rampes jusqu'aux lattes supérieures, étaient éteintes à la hâte. La confusion régnait en maître. Le conducteur appuyait frénétiquement et continuellement sur son bouton ; l'électricien perdit complètement la tête et commença à éteindre les interrupteurs qui commandaient l'éclairage des loges et du hall lui-même ; tandis que l'orchestre fidèle, soudainement privé de lumière et de direction, s'efforçait avec un enthousiasme héroïque mais malavisé de maintenir le drapeau flottant par des improvisations stridentes du caractère le plus varié et le plus individuel.

Le public, venu préparé à tout, resta impassible ; mais des cris douloureux se faisaient entendre des loges et du vestibule. Surtout s'élevait la voix du conducteur, appelant à haute voix le sang de l'électricien et refusant de se laisser consoler. Le premier *tableau vivant* avait le caractère d'un « tour supplémentaire » et n'était pas prévu dans le programme . Elle se déroulait au milieu de la scène et représentait deux messieurs échauffés (l'un portant un *bâton* et l'autre *en déshabille*) expliquant (*fortissimo*) la portée d'un document dactylographié à un troisième (qui lui caressait tout le temps l'oreille droite) à la lumière d'une unique vesta de cire.

Après cette contribution gratuite à la gaieté des débats, le programme officiel entra en vigueur et diverses visions attrayantes et romantiques furent dévoilées au public. Certes, les tableaux étaient bien montés. Le succès de A Gambler's Wife et Two Strings to her Bow ne faisait aucun doute. Haliburton a également fait une apparition frappante dans Hard Hit d'Orchardson - la célèbre image de jeu avec les innombrables paquets de cartes éparpillés sur le sol - dans laquelle le joueur brisé se tourne avec sa main sur la poignée de la porte pour jeter un dernier regard sur les trois hommes. qui l'ont maîtrisé.

Il y avait bien sûr des défauts mineurs. Le sang-froid du magnifique groupe qui fut découvert - lorsque le chef d'orchestre fut ramené à son tabouret et l'électricien perplexe remplacé par un homme aux fibres plus endurantes - contemplant leurs propres charmes dans Le Miroir de Vénus fut complètement détruit - oui, transformé en des rires impuissants – par une éjaculation totalement inattendue de « Bonne vieille Gertie ! » procédant d'un jeune homme au premier rang - évidemment un frère - surtout remarquable par une cravate confectionnée et un mouchoir de soie rouge, et dirigé apparemment (si l'on peut en juger par les conséquences) vers une jeune femme massivement bâtie agenouillée en troisième position du groupe. terminer du côté de l'invite. Au cours d'un autre tableau, alors que le prince Charles se tenait rigide dans les bras de Flora Macdonald, le public est resté fasciné pendant trente secondes à bout de souffle, à quel moment les bas tartan du malheureux prince ont glissé pouce par pouce du voisinage de ses genoux, au-delà de la ligne de démarcation où le marron artificiel s'arrêta et le blanc naturel commença, jusqu'aux chevilles, *contretemps* qui, comme M. D'Arcy le fit remarquer à Mme Leroy, ajoutait une touche d'animation à ce qui autrement aurait été une représentation quelque peu sans vie.

La comedietta ne fut pas un succès total. C'était un de ces produits caractéristiques de ce qu'on peut appeler l'école des arrière-dessins, dans laquelle les complications commencent peu après le lever du rideau avec la remise et la lecture d'une certaine lettre, et s'ajustent automatiquement à la fin d'environ trente-cinq minutes par l'introduction d'un autre, qui explique tout, règle les différends, précipite les engagements et baisse le rideau sur tous les personnages alignés par couples soigneusement assortis.

Cette intrigue quelque peu banale et conventionnelle était agréablement variée par les caprices du talentueux gentleman qui jouait le rôle du valet de pied chargé de la livraison des lettres. Il apporta d'abord la deuxième lettre, de sorte que l'héroïne se surprit à s'écrier : « Comme j'ai été stupide ! Gérald m'a toujours été fidèle ! Il faut que j'aille le voir tout de suite ! Nous pouvons nous marier demain ! " après que le drame eut duré environ trois minutes, une catastrophe seulement atténuée par un "bâillonnement" parfaitement napoléonien de la part du comique et par une entrée totalement inopinée (avec l'aide évidente de l'arrière) du valet de pied, avec la bonne lettre.

Heureusement, ces divergences par rapport au déroulement normal du drame ont été ignorées par la majorité du public ; car les acteurs, soit par nervosité, soit par franc ennui, étaient inaudibles au-delà des trois premiers rangs de sièges. Même ici, le tour de force de suivre la dérive du dialogue était rendu presque impossible par les applaudissements persistants et frénétiques de deux manifestement « têtes mortes » au premier rang, — parents pauvres du monsieur qui jouait le rôle de valet de pied — qui, depuis qu'ils occupaient le terrain libre, sièges, considéraient évidemment comme leur devoir impérieux d'applaudir chaque entrée et sortie de leur magnifique parent, même lorsqu'il arrivait avec la mauvaise lettre ou qu'on lui donnait un coup de coude pour aller chercher la bonne. Le seul membre de la compagnie qui remplissait ses fonctions avec minutie était le souffleur, un major à la retraite aux poumons d'airain. Il avait visiblement décidé, avec le véritable instinct d'un homme fort, que si l'on veut qu'une chose soit bien faite, il faut la faire soi-même. En conséquence, sa voix résonnait dans la salle dans un monologue incessant qui, même s'il manquait de la variété inséparable des délivrances de toute une compagnie, contribuait beaucoup à garder les occupants des banquettes arrière *au courant* des subtilités de l'intrigue. Le plus beau rire de la soirée fut cependant la témérité d'un des acteurs, qui interrompit soudain le souffleur pour dire doucement mais distinctement : « Très bien, mon vieux, je sais ça !

Puis vint les Waxworks de Mme Jarley . Le rideau s'est levé sur le groupe habituel de personnages historiques et d'actualité, assis autour de la scène en demi-cercle, la plupart tremblants d'hystérie naissante, et tous évitant résolument le regard du public. Bientôt Mme Jarley (Binks), accompagnée de Maître Jarley (Chérubin, en costume de marin et chaussettes blanches), fit son apparition et se plongea dans un monologue un peu laborieux , à quelle heure sa progéniture fit le tour de la scène, et, à force de le dépoussiérage, l'huilage et d'autres opérations ont stimulé toutes les figures qui auraient pu être confondues avec des œuvres de cire en une démonstration appropriée de vie et d'activité.

Une « Mme Jarley » ressemble beaucoup à une autre, et le public, qui commençait à souffrir d'une légère crise d'indigestion théâtrale, a été un peu lent à réagir aux « respirations sifflantes » rauques et aux allusions d'actualité insondables de Binks . Il fallut attendre qu'un banc au fond de la scène, occupé par Oliver Cromwell, le général Booth, Dorando et une suffragette, se renverse brusquement à la renverse et rejette ses occupants, avec quatre bruits sourds alarmants, dans le gouffre qui béait entre l'arrière-scène. de la mise en scène et du mur, on peut dire que le divertissement a reçu un véritable élan. Après la première sensation de surprise et de ressentiment de se retrouver couchés sur la nuque dans la poussière , les quatre messieurs affectés (qui, il faut le craindre, s'étaient préparés à cette première apparition sur scène, en de la manière habituelle) accepta la situation avec une résignation héroïque. Se souvenant qu'ils étaient des œuvres de cire, et pour cela, ne serait-ce que pour aucune autre raison, incapables de se lever, ils continuèrent dans leur posture actuelle, invisibles à l'œil nu, à l'exception de leurs jambes qui se dressaient droit dans les airs. Le public en déclin, imaginant que tout le désastre faisait partie du spectacle, applaudit bruyamment, et Mme Jarley saisit l'occasion pour prononcer une conférence concise et *improvisée* sur un personnage lu de la plante des pieds.

La représentation s'est terminée par une chanson et un chœur, spécialement composés pour l'occasion, et chantés par Mme Jarley et ses expositions en antistrophe spasmodique. Mme Jarley a commencé,-

"Certaines femmes ont une figurine, une, cultivée à la maison ! Mais j'en ai beaucoup, comme Madame Tussaud. Et quel que soit le type de figurine que vous aimeriez posséder, ordonnez-moi simplement de la fabriquer, et je le ferai. Je peut faire de vous des personnages de cire capables de marcher, ou d'agiter les bras, ou de se retourner et de regarder derrière eux - "

Ici, en essayant d'adapter l'action à la parole, la chanteuse trébucha lourdement sur son propre train, et ne fut sauvée d'un *bouleversement complet* que par le bras miraculeusement animé et soudainement tendu d'Henri VIII, qui était assis juste derrière. Binks continua, sans être dérangé :

"Et certaines d'entre elles (les femelles !) peuvent parler, et c'est merveilleux à quel point les gens les trouvent utiles.

" Alors envoyez chercher Mme Jarley sur-le -champ ! Et elle reproduira chaque trait que vous avez . Cela vous évitera bien des ennuis si vous avez un double en cire, qui fera votre travail alors que vous préférez ne pas le faire ! "

"Maintenant, les œuvres de cire ! Tous ensemble ! Donne-leur une piste, Sousa !"

M. Sousa (deuxième à partir de la fin, côté opposé) commença docilement à agiter son *bâton* , scalpant partiellement Sunny Jim dans le processus, et les œuvres de cire chantèrent, *fortissimo* , *avec un accelerando* distinct mais inégalement réparti vers la fin :

"Alors envoyez chercher Mme Jarley sur-le -champ ! Et elle reproduira chaque caractéristique que vous avez . Elle veillera à toutes vos affaires, Noircira vos bottes et préparera votre thé aussi, Si seulement vous mettez un un centime dans la fente!"

La mélodie était bonne et le refrain était entraînant. Mais maintenant une difficulté surgit. Le deuxième couplet aurait dû être chanté par l'un des derniers occupants de la banquette arrière – Dorando , pour être précis ; et Mme Jarley , réalisant la circonstance, était sur le point de la commencer elle -même, lorsqu'une voix sourde, venant apparemment des régions infernales, retentit dans les premières lignes. Dorando , affaibli mais poursuivant, était visiblement déterminé à remplir son contrat, même s'il devait le faire sur sa tête. Pour diverses raisons (principalement la poussière et l'apoplexie naissante), son articulation n'était pas tout ce qu'on pouvait désirer, et le vers, qui racontait l'ingénieux dispositif d'un certain Tommy Sparkes, qui, confronté à la perspective d'un châtiment corporel,

"J'ai envoyé chercher Mme Jarley sur place, et je lui ai expliqué qu'il allait s'échauffer"—

sur quoi cette dame ingénieuse

"J'ai fait une silhouette, petite et vermeille, Pour être la doublure de Tommy ; Et la silhouette a eu... ce que Tommy aurait dû avoir !"

a été perdu pour le public. Mais chacun reprenait le chœur avec volonté, et le troisième couplet entra dans sa carrière sous les plus heureux auspices.

A cette occasion, les lignes ont été réparties entre les personnages eux-mêmes.

"Maintenant, Mme Bumble-Doodle a donné un bal"—

commença la reine Elizabeth ;

"Mais vingt-sept hommes ont tous téléphoné pour dire"—

continua Peter Pan ;

"Qu'ils l'ont beaucoup regretté, après tout"—

chanta Sunny Jim ;

"Pour découvrir qu'ils *ne pouvaient tout simplement pas* s'enfuir !"—

» beugla une voix (celle d'Oliver Cromwell) sous la plate-forme.

"Dit Mme Bumble-Doodle, désespérée"—

reprit maître Jarley , après qu'un éclat de rire se soit calmé ;

"Le bal sera un échec, cela ne fait aucun doute !"

» annonça Pierrette, avec détermination.

"Les filles n'y trouveront pas un seul partenaire"—

gémit un homme en cire en kilt (peut-être Rob Roy ou Harry Lauder)
-

Il y a eu une pause. Le piano s'arrêta dans l'attente, et tous les artistes de cire tournèrent la tête (de manière très peu professionnelle) pour voir ce qui était arrivé à Cherry Ripe, à qui c'était au tour de chanter le couplet suivant. Apparemment, cette dame avait laissé son attention vagabonder, car elle scrutait le public au détriment de son signal. Le silence soudain – ou peut-être les attentions de Maître Jarley , qui s'est dépêché et s'est assidûment huilé la bouche et les oreilles – ont semblé lui rappeler son esprit errant.

"Désolé!" remarqua-t-elle calmement et chanta d'une voix claire :

"Oh, quel gâchis ! Comment s'en sortir ?"

« Elle a fait venir Mme Jarley sur-le-champ !

déclama triomphalement cette dame,

—"Et les filles étaient très contentes de ce qu'elles avaient. C'est vrai , un idiot ne peut pas flirter ; Mais il ne déchire pas ta jupe, Ni ne dit qu'il sait danser quand il ne le peut pas !"

"Maintenant, *tous* ensemble !"

Mme Jarley , les œuvres de cire et le public se sont lancés dans le refrain final. Même les quatre Casabiancas inversés à l'arrière ont aidé en balançant leurs jambes.

"Elle a fait venir Mme Jarley sur-le -champ ! Et les filles étaient très contentes de ce qu'elles ont obtenu. Elles ont été épargnées par cette jeunesse envoûtante, qui dit : 'Je n'aime pas beaucoup danser, Mais ça ne me dérange pas de m'asseoir dehors.' avec toi... hein, quoi ?'"

Mais Cherry Ripe ne chantait pas. Elle se disait :

"Pas dans le hall, ni dans les coulisses ! Je me demande où il a bien pu se rendre ! Il a *peut-* être raté son train, bien sûr ; mais il aurait pu télégraphier il y a des heures. Eh bien, Hughie, *mon gars. mon ami* , si c'est ainsi que tu traites les invitations—"

Mais le rideau était tombé et tous les artistes de cire se débarrassaient de leurs chaises hautes et se dirigeaient en troupe vers les loges. Cherry Ripe, suivant leur exemple, passa un bras autour de Pierrette et dit :

"Viens, Sylvia ! Accueil, souper et danse ! C'est le programme maintenant."

En arrivant à Manors, Joan s'enquit auprès de M. Goble :

« Est-ce que M. Hughie est de retour, John ?

"'Acte, non, moi."

"Un télégramme, ou quoi que ce soit ?" demanda négligemment Joan.

" Rien, peu importe ! Il ne reviendra que demain matin, je m'en fous ", dit M. Goble.

Deux heures plus tard, une fois le souper terminé et la danse à son apogée, M. Haliburton s'est approché de Joan.

"Notre danse, je pense, Cherry Ripe ?" il a dit.

Cherry Ripe était d'accord.

"Veux-tu venir t'asseoir dans la véranda ?" continua Haliburton. "Je veux te dire quelque chose de particulier."

Joan le regarda secrètement pendant un moment.

"D'accord!" dit-elle.

CHAPITRE XVII

DANS LEQUEL LA CHARITÉ COMMENCE À LA MAISON ET HUGHIE MANQUE SON TRAIN

LE dentiste posa sa pioche avec un soupir de regret et commença à insérer ce qui ressemblait à une scie circulaire miniature au bout de la perceuse électrique.

Hughie, allongé sur sa chaise, se disant résolument que, contrairement aux apparences, cet homme faisait cela parce que c'était réellement nécessaire, et non par simple volupté, inséra prudemment sa langue dans le trou et calcula que le dégagement final serait un travail de trois minutes au plus court.

"Il semble difficile de croire", dit morose le dentiste en mettant en mouvement avec son pied la machinerie de la fraise, "que vos dents n'aient pas été soignées depuis huit ans. Un peu plus larges, s'il vous plaît!"

Hughie s'est rendu compte qu'on le traitait de menteur aussi indubitablement qu'un homme peut l'être ; mais à ce moment la perceuse commença à fonctionner à plein, et il se contenta de saisir les bras du fauteuil.

l'eau glacée dans la cavité , " vide, s'il vous plaît ! " devrait se faire un devoir de faire examiner ses dents une fois tous les six mois ; une femme, une fois tous les trois mois. ".

"Un homme", répondit Hughie (qui croyait que les opérations avec la fraise étaient terminées), "doit faire inspecter ses dents quand il le peut. Autrement dit," ajouta-t-il rapidement, le dentiste était délibérément en train d'insérer un nouvel outil dans la fraise. ,—"Je suis à l'étranger depuis huit ou neuf ans."

"Loin de la civilisation , peut-être", dit le dentiste avec compassion, obtenant un bon levier pour sa main opératoire en utilisant la mâchoire inférieure de Hughie comme point d'appui.

"Assez!" » gargouilla Hughie, dont la tête était en ce moment fermement serrée contre les boutons de son gilet d'inquisiteur.

" Dans ce cas, " dit le dentiste d'un ton nettement apaisé, " il ne faut pas être trop dur avec vous. Baissez la langue, s'il vous plaît ! "

Il acheva ses opérations de fouille et d'inondation, et, repoussant à regret le bras de la foreuse, commença à tapisser la bouche de sa victime d'une matière qui avait le goût de sacs-éponges en décomposition.

"Vos dents ont conservé leur santé d'une manière tout à fait inexplicable", continua-t-il avec l'air d'un homme juste qui s'efforce consciencieusement de minimiser un grief. "Il y a un autre petit trou ici", - il y passa un instrument pointu pour prouver sa déclaration - "mais au-delà de cela, il n'y a plus rien à redire."

Il se mit à piler un mystérieux mélange dans un petit mortier, et continua :

"Vous avez dû faire très attention à votre alimentation."

"Pas de sucreries", dit laconiquement Hughie. "Et j'avais très souvent l'habitude de manger ma viande sans os. Cela garde les dents blanches, n'est-ce pas ?"

Le dentiste posa le mortier avec précaution et lança un regard furieux. Tout ce qui relève de la légèreté émanant des occupants du rack est en contradiction avec le sens qu'a un chef tourmenteur de ce qui est professionnellement approprié. Mais Hughie était allongé sur la chaise, la bouche ouverte et les yeux fermés, ne montrant aucun signe d'intention humoristique. Mais cela ne doit plus se reproduire. Le dentiste cherchait un gag. Il sortit de quelque part un long arrangement serpentin en caoutchouc , se terminant par une buse crochue. C'est ce qu'il a suspendu au-dessus du bas du corps de Hughie. οδονΤων , étouffant efficacement sa parole et réduisant sa part dans la conversation à une sorte de code Morse de gargouillis simples et de longs grésillements évoquant la vidange d'un bain.

Puis, prenant son mortier, il poursuivit, de l'air de celui qui utilise magnanimement la force d'un géant :

— Vous avez peut-être visité les Antipodes ?

" Gug - gug - guggle ! " provenait de l' orifice doublé de caoutchouc devant lui .

" Ah ! ça a dû être très intéressant ", continua le dentiste. "Avez-vous eu de nombreuses occasions de discuter de la question de la préférence coloniale avec les dirigeants du monde ?"

« Glou ! » vint la réponse.

"C'est malheureux. Mais peut-être avez-vous pu vous faire une idée de l'attitude générale des Australiens à l'égard de cette question ?"

"Grrrrr ! Rire, rire ! Ch'k , ch'k !" observa Hughie.

« Personnellement, continua le dentiste en faisant rouler la substance pulvérisée dans le mortier entre son doigt et son pouce et en allumant une lampe à alcool, je suis un ardent défenseur des principes de ce véritable grand homme, l'immortel Richard Cobden. Êtes-vous ?"

Hughie, levant inconsidérément le bâillon pendant un moment, répondit – avec une précision fatale.

C'était un acte fou. Le dentiste prit simplement un appareil en forme d'ampoule, d'apparence humoristique, et, après l'avoir rempli d'air chauffé au rouge à la lampe à alcool, déversa son contenu, d'un seul coup torride, dans la dent excavée.

Vingt minutes plus tard, Hughie fut conduit dans la rue et se tenait debout, dubitatif, sur le pas de la porte. Il ne savait pas quoi faire.

À proprement parler, son prochain engagement aurait dû être de recevoir M. Lance Gaymer lors d'un déjeuner. Mais celui qui avait révélé des administrateurs frauduleux n'avait pas répondu à l'invitation écrite de Hughie. D'où l'attitude de cigogne de Hughie devant les locaux du dentiste. Personnellement, il n'avait pas la moindre envie de recevoir Lance Gaymer à un déjeuner ou à tout autre repas. D'un autre côté, il avait promis à Jeanne de rechercher son frère et de vérifier si tout allait bien pour lui. Ergo, puisque la Montagne a refusé de venir voir Mohammed, ou même de répondre à ses lettres, Mohammed doit mettre sa fierté dans sa poche et aller à la Montagne.

Le prophète hélait donc un fiacre et ordonnait au cocher de se rendre à la résidence de la Montagne à Maida Vale, une adresse paradoxale pour une Montagne, d'ailleurs, lorsqu'une chose étrange se produisit. Non, c'était une chose providentielle ; car si Hughie n'avait pas résolument rassemblé son courage et dit au dentiste d'entrer et de finir le petit trou de la dernière dent, traitement que cet épicurien repu était enclin à remettre à une autre occasion, il aurait salué ce fiacre. vingt minutes plus tôt et manqua ainsi sa juste récompense.

Mme Lance Gaymer arriva soudainement à un coin de la place tranquille et traversa la route juste devant la cabine de Hughie. Hughie descendit de cheval et la salua.

"Eh bien," s'écria Mme Lance, "je déclare que c'est M. Marrable !"

Elle sourit à Hughie d'une manière si enivrante que le cocher toussa discrètement au cheval. Cet animal intelligent ne fit aucun commentaire, mais se retourna et regarda le cocher.

« Envie de vous rencontrer ! » continua-t-elle avec méchanceté.

"Votre mari a-t-il reçu une lettre de moi hier, Mme Gaymer, le savez-vous ?" » demanda Hughie.

Non, Mme Gaymer était sûre que non. Le pauvre garçon s'était couché il y a une semaine, avec la « grippe » ; Mme Lance avait donc dirigé sa correspondance pour lui et pouvait donc se porter garante de la non-arrivée de la lettre de Hughie. Elle risqua de suggérer que Hughie avait peut-être écrit à Maida Vale.

Oui. Hughie l'avait fait.

"Alors ça y est !" dit Mme Lance. "Nous avons déménagé de là-bas il y a six semaines. Nous vivons désormais à Balham."

Hughie n'était pas suffisamment au courant des distinctions de caste dans les banlieues pour savoir avec certitude s'il s'agissait d'un échelon vers le haut ou vers le bas dans l'échelle sociale. Il exprima donc simplement l'espoir que Lance se rétablisse.

"Je veux venir le voir, si je peux", a-t-il déclaré. "Je lui ai demandé de venir déjeuner avec moi, mais je suppose que c'est hors de question pour le moment."

"Vous avez raison", dit Mme Lance d'un ton nettement réservé. "Il n'est pas ce qu'on appellerait vif. Il ne voit personne."

"Je ne devrais pas rester longtemps", a insisté Hughie.

"Est-ce que c'est des affaires ?" » demanda Mme Gaymer avec une pointe d'hostilité.

"Oui", a déclaré Hughie.

Mme Gaymer l'examina avec curiosité. À la plupart des gens, elle aurait dit catégoriquement et mensongèrement que son mari n'était pas apte à voir qui que ce soit, car elle avait ses propres raisons de décourager tout à l'heure les visiteurs à Balham. Mais elle avait toujours eu un faible pour Hugh Marrable . Il la traitait exactement comme il traitait toutes les femmes, avec une courtoisie scrupuleuse qui, si elle ennuyait un peu les demoiselles frivoles de sa connaissance, était appréciée à sa juste valeur par une dame dont le statut social était plus qu'un peu équivoque. Ce n'est que lorsqu'on a des doutes secrets sur le fait d'être une vraie dame qu'on apprécie d'être traitée comme telle.

« Pourriez-vous venir demain ? dit-elle enfin.

"Je dois retourner à Manors ce soir", a déclaré Hughie. "Puis-je venir à Balham cet après-midi ? Ou, mieux encore, viendrez-vous déjeuner avec moi quelque part maintenant, et nous pourrons ensuite y aller en voiture ? Ou devez-vous retourner auprès du invalide ?" » ajouta-t-il avec juste un soupçon d'espoir.

Mme Lance, cependant, a exprimé sa volonté de venir déjeuner, mais a insisté pour être autorisée à précéder Hughie à Balham d'au moins une heure. La maison était *si en* désordre ! elle a expliqué.

En conséquence , Hughie, ayant décidé dans son esprit d'un établissement où il ne serait pas susceptible de rencontrer aucun de ses propres amis, et qui serait pourtant conforme aux notions de Mme Gaymer sur ce qui était suffisamment « chic », y fit part de sa juste accusation dans un Hansom; et se retrouva bientôt engagé dans ce *ne plus ultra traditionnel* de la dissipation : inviter la femme d'un autre homme à un repas dans un restaurant public.

Mme Lance, après avoir renoncé à ses efforts pour faire comprendre à son hôte qu'elle était tout à fait habituée à ce genre de choses, était assez amusante. Elle s'adressa au serveur – un Teuton inarticulé – en l'appelant « Johnny » et se fit un devoir de dire quelques mots au gérant lorsqu'il passa devant leur table. Elle fuma une cigarette après le déjeuner et eut la gentillesse de saluer le goût de Hughie en matière de champagne, une marque qu'il avait vaguement reconnue dans la carte des vins comme étant la boisson la plus douce et la plus collante jamais distillée à partir de groseilles à maquereau. (C'était le genre de champagne qui se mariait bien avec les crèmes au chocolat : « Chorus Girls' Whole », se souvient-il, ils l'appelaient autrefois.) En tout cas, il rencontra l'approbation sans réserve de Mme Lance, et Hughie réalisa pour la première fois que une éducation universitaire peut après tout être utile à quelqu'un dans l'au-delà.

Soudain Mme Lance demanda :—

« Connaissez-vous des directeurs de théâtre, mon cher garçon ?

Oui, Hughie en avait croisé un ou deux. "Pourquoi?"

" Eh bien, " dit Mme Lance d'un ton expansif, " vous m'avez toujours traité comme de la chair et du sang, ce qui est plus que ce que certains de vos proches ont fait ; alors je vais vous le dire. Après tout, j'ai des sentiments pour moi. , pareil que-"

"Et les directeurs de théâtre ?" » demanda Hughie avec tact.

"Oh, oui. Pensez-vous que vous pourriez demander à l'un d' entre eux de me donner un magasin ? Le chœur ferait l'affaire. J'y étais avant", a déclaré franchement Mme Gaymer.

"Pourquoi veux-tu y retourner ?"

"Je... j'ai envie de ça, c'est tout", répondit Mme Gaymer d'un ton absolument peu convaincant.

Hughie se demandait si Lance et sa femme commençaient à se lasser l'un de l'autre.

« Je connais un ou deux hommes, dit-il, qui s'intéressent à certains syndicats de comédie musicale. Dois-je les essayer ?

"Voulez-vous vraiment ? Vous serez un canard si vous le faites", a déclaré Mme Gaymer.

Après la délivrance de ce témoignage non sollicité, l'invité de Hughie a observé qu'elle devait rentrer chez elle, et Hughie, l'ayant mise dans un taxi et payé le chauffeur, s'est retiré dans son club, obstrué par du champagne visqueux et se sentant excessivement malade, pour attendre qu'il arrive. il serait temps pour lui de la suivre.

Si l'on regarde la double rangée de résidences éligibles qui composaient Talbot Street, à Balham, on n'aurait guère soupçonné que l'une d'entre elles soutiendrait ce que l'Inland Revenue Schedule appelle un « domestique ». Et pourtant, lorsque Hughie sonna à la porte du numéro dix-neuf, la porte fut ouverte par un tel apanage de prospérité. C'était un monsieur âgé avec un œil chassieux mais plein d'humour et un nez qui évoquait les premiers stades de l'éléphantiasis. Il portait un veston d'une coupe nettement à la mode (qui, bien entendu, ne lui allait pas) et la chemise et le col blancs réglementaires, cette dernière étant bien deux tailles trop petite ; mais ses bottes et son pantalon appartenaient apparemment à une classe sociale totalement différente.

"Nom de Marrable ?" » demanda-t-il en souriant avec bienveillance à Hughie.

"Oui."

"Entrez. Nous vous attendons depuis une demi -heure. N'essuyez pas vos bottes sur ce tapis. Cela vaut un et huit."

Après cette confiance assez remarquable, le majordome des Gaymer conduisit le visiteur à l'étage. Ici, il ouvrit une porte avec une grandeur vraiment théâtrale et annonça :

"' Voici le jeune homme pour toi, mon de-"

"Merci, James : cela fera l'affaire", intervint Mme Lance Gaymer, avec une très belle imitation des manières d'une duchesse de comédie musicale. "Comment allez-vous, M. Marrable ?"

Elle était vêtue des gloires fanées d'une robe de thé, d'un tissu plus prétentieux que durable ; et dans la pénombre du salon — les stores étaient en partie baissés — il paraissait extrêmement beau, d'une manière sordide.

Elle s'est excusée pour la familiarité de son serviteur. M. Marrable saurait sans doute ce qu'étaient les vieux domestiques. Pourtant, il fallait certainement en parler à James .

"Tu boiras une tasse de thé avec moi", continua-t-elle, "et ensuite nous apparaîtrons et verrons Lance, petit garçon ! Sonne la cloche, s'il te plaît."

Hughie s'exécuta, et un quart d'heure assez laborieux suivit. Il se frayait un chemin à travers un bourbier de sujets improbables, tandis que Mme Lance, visiblement perturbée par la non-apparition du thé, répondait par monosyllabes *distraites* . Hughie était conscient, au milieu de la conversation, d'un léger fracas dans les régions inférieures et se demandait vaguement si la calamité avait pris le dessus sur le repas de l'après-midi. Si c'était le cas, il n'avait aucun doute quant à savoir lequel des domestiques du Numéro Dix-Neuf était responsable.

Enfin la porte s'ouvrit et l'inestimable James apparut .

"Tu l'as fait cette fois !" remarqua-t-il sévèrement. "Le bouton de cette théière est entré tout de suite en moi et. Il a dû en être ainsi depuis longtemps. Vous n'aurez plus de thé maintenant. De plus, cette théière devra venir . " de l'invention—"

À ce moment-là, Mme Lance Gaymer, avec des signaux muets mais frénétiques , faisait passer son mercenaire censuré à travers la porte, et ses remarques finales se perdaient dans le couloir extérieur.

Bientôt, elle revint, souriant courageusement. Hughie ressentit soudain un sentiment de pitié et d'admiration. La femme de Lance était le bon genre de fille après tout.

"Je dois *vraiment* m'excuser ..." commença-t-elle.

Mais Hughie l'interrompit. Il se leva et la regarda franchement en face.

"Madame Gaymer," dit-il, "s'il vous plaît, ne vous souciez pas de sauver les apparences avec moi. Je ne m'en suis jamais soucié et je ne m'en soucierai jamais. Dites-moi, que faites-vous avec un huissier dans la maison ?"

Mme Lance s'effondra et pleura, plus de soulagement qu'autre chose, et bientôt Hughie, à sa grande surprise, se retrouva assis à côté d'elle, tapotant sa main large mais galbée et lui prononçant des mots de réconfort et d'encouragement à l'oreille.

Une demi-heure plus tard, il terminait une entrevue avec M. Albert Mold , l'homme du courtier , — feu James, le majordome — dans la salle à manger miteuse du rez-de-chaussée. Ce dernier gentleman, dont les vêtements les plus somptueux étaient désormais remplacés par des vêtements de rang social égal avec ses bottes et son pantalon, écrivait laborieusement un reçu avec le stylo-plume de Hughie, suivant les mouvements de la plume avec le bout d'une langue saillante. Bientôt, il finit.

"Voilà, monsieur", dit-il en respirant lourdement sur le papier pour sécher l'encre. " Vingt-sept, quinze, huit... et merci ! Ce qui me bat, " ajouta-t-il d'un ton pensif, " c'est comment vous m'avez repéré. Qu'est-ce que c'était que de me trahir ? Il me semble que j'avais l' *air* bien. Je portais le le manteau de soirée du jeune homme et l'une de ses chemises, et je pensais tout le temps que j'avais l'air d'être un régal. Était-ce mon pantalon ?

Pour éviter de blesser les sentiments de son invité, Hughie a reconnu que *c'était* son pantalon .

"C'est un drôle de métier, celui-là," dit-il.

"Il faut gagner sa vie d' une manière ou d'une autre ", s'excusa M. Mold , "comme n'importe quel autre haricot if. Ce n'est pas un mauvais travail, en tant que travail. Ils continuent beaucoup, bien sûr, quand vous" Vous êtes d'abord installé, et généralement la femme pleure ; mais ils découvrent vite que vous ne les ferez pas sans bras. Vous faites votre inventaire et vous installez dans la cuisine , avec une pinte de quelque chose dans votre " et un " une pipe dans ton visage, et en moins d' un demi-tic, tu es presque un membre de la famille . Eh bien, j'ai déjà aidé à laver le bébé maintenant. "

"Tu ne te fais jamais expulser ?" » demanda Hughie.

"Je *l' ai* ," répondit M. Mold , d'un ton qui reprochait gentiment le manque de tact de la question, "mais pas souvent. Après tout, je viens seulement *en* encore une fois ; et c'est une question de sept jours pour agression, p'raps , en plus de la saisie. La plupart d' entre eux ont le sentiment de s'en souvenir, alors ils me font plaisir , pour ainsi dire. Ils me parlent honnêtement et me confient des tâches ménagères. Pourtant, ce fut un peu une surprise lorsque Madame est venue aujourd'hui vers deux heures et me demande si une couronne me serait utile et, si oui, est-ce que ça me dérangerait de jouer ? à être majordome pendant une heure ou deux. Je me sentais idiot, habillé de cette façon, mais j'ai toujours été du genre à obliger un peu de jupe. J'ai été faible avec les femmes", a-t-il ajouté autobiographiquement, "depuis un garçon. C'est pour moi ? » Alors que Hughie ouvrait la porte de la rue et accélérait l'invité d'adieu d'une manière particulièrement acceptable. « Merci, Capitaine ! *Bonne* journée!"

Il descendit les marches et longea la rue d'un pas traînant, manifestement en route pour liquider la demi-couronne de Hughie, et le donateur de cette gratification retourna à la salle à manger, où il prit sur la table le reçu laborieusement rédigé de M. Mould . Puis il monta à l'étage, se sentant désespérément désolé pour M. et Mme Lance. Il avait fait pour eux ce qu'il pouvait, à sa manière éminemment pratique, et les avait remis sur pied ; mais… pour combien de temps ? Dettes! Des meules ! Les pauvres choses !

Sur le palier au-dessus, il rencontra Mme Gaymer, les yeux écarquillés et incrédule.

"Lance aimerait te voir maintenant," dit-elle. "Ici!" Elle a ouvert une porte. "Et… et… je dis," ajouta-t-elle à moitié dans un murmure, "vous ne voulez sûrement pas dire qu'il a été et a *regardé* !"

En guise de réponse, Hughie lui tendit maladroitement le reçu tamponné et passa dans la chambre.

Son entretien avec Lance a duré une heure et demie. Beaucoup de choses se passèrent entre eux pendant cette période, et au moment où Hughie se leva et dit qu'il devait partir, chacun avait entièrement révisé son opinion de l'autre. La plupart d'entre nous ont ce qu'il faut de bien caché quelque part en nous, même si cela peut être recouvert par la folie, la vanité ou le désir de faire un spectacle. Il y a peu d'hommes qui ne s'améliorent pas en faisant connaissance, une fois que vous avez traversé le vernis.

Le pauvre Lance, qui luttait dans les eaux profondes, découvrit soudain en Hughie austère et peu démonstratif un assistant joyeux et, ce qui était le plus précieux pour une nature fière, un confident totalement dépourvu de sens critique. Hughie, de son côté, découvrit ce dont il doutait auparavant, à savoir que Lance était un homme. De plus, il a mis à nu une histoire véritablement humaine et plutôt triste de capacités authentiques et d'ambition secrète, lourdement handicapées par l'assurance de la jeunesse et le manque de lest.

Ils discutèrent de beaucoup de choses dans cette chambre miteuse : du passé de Lance ; La petite allocation de l'oncle Jimmy, hypothéquée de nombreuses années à l'avance ; les créanciers auxquels, ainsi que la loi du pays, il devait la présence sous son toit du polyvalent M. Mold ; son avenir ; le travail journalistique qui lui était promis dès qu'il serait à nouveau apte ; Mme Lance ; et aussi M. Haliburton.

Le nom de Joan était à peine mentionné. Lance a fait preuve d'une délicatesse nouveau-née en la matière. Sa sollicitude officieuse pour sa sœur était morte ; il savait maintenant qu'aucune femme ne devrait jamais regretter d'avoir fait confiance à Hugh Marrable ; et il était content d'en rester là.

"Eh bien, je dois déménager", dit enfin Hughie. "Ressaisissez-vous et soyez en forme ! Ça fait du bien d'entendre qu'il y a du travail qui vous attend quand vous vous remettrez en route. Du grand tonique, ça ! A bientôt !"

Il serra la main de Lance et les deux se séparèrent sans démonstration. Lance n'a prononcé aucun discours précis : il a apprécié le désir de Hughie qu'il n'y ait pas de remerciements ni d'expressions contrites de gratitude. Tout ce qu'il a dit , c'est :—

"Hughie, tu es un sportif !"

Puis il s'installa sur son oreiller avec un soupir de bonheur. Il avait fait à Hughie le plus grand compliment qu'il était en son pouvoir de lui faire, et cela coûte un effort à un Anglais.

Alors ils se séparèrent. Mais Mme Lance n'a pas laissé Hughie s'en sortir si facilement. Alors qu'elle l'accompagnait en bas pour lui ouvrir la porte, elle saisit soudain sa main et l'embrassa. Des larmes coulaient sur ses joues.

Hughie est devenu rouge.

"Je dis, Mme Lance," dit-il dans une remarque maladroite, "tout va bien, vous savez ! Il ira bientôt à nouveau très bien."

"Laissez-moi pleurer", dit confortablement Mme Lance. "Ça me fait du bien."

Ils se tenaient ensemble dans l'obscurité de la petite salle miteuse, et Hughie, observant la silhouette flamboyante mais simple devant lui, se demandait ce que l'avenir pourrait réserver à cette petite maison. Bien sûr, tout dépendait de...

« Mme Lance, » dit-il soudainement, « dites-moi… est-ce que vous… l'aimez ?

"Je fais!" » répondit Mme Lance, d'une voix qui reléguait pour le moment son patchouli et ses sourcils teints au néant.

"Et est-ce qu'il... t'aime ?"

"Il *le fait* - Dieu merci!"

"Alors vous allez bien tous les deux", dit Hughie en hochant la tête d'un air sage. "Rien n'a beaucoup d'importance, sauf ça !"

"C'est vrai", a déclaré Mme Gaymer. "Mais… je me demande comment *tu* le sais !" ajouta-t-elle curieusement.

"Au revoir!" » dit Hughie.

Alors que Hughie se tenait dans la rue sombre, une horloge d'église se mit à sonner. Il a regardé sa montre.

Il était six heures, et il avait fidèlement promis d'être au divertissement de Joey à huit heures ! Il avait une bonne raison pour son absence, c'est vrai, mais une raison n'est pas toujours acceptée comme excuse.

"Je l'ai assez déchiré, cette fois !" réfléchit-il d'un air maussade.

Il avait raison.

Tôt le lendemain matin, il arriva à la gare du village par le train des journaux et se dirigea à pied vers Manors. Une femme de chambre endormie balayait le hall, qui était jonché de *confettis* – quelques figures de cotillons avaient été incluses dans les festivités de la nuit dernière – et alors que Hughie se dirigeait vers sa loge, avec l'intention de prendre un bain et de se raser avant le petit déjeuner, il Il réfléchit non sans satisfaction que, malgré les fulminations potentielles de Joey, il avait échappé à quelque chose en ratant son train.

Sur sa coiffeuse, il trouva un billet qui lui était adressé de la main de Jeanne. Ça disait:-

> CHER HUGHIE , — Ce soir, au bal, M. Haliburton m'a demandé de l'épouser. Etant par-dessus tout un pupille dévoué, je vous l'ai recommandé. Il vient vous voir demain après-midi, du moins si vous êtes de retour. J'espère que vous avez passé un bon moment en ville. J.

CHAPITRE XVIII

EX MACHINE

MISS JOAN GAYMER , agréablement fatiguée après la dissipation de la nuit dernière, s'est allongée sur une chaise en toile sur la pelouse de Manors. Elle venait de finir de lire une lettre arrivée par la poste de l'après-midi. Il venait de son frère Lance et exprimait, probablement de manière beaucoup plus complète que Hughie lui-même ne l'aurait fait, les raisons de l'absence de Hughie la veille au soir. Le front de Joan était plissé pensivement, et elle examinait le bout de ses petites chaussures, qui étaient dressées à une hauteur peu féminine sur un tabouret devant elle, avec une profondeur de méditation vierge qui s'expliquait peut-être par le fait qu'elle avait reçu une proposition. de mariage la veille au soir, et s'attendait à ce que le proposant vienne appuyer sa propre proposition à tout moment.

Jno entra soudain chez elle . Alex. Goble.

"Eh bien, mon pote !" » insinua-t-il avec austérité.

"M. Haliburton, voulez-vous dire, John ?" » s'enquit Miss Gaymer en baissant précipitamment ses pieds.

"Oui. Est-ce que je vais le perdre ici ?"

"Oui, s'il te plaît. Non, je veux dire..."

Mais le messager de Cupidon était parti. Il revint bientôt et, de l'air de celui qui présente le coroner au président du jury, annonça M. Haliburton.

Cet ardent prétendant s'avança vaillamment à travers la pelouse, et, prenant la main de Jeanne d'un air de ravissement respectueux, s'efforça d'entraîner son propriétaire à l'ombre du hêtre pourpre. Jeanne prévint ses intentions en disant aussitôt :

"Venez à la bibliothèque, M. Haliburton, et nous verrons ce que mon tuteur a à vous dire."

M. Haliburton a laissé entendre que rien n'était pressé et a fait une référence pointue à l'Amaryllis et à l'ombre ; mais sa nymphe sans sentimentalité le fit traverser d'un pas vif la pelouse, contourna le coin de la maison et entra par la porte d'entrée.

Ils traversèrent le hall frais et sombre et Joan frappa à la porte en chêne de la bibliothèque.

"Entrez", dit une voix.

Les amants entrèrent.

"J'ai amené M. Haliburton vous voir, Hughie", fit remarquer Miss Gaymer, un peu comme on pourrait annoncer l'arrivée d'une personne pour inspecter le compteur de gaz.

M. Haliburton, qui n'était pas homme à montrer de l'embarras, qu'il le ressente ou non, s'avança facilement dans la pièce. Joan observa son dos droit et ses épaules carrées alors qu'il passait devant elle, et les coins de sa bouche se contractèrent très légèrement.

Puis elle regarda Hughie. C'était sa première rencontre avec lui depuis son retour chez lui ce matin-là. Il avait répondu à son message par un autre, disant qu'il serait à la bibliothèque à cinq heures. Il n'y avait aucun tic dans sa bouche. Elle était fermée comme un piège en acier ; et il se tenait dos au feu de bois qui brillait dans la cheminée — c'était le mois de septembre et il faisait froid à cause du soleil — avec une immobilité absolue. Joan comprit d'un coup d'œil que, quelles que soient les difficultés de la situation, la ligne d'action de son tuteur était désormais tracée et sa décision était prise, dans un sens ou dans l'autre.

Elle se laissa tomber dans un fauteuil.

"Maintenant, vous deux," remarqua-t-elle d'un ton encourageant, "mettez-vous au travail ! Je veux entendre ce que chacun de vous a à dire sur mon avenir. Ce sera assez excitant, comme aller chez un chiromancien !"

Les deux hommes se tournèrent et la regardèrent avec une surprise non feinte. Ils ne s'attendaient pas à cela. Haliburton commença rapidement à calculer si la présence de Joan lui serait utile ou non. Mais Hughie dit aussitôt :

"Tu dois nous laisser tranquilles, Joan, s'il te plaît ! Je ne peux pas te permettre de rester."

Joan s'allongea sur sa chaise et lui sourit , franchement mutine. Elle n'avait jamais manqué, lorsqu'elle le désirait, de « gérer » un homme. Hughie la regardait d'un air pierreux ; mais deux minutes, calculait-elle, le rendraient suffisamment souple.

Elle avait tort. À la fin de cette période, Hughie attendait toujours avec impatience qu'elle quitte la pièce. Jeanne, un peu surprise de son obstination, dit :

"Si vous voulez vous opposer aux suggestions de M. Haliburton, Hughie, je pense que je devrais entendre quelles sont vos objections."

« Avant de partir, » dit Hughie d'un ton égal, « je vais vous dire une chose – et cela devrait suffire. Je suis prêt à les donner à M. Haliburton, et s'il le juge opportun , il pourra vous les communiquer par la suite. Mais je ne pense pas qu'il le fera. Maintenant, voulez-vous nous quitter, s'il vous plaît ?

Joan était vraiment étonnée. Mais elle se contrôlait. Elle était déterminée à régler l'affaire maintenant. Toute la femme en elle – et elle était toute femme – a répondu au défi contenu dans l'attitude dictatoriale de Hughie. En plus, elle était horriblement curieuse.

Elle poussa un triste petit soupir et fit avec ses yeux un jeu éhonté qui, elle le savait, remua le pauvre Hughie jusqu'au désespoir, et observa le résultat à travers ses cils tombants avec une certaine satisfaction. La bouche de Hughie était rapidement fermée et il respirait par le nez ; et Jeanne pouvait voir un petit pouls battre dans sa tempe droite. (Tous deux, pour le moment, avaient oublié le prétendant ardent près de la fenêtre.) Elle allait gagner dans un instant maintenant.

Mais hélas! elle avait oublié une arme masculine contre laquelle tous les Votes pour les Femmes du monde ne serviront à rien, en cas de besoin.

Hughie relâcha soudain son attitude et se dirigea vers la porte qu'il lui tenait ouverte.

« Tout de *suite* , s'il vous plaît ! » dit-il d'une voix que Joan n'avait jamais entendue auparavant, même si beaucoup d'hommes l'avaient entendu.

Sans trop savoir pourquoi, Miss Gaymer se leva docilement de sa chaise et sortit de la pièce. La porte se referma derrière elle.

Lorsque Joan se retrouva sur la pelouse, elle haleta un peu.

"Oh !" dit-elle à bout de souffle. "Je... j'ai l'impression d'avoir été frappé au visage par une grosse vague ! Ce jeu ne se déroule pas tout à fait comme tu l'espérais, Joey, mon enfant : l'homme Hughie est en tête ! Pourtant, je vais prendre mais... Dieu du ciel ! » Elle regardait, comme le Chaperon rouge lors d'une occasion historique, un gisant dans son fauteuil de toile, sous le hêtre cuivré. « Qui *diable* est-ce dans mon fauteuil ? C'est... c'est... oh ! Joey Gaymer, tu es hystérique ! C'est... c'est... Oncle Jimmy ! *Oncle Jimmy !... Mon oncle —Jimmy !*"

L'instant d'après, elle reposait confortablement, un paquet distrait de larmes et de rires, dans les bras de Jimmy Marrable .

"Un peu soudain, hein, jeune femme ?" demanda enfin ce monsieur. "J'aurais dû écrire, je suppose. Mais j'ai complètement oublié que vous penseriez tous que j'étais mort. Peu importe, je ne le suis pas !"

Il s'est mouché avec résonance pour étayer sa déclaration.

Joan, enfin convaincue qu'il était réel, et grandement soulagée de constater qu'elle ne souffrait pas de délires hystériques résultant du traitement brutal que Hughie lui avait infligé, demanda sévèrement à l'école buissonnière où il avait été ces cinq dernières années.

Jimmy Marrable lui a dit. C'était une longue histoire, et l'ombre du hêtre cuivré s'était sensiblement allongée au moment où le narrateur s'embarquait à Zanzibar pour le port de Leith. Ils avaient le jardin pour eux seuls, car les Leroy étaient absents.

"Je ne veux plus entendre d'aventures, parce que je déborde de questions", a déclaré franchement Miss Gaymer. " D'abord, pourquoi es-tu parti ? Tu es parti si précipitamment que tu n'as pas eu le temps de t'expliquer. J'avais alors à peine dix-huit ans. "

"C'était le vieux défaut, la tendance à l'errance de Marrable ", répondit son oncle. "Je l'avais tenu à distance assez facilement pendant près de quinze ans, mais il est revenu très durement et soudainement à cette époque."

"Pourquoi?"

"En partie, je pense, parce que la seule chose qui m'avait retenu à la maison pendant toutes ces années semblait m'échapper."

"Je *ne l'étais pas* !" » déclara fermement Miss Gaymer. Puis elle réfléchit. "Tu veux dire… tous ces garçons idiots ? C'était eux ?"

"C'était le cas", a déclaré Jimmy Marrable . "Non seulement ils m'ont détraqué le nez, mais ils m'ont ennuyé jusqu'aux larmes."

"Vous avez toujours valé tout cela, ma chère", dit affectueusement Miss Gaymer.

"Je le savais", répondit modestement Jimmy Marrable , "mais je n'étais pas tout à fait sûr que vous le sachiez. J'ai vu que pendant les deux ou trois prochaines années, vous seriez sainement et innocemment employé à ridiculiser les jeunes hommes, et que vous pourriez ainsi Je vais bien me permettre de me passer de votre vieille épave d'oncle. Les choses sérieuses ne viendront pas avant que vous ayez atteint l'âge du mariage. J'ai donc décidé en attendant de m'offrir juste un dernier potier autour du globe , et ensuite, dans quelques années, rentrez à la maison et assumez les lourdes tâches de chucker-out. »

"Alors pourquoi es-tu resté absent si longtemps ?" demanda Miss Gaymer.

"Parce que j'ai entendu dire que Hughie était rentré à la maison", dit simplement Jimmy Marrable .

Joan tressaillit d'un air coupable, et sa main, qui reposait dans celle du vieux monsieur, relâcha un instant sa prise. Jimmy Marrable ne remarqua rien et poursuivit :

" J'ai eu des nouvelles de lui d'un homme du Cap. Son nom était Allerton. Il avait l'air un peu roulant, mais il avait récemment épousé la propriétaire d'un petit pub, à la manière de Wynberg, et vivait dans un grand contentement et richesse. Sa femme considérait sa capture comme le couronnement de sa vie, et ensemble, ils formaient un couple très dévoué. En apprenant que je m'appelais Marrable , il dit qu'il était sûr que je devais être l'oncle de Hughie, comme Hughie lui avait dit que j'étais la seule relation qu'il avait. Il était un gentleman, en quelque sorte, et semblait considérer son ami Hughie comme une sorte de croisement entre la Providence et le rocher de Gibraltar. Ils avaient traversé des moments assez difficiles ensemble – à bord de l'Orinoco. Hughie vous a souvent raconté tout ça ?

Joan secoua la tête.

"Non ? Eh bien, c'était dans son genre de ne pas le faire. Cependant, Allerton m'a dit avec certitude que Hughie était désormais à la maison pour de bon ; j'ai donc su alors que mes plans avaient fonctionné après tout et que je n'avais pas besoin de me dépêcher de rentrer. Ma petite fille était en sécurité."

Il soupira de contentement et tapota la main de Joan.

"Je suis un vieux fossile heureux, Joey", dit-il. " J'ai toujours comploté de manière maladroite pour y arriver, et maintenant c'est arrivé. " Il y a une divinité qui façonne nos fins ", vous savez. Et maintenant, je suppose, vous êtes la maîtresse de cette vieille maison. Combien de temps as tu été marié?"

"Ce n'est pas le cas", dit Joan d'une toute petite voix.

"Pas ce?"

"Marié."

Elle leva une main sans anneau en signe de corroboration. Jimmy Marrable l'a inspecté.

"Où est ta bague de fiançailles ?" il a ordonné.

Joan sentait que les temps étaient durs, surtout pour oncle Jimmy.

"Nous... nous ne sommes pas fiancés", balbutia-t-elle. Puis elle reprit rapidement, car il y avait sur le visage brun et ridé de Jimmy Marrable une expression qui l'effrayait, et elle avait envie d'obtenir des explications : « Hughie et moi ne nous souciions pas vraiment l'un de l'autre, de cette façon. "Je suis un menteur. *Je* ne me souciais pas de Hughie de cette façon."

"Il vous l'a demandé, alors ?"

"Oui."

"Et tu ne le ferais pas ?"

Joan hocha la tête. Elle se sentit soudain déraisonnablement méchante et méprisable. Elle avait refusé d'épouser Hughie de bonne foi, comme elle en avait parfaitement le droit, pour la raison très suffisante qu'elle ne l'aimait pas assez – ou sa façon de dire les choses – ; et elle n'avait éprouvé aucun scrupule particulier à porter ce coup à ce moment-là. Mais aucune de ces raisons ne semblait être une excuse pour blesser oncle Jimmy.

Depuis lors également, ses sentiments envers Hughie lui-même avaient changé à un point tel qu'elle commençait tout juste à s'en rendre compte . Dernièrement, elle s'était retrouvée à s'intéresser tout particulièrement aux mouvements de Hughie. Pourquoi, elle le savait à peine. Il lui accorda peu d'attentions ; il était habituellement intransigeant dans ce qu'il considérait comme l'exécution de son devoir ; et il avait fait un gâchis choquant dans ses affaires. Mais… il avait des ennuis ; les gens lui en voulaient ; et il avait été son ami depuis toujours.

Or, Joan Gaymer, si elle n'était rien d'autre, était loyale ; et la loyauté chez une femme se nourrit plutôt de l'adversité que d'autre chose. Et la loyauté d'une femme envers un homme qui est son ami, si vous essayez de la mettre à rude épreuve ou de la coincer, dans neuf cas sur dix, se protégera, à la manière de Protée, en se transformant en quelque chose de complètement différent, quelque chose qui est assez imperméable aux attaques extérieures et ne peut être poussé jusqu'au point de rupture que par une seule personne : l'homme lui-même ; et pas toujours, comme le savent d'innombrables maris indignes. La loyauté de Joan envers Hughie était dans une sorte de processus de transition. Elle pensait beaucoup à lui, mais elle ne s'était jamais posée une seule fois la question de ses relations ultérieures avec lui. La jeune fille moderne n'est pas encline à analyser franchement ses propres sentiments à l'égard des membres du sexe opposé ; elle considère ces exercices comme « du début de l'époque victorienne », ou « sentimentaux » ou « efféminés » ; et par conséquent Joan ne s'était jamais franchement demandé ce qu'elle pensait réellement de Hughie Marrable . Parfois, par exemple lorsqu'elle entendait des gens dire du mal de son adjoint dans le dos, elle avait conscience d'être brûlante et en colère ; à d'autres moments, lorsque quelque chose lui rappelait avec une force particulière les tribulations qu'endurait Hughie, elle avait été consciente d'une grande et vague détermination à « se rattraper », d'une manière encore indéfinie et à un moment donné. encore non précisé. Bref, comme bien des filles d'Ève avant elle, elle ne connaissait pas son propre esprit. Elle le savait maintenant. Son cœur la frappa.

Soudain, la voix de Jimmy Marrable s'interrompit avec cette question plutôt inattendue mais pas tout à fait déraisonnable :

"Alors si vous n'êtes ni fiancé ni marié à Hughie, puis-je vous demander ce que vous faites chez lui ?"

"Ce n'est pas sa maison", répondit Joan, se rappelant son attention vagabonde sur la silhouette plutôt irascible à ses côtés. "Il l'a loué aux Leroy , et lui et moi venons tous les deux séjourner ici en tant qu'invités."

"Pourquoi diable voulait-il louer cet endroit ? Pourquoi vous et les Leroy ne pouviez-vous pas venir et rester ici en tant *qu'invités* ?"

"Je pense", dit délicatement Miss Gaymer, "que Hughie est... plutôt dans une situation difficile."

" Des difficultés ? Des trucs ! Il en a huit cents par an, et suffisamment de revenus de la succession pour qu'elle puisse payer sa propre dette sans aucune dépense pour lui. Combien veut-il de plus ? "

"Je ne pense pas que Hughie soit un très bon homme d'affaires", a déclaré Joan.

défendre sincèrement Hughie, tout comme une mère pourrait dire : « Ah, mais il a toujours *eu* une poitrine faible ! quand sa progéniture arrive dernière dans le handicap du demi-mile. Mais Jimmy Marrable , étant un homme, a pris cette suggestion comme un reproche.

"Absurdité!" » dit-il d'un ton irrité. « Hughie a la tête aussi dure que n'importe quel homme que je connais. Qu'entendez-vous par le critiquer ? Avez-vous quelque chose à lui reprocher sur la façon dont il a géré *vos* affaires, hein ?

"Aucun du tout", dit promptement Joan.

"Mais... bénis mon âme !" s'écria Jimmy Marrable ; " J'ai oublié ! Vous n'avez pas ... " Il fit une pause et sembla résoudre un problème abstrus dans sa tête. "Ecoute, Joey," continua-t-il à présent, "si tu n'es pas marié à Hughie, de quoi vis-tu ?"

Joan le regarda avec étonnement.

"Sur l'argent que vous m'avez laissé", dit-elle. "Quoi d'autre?"

Le vieux monsieur la regarda attentivement pendant un moment, puis dit :

"Bien sûr : j'ai oublié. Je suppose que Hughie vous le paie tous les trimestres."

"Oui, sur mon compte bancaire", répondit Miss Gaymer avec une pointe de fierté.

"Combien?"

"Est-ce *juste* de le dire ?" » s'enquit Joan, protégeant instinctivement son fiduciaire frauduleux.

"Bien sûr. C'était mon argent en premier lieu. Continuez, combien ?"

"Quatre cents par an", dit Joan. "Il était trois cents au début. Hughie m'a dit que tu n'étais pas parti autant qu'il l'espérait et que je devrais faire attention. Mais Ursula Harbord, c'est la fille avec qui je partage un appartement : elle est terriblement intelligente en matière de de l'argent et des affaires - m'a dit de demander à Hughie quels intérêts je recevais sur mon capital, ou quelque chose comme ça. J'ai découvert pour elle - quatre pour cent, je pense que c'était le cas - et elle a dit que ce n'était pas le cas. *presque* assez. Il y avait des choses appelées actions privilégiées, ou quelque chose du genre, qui payaient dix ou douze pour cent ; et Hughie doit les vendre immédiatement et les acheter à la place. Quel est le problème?"

Jimmy Marrable s'était soudainement étouffé.

"Rien rien!" dit-il avec une certaine confusion. "Une fille intelligente, cette amie à toi ! Prend une grande taille avec des bottes et des gants, devrais-je dire, et agit comme trésorière honoraire de diverses organisations caritatives ! Douze pour cent ! Aha !" Il se gifla faiblement. "Et qu'est-ce que Maître Hughie a dit à *cela* ?"

"Je pouvais voir qu'il n'aimait pas ça", continua Joan; "Mais Ursula avait déclaré que si je ne lui permettais pas de lui parler, elle consulterait une personne responsable; car elle était sûre que *Hughie* gérait les choses de manière honteuse. Alors, pour la faire taire, je l'ai laissée. Je pense que Hughie a vu qu'il y avait quelque chose dans ce qu'elle a dit, cependant ; parce qu'il a immédiatement accepté de me donner quatre cents par an à l'avenir au lieu de trois. *Est* -ce suffisant, oncle Jimmy, ou le pauvre Hughie a-t-il vraiment fait un gâchis, comme on dit ? *Dites que* c'est assez , Oncle Jimmy ! Je *sais* qu'il a fait de son mieux, et je préfère m'en passer... "

"Assez?"

Jimmy Marrable se tourna et scruta attentivement sa pupille, comme s'il évaluait sa valeur exacte. Certes, elle était très charmante. Il siffla doucement et hocha la tête d'une manière énigmatique.

"Je l'aurais fait moi-même", murmura-t-il sombrement. "Assez?" répéta-t-il à haute voix. "Ma petite fille, sais-tu combien de capital représente un revenu de quatre cents par an ?"

Joan secoua la tête. Son expérience de la finance se limitait à signer un chèque dans le bon coin.

"Eh bien, environ dix mille livres."

« Hou ! » » dit Miss Gaymer, agréablement agitée. "Est-ce que j'ai tout ça?"

"Non."

"Oh ! Combien, alors ?"

Jimmy Marrable lui a dit.

CHAPITRE XIX

DANS LEQUEL L'AMOUR VOLE PAR LA FENÊTRE

HUGHIE ferma la porte au nez de Joan et poussa un léger soupir de soulagement. Il avait envie de se battre, et il venait tout juste d'avoir les mains libres, pour ainsi dire. Une satisfaction brève mais parfaite l'attendait.

Il reprit sa position devant le feu. M. Haliburton s'est assis sur une table en chêne et a balancé ses jambes.

"Maintenant, Marrable …" commença vivement ce dernier.

Hughie l'interrompit.

« M. Haliburton, » dit-il, « vous avez entendu mes paroles à Miss Gaymer tout à l'heure ?

"Je l'ai fait", a déclaré M. Haliburton.

"Eh bien, je voudrais vous le répéter. Le mariage que vous avez arrangé n'aura pas lieu. C'est tout."

"Cela," répondit facilement M. Haliburton, "c'est une affaire pour Joan et moi-"

"Nous appellerons ma pupille Miss Gaymer pour le reste de cette interview", dit Hughie avec raideur.

" Certainement. Pour résumer. Vous voyez, Marrable , bien que vous ayez été nommé tuteur de Miss Gaymer par le vieux monsieur excentrique qui porte le même nom que vous, votre autorité ne dure pas éternellement . Je comprends que la dame deviendra bientôt sa propre maîtresse. ".

"Elle va."

"Auquel cas elle aura le contrôle de sa propre propriété."

"Il en est ainsi."

"Eh bien", - M. Haliburton fit une pause et effaça la cendre de sa cigarette : « Ne pensez-vous pas que cette démonstration d'autorité de votre part, étant donné qu'elle est soumise à une limite de temps, est plutôt ridicule ?

"Je n'ai qu'une observation à faire sur ce point", dit froidement Hughie, "c'est que je n'ai fait aucune démonstration d'autorité d'aucune sorte."

« Mon cher monsieur, » dit M. Haliburton en haussant ses sourcils histrioniques, « n'interdisez-vous pas les bans ?

"Je n'ai jamais rien interdit. J'ai simplement déclaré que le match n'aurait pas lieu."

"Ne nous laissons pas chipoter, mec !" dit Haliburton avec impatience. Il est descendu de table. " Écoute, Marrable , il n'est pas nécessaire que toi et moi soyons farfelus dans cette affaire. Soyons francs. Vous voulez cette fille : moi aussi . Elle ne peut pas nous épouser tous les deux, elle doit donc en choisir une. Elle dit qu'elle tient à moi plus que n'importe quel homme au monde et qu'elle parcourrait les routes avec moi. Et moi avec elle ! Eh bien, mec... "

En prononçant ces nobles paroles, M. Haliburton a adopté une attitude que beaucoup de jeunes femmes au premier rang de la fosse auraient considérée comme hautement dramatique, mais qui a simplement frappé l'homme prévenu et antipathique devant lui comme étant extrêmement théâtral.

"Laisse tomber!" » dit Hughie. "Tu me rends vraiment malade."

Il a dit la vérité. Il ne savait pas si la rhapsodie d'Haliburton reposait ou non sur des fondements assurés. Mais en tout cas, la jeunesse fraîche et innocente de Joan était une chose très sacrée, et même la suggestion qu'elle puisse avoir quelque chose en commun avec ce super glorifié le faisait se sentir physiquement mal.

M. Haliburton s'interrompit et sourit.

" Marrable ", dit-il presque cordialement, " nous nous comprenons ! Je vois que vous voulez un anglais simple. Je viens de dire que nous aimions tous les deux la fille. C'est ce que nous aimons. Mais j'imagine que nous aimons tous les deux un peu plus son petit truc - hein ? Maintenant, vous manipulez les dibs depuis dix-huit mois, je comprends. Vous avez fait votre nid assez confortablement, d'après ce que j'ai entendu. Ne soyez pas un chien dans la mangeoire ! vos amis aussi dans les bonnes choses ! »

Le masque a été enlevé avec vengeance. Hughie avala quelque chose et remercia Dieu que, si ses pérégrinations parmi les humains ne lui avaient rien appris d'autre, elles lui avaient appris à se retenir jusqu'au moment venu. Il a dit:-

" Haliburton, je vous ai dit plusieurs fois que je n'interdisais pas cet engagement ; parce que, comme vous l'avez fait remarquer avec beaucoup d'acuité, mon *veto* ne dure pas éternellement ; mais le match ne se déroule pas pour autant. Avant de partir . Je vais vous expliquer ce que je veux dire, je ne le veux pas, car les conséquences pourraient être graves, tant pour Miss Gaymer que pour moi, mais cela vous montrera à quel point je suis absolument déterminé à faire table rase de vous.

"Je voudrais dire en premier lieu que je n'aurais jamais dû me mettre entre Miss Gaymer et *un* homme, aussi longtemps que je pensais honnêtement qu'il pouvait la rendre heureuse - pas même un homme que je considérerais personnellement comme un âne ou un étranger. " Mais il y a des limites à tout, et vous me semblez être la limite dans cette affaire. Je me suis renseigné sur vous et je connais maintenant assez bien vos antécédents. Vous êtes apparemment une sorte d'acteur, même si tous les acteurs de Ma connaissance a l'air nettement malade lorsque votre nom est mentionné. Cependant, quoi que vous soyez, je serais désolé de voir une femme à laquelle je m'intéresse être obligée de passer ne serait-ce qu'une demi-heure en votre compagnie. En fait, si vous ne l'aviez pas initialement " Je suis venu ici en ami de Lance Gaymer, sur lequel, d'ailleurs, je trouve que vous aviez autrefois une certaine emprise, j'aurais dû demander au capitaine Leroy la permission de vous expulser d'ici il y a quelque temps !"

M. Haliburton avait l'air un peu mal à l'aise. Il avait une bonne main, mais Hughie ne bluffait visiblement pas. Il avait le sentiment désagréable qu'il devait y avoir une carte insoupçonnée quelque part.

"Pour en venir au point principal", a poursuivi Hughie, "je veux que ces fiançailles soient déclarées par *vous*, pas par moi. Quel est votre prix ?"

M. Haliburton respira à nouveau. Corruption? C'était tout ? Il répondit vivement :

"Combien as-tu ?"

"Est-ce que mille livres servent à quelque chose ?" » demanda Hughie.

"Peut-être vingt", répondit l'amant.

"Ma limite", a déclaré Hughie, qui n'était pas homme à marchander sur ce que M. Mantalini a décrit un jour comme des " pièces de monnaie de dédommagement ", "est de cinq mille livres".

"Parlez raisonnablement!" dit brièvement M. Haliburton.

"L'offre", continua Hughie avec régularité, "est ouverte pour cinq minutes. Si vous l' acceptez , je vous ferai un chèque maintenant, et vous vous asseoirez et écrirez une lettre rompant formellement, de votre propre initiative, tout engagement ou accord. vous avez peut-être conclu un contrat avec Miss Gaymer et pris l'engagement de ne plus jamais l'approcher, et je veillerai à ce qu'elle y parvienne. Sinon, eh bien, vous le regretterez , car vous ne ferez jamais une aussi bonne affaire avec un autre. moyens."

Haliburton le regarda avec curiosité.

"Est-ce votre propre argent que vous m'offrez ?" il a dit.

"C'est vrai", dit Hughie en regardant sa montre. "Il reste trois minutes."

"Est-ce que cela ne va pas créer un trou dans votre compte de capital ?"

"Ce sera le cas. En fait, trou ne sera pas le mot pour ça ! Mais ça en vaudra la peine."

Des renseignements sont apparus sur M. Haliburton.

"Je vois," dit-il lentement. « Vous comptez vous rattraper plus tard, quand… quand les contrats de mariage seront rédigés, n'est-ce pas ? Ou peut-être, ajouta-t-il sarcastiquement, dix-huit mois de tutelle prudente vous ont mis en mesure de vous permettre cette extravagance !

Hughie était surpris de sa propre maîtrise de soi. Seul le petit pouls que Jeanne avait remarqué battait assidûment dans sa tempe droite.

"Quinze secondes !" il a dit. « Acceptez-vous cette offre, M. Haliburton ?

"Non."

"Droite!" Hughie remit sa montre dans sa poche et regarda le maître chanteur égaré devant lui à la manière d'un policier bienveillant se tenant au-dessus d'un petit garçon avec une cigarette.

"Vos dernières remarques", dit-il, "ont été si offensantes que je sais que vous n'auriez pas eu le courage de les faire si vous n'aviez pas pensé que vous m'aviez absolument sous votre coupe. Mais je peux aussi bien procéder à mon dernier mouvement, et mettre fin à cet entretien. Je suis très réticent à prendre cette mesure particulière, car ses résultats pourraient être gênants, comme je l'ai dit, pour Mlle Gaymer. C'est pourquoi je vous ai offert pratiquement tout l'argent dont je dispose pour annuler l'accord. Mais Je vois que je ne peux pas m'en empêcher. Maintenant, Haliburton, — à propos, j'ai oublié de mentionner que ton vrai nom est Spratt : tu sembles être devenu un gros poisson depuis que tu t'es mis à la chasse à la fortune, — je vais Je vais vous faire rompre vos fiançailles. Je vais vous faire un grand compliment. Je vais vous donner une information, connue seulement de moi et du banquier de Miss Gaymer, pour laquelle vous serez finalement très reconnaissant, et la connaissance de ce qui vous fera, lorsque vous sortirez (ce qui sera très bientôt maintenant), vous prendre pour un imbécile blâmé parce que vous n'avez pas accepté ma première offre.

M. Haliburton-Spratt remua les pieds avec un peu d'inquiétude, et Hughie continua :

" Vous semblez souffrir d'une crise aggravée de l'impression dominante selon laquelle Miss Gaymer est une héritière. Sa fortune a été estimée de diverses manières par les experts en table à thé entre quarante et cent mille livres. Je vais maintenant vous dire ce que cela signifie réellement. " " Levez-vous de table : je veux ouvrir cette boîte d'envoi. "

M. Haliburton, conscient d'une légère sensation d'enfoncement juste au-dessous du deuxième bouton de son gilet, bougea comme demandé, et Hughie sortit de la boîte un livret de banque et une lettre volumineuse.

"Quand je suis rentré de l'étranger, dit-il, j'ai trouvé cette lettre qui m'attendait. Elle vient de mon oncle. Le passage suivant vous intéressera : '... J'ai réalisé pratiquement tous mes biens personnels et j'ai placé le en espèces à votre crédit au nom de Joey » (Joey est le nom, expliqua-t-il minutieusement, sous lequel Miss Gaymer est connue de ses amis intimes) « à la succursale du palais de justice de la Home Counties Bank... Le reste de mes les biens sont inscrits et dûment disposés dans mon testament, et ne peuvent être touchés tant que mon décès n'est pas authentifié.

"J'espère qu'il y avait une somme respectable en banque", a déclaré M. Haliburton, le moral remontant.

Hughie ouvrit le livret.

« Lorsque je me suis rendu à la banque en question, dit-il, et que j'ai demandé à voir le montant de mon solde, on m'a remis ce livret. Vous y connaîtrez la valeur exacte de la fortune de Miss Gaymer à l'époque. moment où j'ai repris la gestion de ses affaires."

Il a remis le livre à M. Haliburton. Ce fervent amant jeta un coup d'œil avide à la somme indiquée sur la ligne de la balance et devint d'un vert délicat.

" Tu vois?" dit calmement Hughie en reprenant le livre. "Cent livres sterling ! Un mauvais échange contre cinq mille, M. Haliburton !"

"Où est l'argent?" » dit Haliburton d'une voix épaisse.

" Cela, je ne peux pas vous le dire. Mais vous verrez par le livret et par ce chèque dûment endossé, " — il sortit un bordereau rose de la boîte d'expédition , — " que la somme de trente-neuf mille neuf cents livres — la somme qu'il avait mise quelques jours auparavant, moins cent — a été retirée de la banque, en une seule fois, par mon oncle lui-même la veille de son départ. Pourquoi il a fait cela, je n'arrive pas à l'imaginer. " J'ai soudainement changé ses plans. Tout ce que je sais, c'est qu'il m'a mis dans une situation très difficile en tant qu'administrateur, et vous dans une situation beaucoup plus difficile en tant que prétendant, M. Haliburton !"

Il prit le chèque des mains d'Haliburton démoralisé et ferma la boîte d'expédition.

Il y a eu un long silence. Enfin Hughie dit :

"Je suppose que je peux comprendre que vous désirez maintenant vous retirer de ces fiançailles ?"

"Vous pouvez!" » dit M. Haliburton avec insistance. Il était trop profondément chagriné pour jouer son rôle plus longtemps.

Hughie l'examina d'un œil critique.

« Vous êtes un véritable coquin, Spratt », dit-il ; "Tu n'es pas plus hypocrite que tu n'as besoin de l'être. Mais tu es un coquin pour autant. Eh bien, je ne te garderai pas. Bonjour !"

Mais le cerveau rapide de M. Haliburton avait pris en compte la nouvelle situation, avec ses points forts et ses points faibles en ce qui le concernait. Il n'avait pas vécu vingt ans avec intelligence pour rien.

« Je suppose, observa-t-il en se rasseyant sur le coin de la table à écrire, qu'il serait indiscret de demander de quelle source la jeune dame, avec un capital de cent livres sterling, tire actuellement un revenu d'apparemment trois ou quatre cents par an ?

"Non seulement indiscret, mais franchement malsain", a déclaré Hughie, devenant d'un rouge sombre. Ses doigts s'enroulaient et se déroulaient.

M. Haliburton a dirigé sur lui ce qui ne peut être décrit que comme un regard déprédateur.

« Ne pensez-vous pas, M. Marrable , » dit-il, « que ce serait une bonne chose de… me mettre *au carré* ? Je pourrais me contenter de ces cinq mille dollars. Nous sommes dans un monde censuré, vous savez ; et de petites histoires scandaleuses sont répandues. apte à se déplacer quand une jeune femme accepte... *Hrrrumph !* "

C'était la goutte d'eau qui a fait déborder le vase. La retenue de fer de Hughie finit par se briser. Ses impressions et celles de M. Haliburton sur les instants suivants étaient nettement floues, mais à la fin de cette période, Hughie, respirant lourdement et ayant l'impression qu'il venait de gagner un prix précieux dans une course de consolation, se retrouva face à Jimmy Marrable , qui était entré par la porte au moment où Love (représenté par M. Haliburton) s'envolait par la fenêtre.

"Bonjour, Hughie !"

"Bonjour, oncle Jimmy ! Un demi- mo ' !"

M. Haliburton, assis avec le vertige dans une roseraie du jardin, entendit les pas de Hughie revenir vers la porte-fenêtre au-dessus de sa tête. Une canne s'enfonça soudain dans le sol à côté de lui, et une paire de gants et un chapeau Homburg crépitèrent délicatement sur son visage renversé ; tandis que la voix de Hughie indiquait qu'il y avait un train rapide et bien amorti pour rentrer en ville à six heures vingt.

Puis, fermant la fenêtre et laissant M. Haliburton s'extraire tendrement de son lit de roses, maudissant faiblement ce moment et ruminant amèrement sur le manque de fiabilité des expressions proverbiales, Hughie se tourna de nouveau vers la pièce. Il venait de se rendre compte que, dans le feu de l'action, il avait été un peu cavalier en accueillant un parent qu'il n'avait pas vu depuis dix ans et qu'il croyait mort depuis quatre ans.

Une demi-heure plus tard, Jimmy Marrable demandé:—

"Est-ce que ce serait trop demander qui tu jetais par la fenêtre quand je suis entré ?"

"Ami de Joey", dit brièvement Hughie. "Et maintenant, oncle Jimmy," ajouta-t-il avec un front assombri, - la joie de la bataille était passée et l'horizon était sombre avec les ailes de toutes sortes de poulets rentrant se percher, - "Je voudrais vous informer que vous et vos méthodes financières m'avez mis dans un sacré trou. Je veux une explication.

"Bien. Tirez!"

"Eh bien, lorsque j'ai accepté la mission que vous m'avez léguée d'administrer les affaires de Jeanne, j'ai découvert qu'au lieu d'être une héritière, l'enfant était pratiquement sans le sou. Pour une raison idiote que vous connaissez mieux, vous n'avez pas plus tôt mis de l'argent dans le banque pour elle que vous avez tout traîné encore. J'ai donc découvert que j'étais chargé de gérer les affaires d'une jeune fille que tout le monde croyait détentrice de pots d'argent, mais dont tout le capital... " - il prit le livret — « s'élevait en réalité à cent livres sterling ».

"Correct!" dit Jimmy Marrable . "Procéder!"

"Si," continua Hughie d'un ton égal et pragmatique, "Joan avait été prête à m'épouser , l'argent n'aurait pas eu d'importance, car elle aurait pu avoir le mien. Malheureusement, cet événement ne s'est pas produit."

« Est-ce qu'elle savait qu'elle n'avait pas d'argent quand tu lui as demandé de t'épouser ? s'enquit Jimmy Marrable .

"Non."

— Et a-t-elle continué à vous refuser après que vous lui ayez dit qu'elle était pauvre ?

Hughie avait vu cette question venir de loin. Il est devenu un carmin délicat. Son oncle l'examina et hocha la tête avec compréhension.

"Tout à fait !" il a dit. "Tout à fait ! Tu ne lui as jamais dit."

"Non," dit Hughie, "je n'en avais pas le cœur. C'était comme... comme si j'essayais de la contraindre à m'épouser. Non, je l'ai simplement laissée imaginer qu'elle avait investi une jolie petite fortune et qu'elle pourrait vivre. les intérêts – trois cents par an. Je – j'ai trouvé cette somme pour elle, et elle l'a bien pris. Après tout, c'était une femme, et les femmes avaleraient presque tout ce que vous leur dites sur les questions d'argent. , il suffit de s'entourer d'un nuage de détails techniques, et ils cèdent aussitôt. Je pense que Joey était un *peu* surpris de ne pas en avoir plus, car elle se croyait un peu héritière; mais elle n'a jamais dit En fait, elle était si gentille à ce sujet que j'ai vu qu'elle était convaincue que j'avais fait un désastre quelque part et que je devais être protégé en conséquence. Elle a mis tout cela sur le compte de mon incompétence habituelle, je suppose, pour autant que Je peux voir qu'elle me considère comme un imbécile et qu'elle a accepté la situation avec loyauté.

"Elle ferait ça", a déclaré Jimmy Marrable .

"Eh bien," continua Hughie, "Joan allait bien, mais tout le monde était le diable. Une horrible petite amie à elle, appelée Harbord..."

"Je sais, douze pour cent !" gargouilla Jimmy Marrable .

"Oui. Eh bien, elle est venue et m'a donné des haricots pour commencer. Puis le jeune Lance a commencé à me soupçonner, - il n'a jamais pu me supporter à aucun prix, - et il est venu et a élevé Caïn un jour lors d'un déjeuner que je donnais... mais d'ailleurs, tout va bien maintenant, Lance a complètement repris ses esprits. Même les Leroy ne pouvaient cacher leur conviction que j'avais fait une ratée quelque part – une ratée honnête, bien sûr, mais une ratée. Et finalement un raté indicible. Je connaissais quelque chose de lui, à tel point, en fait, que je n'avais jamais pensé qu'il y avait quoi que ce soit à craindre de lui. Mais il a pris le dessus sur moi alors que tous les autres avaient échoué. Joey... notre Joey est tombé amoureux de lui et a promis de l'épouser ! »

"Je n'ai rien entendu à ce sujet. Quel genre d'homme est-il ?" s'enquit Jimmy Marrable .

"C'est à peu près le même type, devrais-je dire, que déplorait feu Gaymer, senior."

"Es-tu sûr qu'elle tombe amoureuse ?" continua Jimmy Marrable , d'une voix perplexe.

"On dirait", a déclaré Hughie. "J'étais absent hier et je suis rentré tôt ce matin. J'ai trouvé un mot de Joey sur ma coiffeuse, disant qu'Haliburton lui avait proposé et qu'elle l'envoyait me demander mon consentement. Elle le ferait. Je ne serais pas allé aussi loin si elle ne l'avait pas fait... si elle ne l'avait pas fait. » Sa voix trembla. "C'était une pilule pour moi, oncle Jimmy !"

"Qu'est-ce que tu as fait?" dit Jimmy Marrable .

"C'est moi qui ai fait ça. Je savais très bien que si Joey... l'aimait" - les mots sortaient entre ses dents serrées - "elle resterait avec lui, canaille ou pas. Elle est comme ça."

"Elle va bien?"

"J'en suis arrivé à la conclusion que s'il devait y avoir une rupture des fiançailles, elle devait venir de lui."

"Tu l'as obligé à rompre ?"

"Oui."

"Comment ? En le jetant par la fenêtre ?"

"Non. Cela n'aurait servi à rien s'il en avait vraiment après son argent. Je lui ai simplement dit la vérité – toute la vérité – sur son solde bancaire, etc. C'est tout. Il a bien fait marche arrière."

Jimmy Marrable s'est frotté les mains.

"Et puis?"

"Et puis des idées ont commencé à lui venir—"

"Exactement. Il a commencé à poser des questions… à faire des insinuations…"

"Oui. Je l'ai ensuite jeté par la fenêtre. C'était une certaine consolation. C'est l'histoire."

Hughie se détourna et regarda tristement l'aile. Actuellement Jimmy Marrable remarqué:—

"Et pendant ce temps, la graisse est dans le feu ?"

"C'est vrai", dit Hughie avec amertume. "Oncle Jimmy, que *va-t-* elle penser ? Tout va forcément éclater maintenant, ce type courra le dire à tout le monde, et quand elle apprendra la situation cruelle dans laquelle je l'ai placée, elle ne me parlera plus jamais. Nous ne serons même plus de bons amis ordinaires maintenant. Pauvre petite fille ! Je lui ai fait le pire tour qu'un homme puisse faire à une femme ; et je serais *mort* pour elle – joyeusement !

Hughie s'appuya contre la grande cheminée et laissa tomber sa tête sur ses bras. "Joey ! Joey !" se murmura-t-il très doucement.

Jimmy Marrable se retira dans un coin reculé de la pièce, où il passa un moment à choisir un cigare dans le casier privé de Jack Leroy. Bientôt, il revint. Constatant que son neveu n'était apparemment pas tout à fait prêt à reprendre la conversation, il passa un moment à allumer le cigare , comblant le silence par un monologue grondant.

"C'est une bénédiction d'être de retour sur la terre ferme", a-t-il observé, "où les cigares resteront en bon état. Fini les mauvaises herbes vertes pour moi ! Ce que j'aime, c'est un bon Havane croustillant qui se fend si on presse le bout, au lieu de-"

Hughie se tenait une fois de plus debout sur le tapis du foyer. La crise était passée.

Jimmy Marrable le regardait avec curiosité.

"Hughie, mon garçon," dit-il, "c'était un plan complètement fou. Pourquoi as-tu fait ça ?"

Hughie s'est retourné vers lui et s'est enflammé soudainement.

"Pourquoi?" il pleure. "Parce qu'il n'y avait rien d'autre à faire ! Pensez-vous que je laisserais notre Joey - non, bon sang ! *mon* Joey - sortir comme gouvernante ou comme choriste - oui, elle a effectivement suggéré *cela* ! - quand je pourrais la garder heureux et à l'aise en racontant un petit mensonge ? C'était peut-être une chose folle à faire ; mais c'était un choix de maux, et je le referais ! Alors remplissez votre cigare et fumez-le !

"Jeune chouette idiot!" fit remarquer Jimmy Marrable . Il alluma son cigare avec un soin minutieux et continua :

« Je suppose que tu veux une explication de *ma part* maintenant ?

"Oui."

"Eh bien, le retrait de cet argent était une idée de dernière minute. Il m'est soudain venu à l'esprit que vous, avec vos idées imbéciles sur l'honneur et le gain sale, etc., pourriez vous sentir dégoûté à l'idée de faire l'amour avec une fille qui possède une grosse banque. Alors, juste avant de partir , j'ai retiré l'argent, imaginant que ce faisant, j'éliminerais le seul obstacle à une union heureuse entre vous et Joey. Toute cette affaire était destinée à être une simple promenade pour vous. Entre nous , il semble que nous ayons fait un sacré gâchis. Hughie, nous, les Marrables , ne sommes pas faits pour les fantaisies féminines.

"Que faut-il faire maintenant ?" » dit Hughie sombrement.

"J'y ai pensé", a déclaré Jimmy Marrable . "Quand un homme se retrouve dans une situation désespérée, son meilleur plan est de demander à une femme de l'aider. C'est ce que nous devrons faire. Attendez ici quelques minutes."

Il se tourna vers la porte.

"Mildred Leroy ne sera pas encore là avant une demi-heure", appela Hughie après lui, "donc ce n'est pas bon de la chercher."

"D'accord!" répondit la voix de Jimmy Marrable tout en haut des escaliers.

CHAPITRE XX

Gaspillage pécheur d'un timbre d'un centime

DIX minutes se sont écoulées. Hughie, appuyé lourdement contre le cadre de la porte-fenêtre, regardait nonchalamment un écureuil qui l'invitait à une partie de cache-cache de l'autre côté d'un tronc d'arbre.

"Une chose", pensa-t-il, "Je pourrai à nouveau partir à l'étranger maintenant. Plus de ça..."

Il y eut un léger bruissement perceptible derrière lui. Joan a dû entrer très doucement, car la porte était fermée et elle était assise sur le coin de la table à écrire, exactement là où Haliburton, récemment parti, avait posé, balançant ses pieds et examinant le dos de son défunt tuteur. Dans sa main, elle tenait un bout de papier rose.

Hughie n'a jamais oublié la photo qu'elle a présentée à ce moment-là. Elle était vêtue de blanc – quelque chose de professionnel et peu encombrant – avec une ceinture en filigrane d'argent autour de la taille. Elle portait un chapeau Panama cabossé – le genre de couvre-chef que l'on retrouve chez les « coons » du genre music-hall – avec un brin de soie bleu pâle enroulé autour. Le soleil du soir, pénétrant par la fenêtre la plus à l'ouest, brillait sur ses cheveux, sa ceinture et les boucles argentées de ses chaussures. Hughie retint son souffle.

Joan parla la première.

"Voici quelque chose pour toi, Hughie", dit-elle.

Hughie prit le bout de papier qu'on lui tendait. C'était un chèque, fait à son nom et signé par Jimmy Marrable .

"Je pense que cela couvre toutes les dépenses auxquelles vous avez été soumis sur mon compte pendant que l'oncle Jimmy était absent", a déclaré Joan. Sa voix était bourrue et pragmatique.

Hughie examina le chèque. "Oui," dit-il, "c'est vrai."

"C'était très gentil de votre part", dit Joan formellement, "de m'avancer autant d'argent. Je ne savais pas que vous le faisiez. Apparemment, vous ne l'auriez peut-être jamais récupéré."

Hughie la regarda avec curiosité. Il commença à comprendre la situation. Il devait être blanchi à la chaux : le passé compromettant devait être décemment enterré, et « L'Emprunt Temporaire » devait en être l'épitaphe.

"Peu importe ça," dit-il maladroitement. "Tout cela dans le travail de la journée, vous savez ! J'avais peur d'être un administrateur pourri."

l'attitude de Joan changea.

« Et maintenant, mon homme, » dit-elle vivement, « aurez-vous la bonté de m'expliquer ce que vous entendez par compromettre ainsi une dame ?

Hughie la regarda un instant avec consternation. Puis il vit que ses yeux pétillaient, et il poussa un soudain soupir de soulagement incrédule. Il a été pardonné !

« Joey ! » il a dit : « Joey, tu veux dire que tu n'es pas en colère ?

"Furieux!" » répondit Miss Gaymer, souriant de son ancienne façon amicale.

"Dieu merci!" » dit Hughie.

Miss Gaymer changea de sujet, assez précipitamment.

"Il y a autre chose que je veux te demander", dit-elle. « Pourriez-vous gentiment m'informer de ce qu'est devenu mon… hum !… jeune homme ?

"OMS?" » dit Hughie. "Oh, *ce* type ? Il est parti."

"Parti ? Où ?"

"Londres, je devrais y penser."

"Pourquoi?"

"En premier lieu, parce que je lui ai parlé de ton… je veux dire… je ne te conseillerais pas de me le demander, Joey. Tu vois… je devrais détester…"

"Vous détesteriez", dit Miss Gaymer, venant à son secours, "de dire 'je vous l'avais bien dit !' Je sais, Hughie. C'est comme toi, et je t'aime pour ça."

Hughie grimaça. Ces termes familiers d'affection sont parfois plutôt alléchants . Pourtant, cela ne doit pas le déranger. La jeune fille aussi avait eu sa déception et se comportait courageusement. Au moins-

"Joey," dit-il soudainement, "est-ce que tu tiens *vraiment* à ce type ?"

La dame assise sur la table se raidit soudain.

"Quoi... cette frontière venimeuse ?" Elle leva les yeux au ciel. "Mon enfant !"

"Mais tu l'as laissé te faire l'amour."

" *Vraiment* ? Je suppose que vous étiez là, " observa miss Gaymer d'un ton flétri, " déguisé en lanterne chinoise ! "

"Eh bien, qu'as - tu fait, alors ?"

"Il m'a demandé d'être son épouse rougissante", a déclaré l'insensible Miss Gaymer, "et a essayé de me saisir la main. J'ai plissé le nez et j'avais l'air très soigné et doux, et j'ai pensé que nous ferions mieux de retourner à la salle de bal. et il pourrait parler à M. Marrable demain matin. Si telle est votre idée de permettre aux gens de faire *l'amour*, cher ami… "

"Mais tu... tu... as promis de l'épouser !" dit le pauvre Hughie.

Joan le regarda.

"Veux-tu me dire, Hughie," dit-elle lentement, "qu'il t'a dit *ça* ?"

"Oui, avec un ou deux détails corroborants. C'est pourquoi je devais lui dire tout, vous savez. C'était le seul moyen, pensais-je, de l'étouffer."

"O-o-oh!" Miss Gaymer se tortilla avec indignation. "La créature ! Et quand il a appris que je n'avais pas d'argent, il a crié ?"

Hughie baissa la tête. Joan eut un petit rire gargouillant.

"Il n'y a pas moyen de s'en remettre, Hughie !" dit-elle. "Il a marqué. Une vilaine gifle pour mon petit moi ! Mais je l'ai mérité, pour avoir essayé de jouer avec ses jeunes affections. Eh bien, vous m'avez donné une raison pour son départ. Quelle était l'autre ?"

Hughie la regarda avec un certain embarras. Il a ensuite dit,-

"Il a commencé à parler de toi, Joey, d'une manière qui ne me plaisait pas, alors je—"

Son regard glissa vers la fenêtre, puis descendit en direction de son pied droit. Un sourire apparut sur son visage troublé et il jeta un coup d'œil à Joan.

"Oh, Hughie, *n'est* -ce pas ?" s'exclama-t-elle avec ravissement.

"Oui. Il a atterri dans ce parterre de roses. Regardez !"

Joey quitta la table et le rejoignit près de la fenêtre. Quelques pieds en dessous d'eux, sur la roseraie, se trouvaient les traces indubitables de l'impact d'un corps tombant de l'arrêt avec une accélération due à quelque chose de plus que la force de gravité.

Joan roucoulait doucement, visiblement très contente. Hughie se tourna et la regarda avec une expression perplexe. Aucun homme n'a encore jamais compris le fonctionnement de l'esprit féminin, mais il n'abandonne jamais complètement ses efforts.

"Es-tu content qu'il ait été expulsé ?" Il a demandé.

Jeanne réfléchit.

"Ce n'est pas exactement ça", dit-elle. "Je ne suis pas content qu'il ait été expulsé : ça a dû lui faire mal, le pauvre chéri ! Mais je suis content que tu l'aies expulsé, si tu comprends la différence."

Hughie n'en était pas du tout sûr, mais il hocha la tête d'un air compréhensif. Puis il reprit :

"Dis-moi, Joey, si tu ne tenais pas à lui, pourquoi me l'as-tu envoyé, au lieu de lui donner un coup direct ?"

Joey observait son « gardien » à la retraite, les yeux mi-clos.

"Eh bien," dit-elle pensivement, "il y avait un tas de raisons, mais tu es un homme et tu ne comprendrais aucune d'entre elles. Mais, en gros, c'était parce que je voulais voir comment tu le gérerais. Je te connaissais. Je ne le laisserais pas m'épouser, bien sûr, mais je voulais voir comment vous joueriez vos cartes (vous ne savez tout simplement pas à *quel* point ces choses sont fascinantes à regarder). me retrouver face à face avec... un *homme* ", ajouta-t-elle, presque à voix basse.

"Je n'ai eu raison de lui", a déclaré humblement Hughie , "qu'en posant toutes mes cartes sur table. Il n'y a pas beaucoup de *finesse* requise pour un jeu comme celui-là."

"Pourtant, tu as gagné", a déclaré Joan.

Hughie soupira.

« Haliburton a perdu, si vous voulez », dit-il ; "Je ne vois pas vraiment ce que *je*— "

"Non, tu as *gagné* !" » dit une voix toute petite mais très insistante à ses côtés.

Hughie se tourna brusquement. Miss Gaymer respirait amplement sur la vitre de la fenêtre et y griffonnait assidûment un motif avec son doigt – habitude infantile et peu distinguée dont sa nourrice croyait l'avoir guérie à l'âge de huit ans. Aussi ses joues brillaient-elles, et cela avec une richesse de couleurs qui suffisait à transmettre quelques lueurs d'intelligence jusque dans le cerveau du jeune homme obtus à côté d'elle. Hughie sentit soudain quelque chose dans sa tête commencer à bourdonner. Sa gigantesque main droite (qui contenait toujours le chèque de Jimmy Marrable entre deux doigts) se referma prudemment mais complètement sur la gauche de Joan, qui reposait sur le cadre de la fenêtre, un peu comme le filet d'un jeune entomologiste s'abat sur un papillon imprudent.

"Joey," dit-il en hésitant, - "Joey, que veux-tu dire ?"

Miss Gaymer soupira, de la manière résignée mais persévérante d'un patient professeur d'école du dimanche. Puis elle glissa sa main sous celle de Hughie, extrayant ainsi le chèque plié entre ses doigts. Hughie la regardait bêtement.

Joan déplia le chèque et le parcourut en guise d'adieu. Puis elle l'embrassa doucement. Puis elle le déchira très lentement en petits morceaux.

Elle soupira encore pensivement et dit :

" Voilà ma rançon ! C'est un sacré gaspillage... d'un timbre de chèque ! Maintenant, " ajouta-t-elle joyeusement, " je suis plus compromise que jamais. Hughie, mon cher, je pense *vraiment* qu'après cela, tu devras... Ouf ! Hughie ! *Hughie !* »

Car Hughie, aveugle et tâtonnant, avait enfin les yeux ouverts. Avec un rugissement exultant de tout son cœur, il initia un soudain mouvement enveloppant ; puis, se détournant de la lumière féroce qui frappe les actions exécutées à une fenêtre, il se dirigea majestueusement (bien qu'un peu lourdement) vers un grand canapé en cuir dans un coin isolé au-delà de la cheminée. Mlle Gaymer, scandalisée , l'accompagnait, en raison de circonstances sur lesquelles elle n'avait aucun contrôle.